村庄婚姻圈
变迁及影响研究

以华北F村为例

尹木子 著

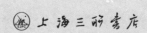
上海三联书店

图书在版编目(CIP)数据

村庄婚姻圈变迁及影响研究:以华北 F 村为例/尹木子著.
—上海:上海三联书店,2023.9
ISBN 978 - 7 - 5426 - 8142 - 3

Ⅰ.①村…　Ⅱ.①尹…　Ⅲ.①农村-婚姻问题-研究
-中国　Ⅳ.①D669.1

中国国家版本馆 CIP 数据核字(2023)第 112226 号

村庄婚姻圈变迁及影响研究
——以华北 F 村为例

著　　者 / 尹木子

责任编辑 / 方　舟
装帧设计 / 一本好书
监　　制 / 姚　军
责任校对 / 王凌霄

出版发行 / 上海三联书店
　　　　　(200030)中国上海市漕溪北路 331 号 A 座 6 楼
邮　　箱 / sdxsanlian@sina.com
邮购电话 / 021 - 22895540
印　　刷 / 上海颛辉印刷厂有限公司

版　　次 / 2023 年 9 月第 1 版
印　　次 / 2023 年 9 月第 1 次印刷
开　　本 / 640mm×960mm　1/16
字　　数 / 200 千字
印　　张 / 17.25
书　　号 / ISBN 978 - 7 - 5426 - 8142 - 3/D・592
定　　价 / 68.00 元

敬启读者,如发现本书有印装质量问题,请与印刷厂联系 021 - 56152633

目　　录

摘　要

中国自改革开放以来，人口流动日益频繁，传统村庄的就近婚姻模式逐渐向外扩张，年轻群体中跨区、市通婚现象越来越普遍，村庄婚姻圈呈现扩大趋势，甚至出现了一定比重的跨省婚姻。婚姻圈的扩大使得越来越多的来自不同地域、不同文化领域社会成员缔结了婚姻关系。由于地域文化差异等因素的影响，传统夫妻关系和代际关系在通婚范围扩大过程中受到了影响。本研究是以华北地区 F 村为调研地点进行的研究，利用全体村民的户籍身份资料和笔者在 F 村调查的 200 对夫妻问卷统计数据，运用双变量交叉分析、二元 LOGISTIC、定序 LOGISTIC 和多元方差分析等方法，对 F 村婚姻圈变迁状况、影响村内 189 名已婚男性通婚范围的因素，以及婚姻圈变迁对家庭关系的影响进行了较为全面细致的研究。

研究发现，F 村男性村民的通婚范围总体呈扩大趋势。出生年代越晚，结婚年代近，通婚范围越远。同时，择偶时间、方式、家庭背景和村庄非农化水平成为影响通婚范围的主要因素。与前人研究结果相比，教育程度、是否外出打工等社会性因素并不对通婚范围构成直接影响，而是通过择偶时间发挥作用。

婚姻圈的扩大对于家庭关系的影响。一方面，就夫妻关系而言，通婚范围远近对丈夫与妻子的交流沟通（自己工作和未来生活规划）、夫妻一致性（生活习惯、消费观念、人际交往和子女教育观念）和夫妻关系主观认知有显著影响，对妻子认知则没有影响。同时，夫妻之间对于家庭各领域的事务决定权，并未受通婚范围变迁的影响。另一方面，就代际关系而言，婚姻圈的扩大使得远距离通婚（省外、省内通婚)的外来媳妇与其父母之间的关系发生了变化。外来媳妇与原生家庭成员空间距离的拉大,由此弱化了其与原生家庭成员之间的联系和父母对她们的掌控。对于外来媳妇的丈夫来讲,受配偶这一外来因素的直接作用,他们的家庭观念也发生了转变,在一定程度上改变了原有的家庭观念以及与父母的关系模式。

第一章 导　　论

第一节　研　究　缘　起

一、婚姻圈变迁及其问题

（一）中国村庄婚姻圈变迁

中国传统村庄是一个封闭、保守、稳定的共同体，村庄有一套稳固的制度维系着自身的运行发展，并制约着村民生产、生活中的各种行为。在婚姻领域，传统村庄一直保有着较为稳固的通婚模式，即村民的婚姻经常发生在某一地域范围之内，即存在特定的婚姻圈。传统村庄的通婚大多集中在一个相对狭小的区域内（一般在方圆二、三十公里以内），跨市跨省等远距离通婚只是一种零星的、个别的现象。有外国学者指出中国农村婚姻圈与市场圈、祭祀圈重合（施坚雅，1998），[①]也就是说，传统农村通婚圈大多在邻村、同镇或县内范围，表现为以熟人圈构成的相对封闭狭小的社会空间。

随着改革开放所带来的中国经济、政治、文化、社会领域剧变，村庄生产水平有了极大发展，城市化以及城乡一体化使得人口流动日益频繁，农村剩余劳动力开始向城市转移，尤其是村庄中大量年轻人通过外出打工，结识了来自不同地域、不同层次的人，交往范围因此扩大，传统村庄的就近婚姻模式逐渐向外扩张，年轻群体中跨区、市通婚现象越来越普遍，村庄婚姻圈整体呈现扩大趋势，甚至出现了一

---

① ［美］施坚雅著，《中国农村的市场和社会结构》，史建云、徐秀丽译，中国社会科学出版社 1998 年版，第 45—46 页。

定比重的跨省婚姻。

中国近三次人口普查中所包含的婚姻迁移情况调查,一定程度上反映了中国婚姻圈变迁情况。从第四、五、六次人口普查数据中显示的跨省婚姻情况来看,婚姻迁移规模大幅增加。中国第四次人口普查数据显示,1985—1990 年全国以婚姻为动机发生跨省流动的总人数为 154 万人,第五次人口普查数据显示,1995—2000 年全国以婚姻为动机发生跨省流动的女性增长到 180 万人,2010 年进行的第六次人口普查数据显示,2005—2010 年有 219 万例跨省婚姻。

村庄婚姻圈扩大和跨省婚姻增多的背后,是人口流动的日益频繁。中国历次人口调查呈现,流动人口逐年递增,第六次人口普查显示,2010 年中国流动人口已达 2.6 亿人,约占全国总人口的 19.5%。国家统计局于 2016 年 4 月 20 日发布的 2015 年中国 1‰人口抽样调查主要数据公报显示,居住地与户口登记地所在的乡镇街道不一致且离开户口登记地半年以上的流动人口为 29 247 万人。在日益增加的流动人口大军中,新生代流动人口的比重已经超过了 50%,他们正面临婚姻选择问题。流动在一定程度上扩大了他们的社会交往范围,使得婚姻圈有了扩展的可能性。本研究首先要阐述的问题,就是探讨人口流动对婚姻圈的影响。除此之外,还要回答,有哪些主客观因素影响了村庄婚姻的变迁。

(二)婚姻圈变迁带来的问题

婚姻圈的扩大对于村庄家庭有着全面而深刻的影响。在家庭关系领域,主要体现在两个方面。

一方面,婚姻圈的扩大使得越来越多的来自不同地域、不同文化领域社会成员缔结了婚姻关系。然而,由于地域发展的不平衡性和文化差异等因素,来自不同地域的夫妻,他们之前的家庭教育背景、社会化经历、生活方式、地域文化、思想观念和伦理价值观会存在一定差异,具有不同的心理和行为,使得传统的夫妻关系受到了冲击。

具体来讲,传统思想在部分地域的表现依然显著,大男子主义、男尊女卑、伦理孝道等观念在部分社会成员那里仍然有一定影响,家庭暴力等对女性侵害事件时有发生。而受女性主义思潮和家庭平等观念影响比较大的地域,许多女性开始倾向于平等的家庭关系,获得应有的家庭地位和权利。因此,夫妻一方或双方存在婚姻迁移的情况下,传统与现代的碰撞和文化异质性会打破夫妻关系的平衡。对于夫妻双方都未发生婚姻迁移的情况下,受村庄所处地域婚姻圈扩大的影响,一些外来因素的传入,亦会间接作用于他们的家庭观念,从而影响他们的关系。

另一方面,婚姻圈的扩大也使得部分社会成员与其父母之间的关系也发生了变化。对于发生婚姻迁移的社会成员来讲,他们与原生家庭(Family of origin)成员的空间距离拉大,由此弱化了与原生家庭成员之间的联系和父母对他们的掌控。同时,异域文化的熏染会潜移默化改变了婚姻迁移人口原有的家庭观念,加速他们与父母的独立过程。对于配偶发生婚姻迁移的社会成员来讲,受配偶这一外来因素的直接作用,他们的家庭观念由此会发生一定转变,可能会改变原有的家庭观念以及与父母的关系模式。此外,由于婚姻圈扩大传递进来的外来家庭观念,也会对村庄整体的亲子关系模式造成或大或小的影响。

因此,本文的核心问题意识是通过对村庄婚姻圈变迁的分析去阐释影响婚姻缔结的因素和婚姻圈变迁对村庄家庭关系的影响。这个问题的解答涉及两个层面的相关问题:一是婚姻圈的扩大或缩小受哪些因素的影响;二是婚姻圈扩大的情况下,家庭关系有哪些变化。在第二个问题中,本研究主要考察两个方面的家庭关系,即夫妻间关系和夫妻与上一代之间的关系。引申出的另一个问题是,婚姻圈的扩大必定会出现婚姻迁移一方与本家出现距离和交流上的阻隔,那么农村外来婚姻移民与本家的联系如何? 他们对迁入地的家庭关系带来了怎样的影响？本研究以"婚姻圈变迁与家庭关系"为研究主题,以社会流动、婚姻匹配、文化冲突为基本理论取向,以社会变迁为主要视角,来分析河北省 F 村不同代际婚姻圈的情况和家庭关系特征。

二、研究意义

村庄婚姻圈变迁及其对家庭关系影响的研究既具有学术意义也具有现实意义。

第一,从学术意义上讲,婚姻是家庭形成和存续的基础性条件,婚姻缔结是家庭社会学研究的主要课题之一,特定地域的婚姻圈研究,可以反映出该地域基本的婚姻家庭特征。当代中国村庄已发生了翻天覆地的变化,婚姻圈与过去相比有了很大改变,对于村庄婚姻圈变迁情况进行研究,有利于更好把握当代村庄家庭的基本特征。但是此前学术界对婚姻圈的专项研究并不多见,有关婚姻圈的理论也仅有市场圈理论,市场圈理论是由外国学者研究中国农村婚姻圈问题提出的理论,它从出现至今就受到质疑,而对于市场圈与婚姻圈是否重合,不同学者给出了不同答案。本研究试图拓展以往有关婚姻圈变迁机制的准确性和解释力,对婚姻圈的发生机制进一步解释,拓展了婚姻圈变迁的发生机制,发现婚姻圈发生变迁的实质规律,为婚姻圈理论做出实质贡献。

第二,从现实意义上讲,家庭是社会最小单元,家庭的组建是从缔结婚姻开始的。家庭的稳定与否关系着整个社会和谐。但是现在,中国目前家庭结构稳定性的下降,这集中体现在离婚率的上升上。我国的离婚率正在节节攀升。民政部发布的《2014 年社会服务发展统计公报》显示,2013 年全国依法办理离婚 363.7 万对,粗离婚率为 2.7‰,连续 12 年攀升。离婚结婚比约为 27.8%,这意味着,每 4 对人结婚的同时就有 1 对人离婚。2012 年离婚率的增幅超过了结婚率的增幅。国家民政部最新统计显示:2014 年全国各省市离婚率排行榜,排在第一位的是新疆,离婚率高达 4.61‰,黑龙江、吉林,分别以 4.08‰和 4.01‰,居二、三位。而夫妻关系最和谐的,则是陕西,离婚率仅为 0.18‰,光荣垫底。

性格与志趣是夫妻情感关系中重要因素之一,夫妻之间白头偕老、恩爱相守是众多婚姻的梦想,但在现实婚姻中夫妻的性格不合而引发的矛盾非常多,轻则吵架,重则导致婚姻解体。曾毅等人对我国 1980 年代的离婚研究中发现性格与志趣不同在离婚总数中所占数量最多,居第一位。[①]巫昌祯等人在分析离婚现象的原因后得出与曾毅等人相同的结论,认为在离婚家庭中大多数夫妻是因性格与志趣不同而导致的。[②]这说明夫妻之间的性格与志趣不仅影响夫妻感情交流,而且对婚姻的稳定性有较大的影响。因生理条件和性别差异以及生活经历的差异导致夫妻之间的性格与志趣存在差异是必然的,相反,夫妻之间性格与志趣相同的现象并不多见,尤其是在被包办婚姻中。但夫妻关系一旦确立后在家庭中性格与志趣就成为夫妻建立情感关系的基础,它是夫妻日常生活中交流、关爱以及维系情感的天然纽带。当夫妻之间在性格与志趣上存在较大差异时,若调适不当则可能会引发情感危机,并引发家庭矛盾,从而威胁到婚姻的稳定。俗话说"夫妻之间要互相忍让、包容与理解",正是基于性格与志趣差异而衍生出来的道理。离婚的首要因素是婚后发现适应不了彼此的缺点,性格不合,无法忍受彼此,才导致离婚。性格与志趣是夫妻情感关系中重要因素之一,夫妻之间白头偕老、恩爱相守是众多婚姻的梦想,但在现实婚姻中夫妻的性格不合而引发的矛盾非常多,轻则吵架,重则导致婚姻解体。而此前研究中将性格不合归结为 80、

---

① 曾毅、王德意、李荣时:《中国八十年代离婚研究》,北京大学出版社 1995 年版,第 95 页。
② 巫昌祯、王德意、杨大文:《当代中国婚姻家庭问题》,人民出版社 1990 年版,第 253—354 页。

90后独立意识差(风笑天,2008)①,婚后无法迁就对方,适应对方,导致夫妻关系破裂从而离婚。

之前的研究停留在问题的表层,夫妻双方两个人之所以性格不同,很大原因是他们生长在不同地方,一方水土养一方人,不同地方有不同的习俗,在不同地方长大的两个人势必在很多方面不同,比如饮食习惯、风俗习惯、为人处世、性格方面都会存在很多的不同。夫妻双方存在很大的差异时,很可能影响夫妻关系。此外,结婚不只是两个人的事情,也是两个家庭的事情,外地嫁过来的媳妇很可能与婆婆因为习惯的不同产生矛盾,本研究从婚姻圈的角度(即夫妻双方婚前的老家的所在地)来分析夫妻关系和代际关系的,借此希望可以为从婚姻圈视角来解释夫妻关系和代际关系,为夫妻关系稳定性增加一个解释视角。

第二节　相关文献回顾

一、婚姻圈的研究回顾

摩尔根在1870年出版的《人类家庭的血亲和姻亲制度》一书中,以地域为基础将婚姻类型进行了区分,由此开启了对婚姻圈的研究。②20世纪以前的婚姻圈研究,大多是在宏观层面上对婚姻圈发展历史的考察。20世纪以后,学术界开始转向婚姻圈的实证研究,并将婚姻圈放置于社会结构中考察,重点解读婚姻与其他社会结构之间的联系,探寻婚姻圈的规律性认识(杜赞奇,1996)。③考察国内外

---

① 风笑天:《中国独生子女问题:一个多学科的分析框架》,《浙江学刊》2008年版,第2期,第180—185页。

② L. H. Morgan. *Systems of Consanguinity and Affinity of the Human Family*, Washington, 1981, p.254.

③ 杜赞奇:《文化、权利与国家——1900—1942年的华北农村》,江苏人民出版社1996年版,第18页。

关于婚姻圈的研究成果,与本研究相关的有以下几个方面。

（一）婚姻圈内涵

1. 定义

婚姻圈又称通婚圈,学者们主要从两个层面对其含义进行了解读。

部分学者立足于个体层面,从夫妻双方的婚前距离出发定义婚姻圈。弗里德曼指出婚姻圈是指丈夫和妻子婚前居住地的空间距离,即婚姻存在的空间关系范围。[①]史清华指出婚前居住地对于理解婚姻圈存在局限性,认为还应该考虑丈夫和妻子的出生地,用来准确考察夫妻双方婚前距离。[②]从个体层面或者说从夫妻双方理解婚姻圈,实际上是将通婚范围与通婚距离相混淆。"圈"字在新华字典有五个解释分别为"环形、环形的东西"、"周,周遭:跑了一~儿"、"范围:势力~"、"画环形:~阅~点~定"和"划界,围住:~地。~闭"。这五个解释虽有不同,但是共同强调一个意思,圈即封闭的圆形。一对夫妻的婚前空间距离,是点对点的距离,是一条直线,它不是一个"圈"（范围）,实际上可以称为夫妻双方的通婚距离,而不是夫妻双方的通婚圈。只有当一定数量夫妻的通婚情况聚集在一起,才能形成一个通婚范围,即婚姻圈。

部分学者意识到了从夫妻间地理距离理解婚姻圈的缺陷,并试图为婚姻圈赋予"圈"的含义。梁海艳等学者用通婚半径的概念阐释了婚姻圈包含的地域范围和族群范围。[③]周皓、李丁对"圈"的含义进行了具体解读,将婚姻圈的主体限定于某一社会群体（这一社会群体

---

① Jin X Y, Li S Z, Feldman M W. "Marriage Form and age at First marriage: A comparative study in three counties in contemporary rural China", *Social Biology*, 52(1—2), 2005, pp.18—46.

② 史清华:《浙江省农户家庭婚姻、生育及期望研究——来自浙江省三村的调查》,《中国人口科学》2001 年第 4 期,第 44—54 页。

③ 梁海艳、阳茂庆:《城市青年通婚圈变化及其影响因素研究——基于中国青年状况调查数据的实证分析》,《人口与发展》2014 年第 3 期,第 43—51 页。

可以是一个家族、一个社区、一个地区甚至可以是一个国家），认为婚姻圈反映了这一群体婚配对象的来源情况。①有学者以此为依据对村庄婚姻圈进行了定义，王磊将婚姻圈概况为农村人口配偶来源的地理范围②。何生海和王晓磊则更进一步阐释了考察村庄婚姻圈的方法，即以某个村庄为中心点，以这个村庄与其周围不同远近的村庄的通婚情况（嫁出和娶进），从而确定该村庄通婚范围的大小。刘大可则将村庄婚姻圈归结到村庄中的姓氏，认为村庄婚姻圈实际上就是村落姓氏娶入、嫁出的通婚范围。③

2. 分类

婚姻圈描述了某一社会群体成员婚配对象的来源范围，这一范围除了具有地理意义之外，还具有社会意义。因此，学者们大多从"社会距离"和"地理距离"两个维度来理解婚姻圈。④其中，由"社会距离"构成的等级通婚圈，表现为人们的择偶范围被限定在一定的阶层、种族、宗教和教育标准之内。自古以来常说的"门当户对"就具有等级通婚圈的含义。对于等级婚姻圈的理解，列维-斯特劳斯在《结构人类学》一书中，指出一个区域内往往存在着几个通婚集团，并通过互惠性婚姻交换实现⑤。唐利平（2005）阐述了通婚圈伴随着社会圈而存在⑥。何生海、王晓磊（2013）鲜明指出婚姻圈是社会阶层分

---

① 周皓、李丁:《我国不同省份通婚圈概况及其历史变化——将人口学引入通婚圈的研究》,《开放时代》2009 年第 7 期,第 100—115 页。

② 王磊:《农村人口地理通婚圈的变动及成因——以 2010 年 7 省(区)调查为基础》,《中国农村观察》2013 年第 5 期,第 70—77 页。

③ 刘大可:《传统客家村落的通婚圈及其成因分析——以闽西武北村落社区为例》,《福建论坛(人文社会科学版)》2010 年第 1 期,第 89—95 页。

④ 李若建:《当代中国城市人口时空变迁研究》,《经济地理》1992 年第 1 期,第 15—18 页。

⑤ [法]克洛德·列维-斯特劳斯著,《结构人类学》,张祖建译,中国人民大学出版社 2006 年版,第 58 页。

⑥ 唐利平:《人类学和社会学视野下的通婚圈研究》,《开放时代》2005 年第 2 期,第 153—156 页。

化的"显示器",体现了社会成员的个体差异①。"通婚集团"、"互惠性婚姻"、"社会圈"、"阶层显示器"、"个体差异标准",这些概念均表明婚姻圈的社会关系本质,即由婚姻双方所处的"等级关系"决定。由此可见,等级婚姻圈的特征与大小是反映一个社会阶层化程度以及社会集团之间的开放性或社会融合程度的重要指标。

国内外学者在婚姻圈实证研究中,常常应用"地理通婚圈"的含义,指的是婚配对象来源的空间范围,并通过地理距离进行婚姻圈测量。地理通婚圈的大小指示着某一区域内成员的婚配对象的来源情况,能够反映一个家族、社区、地区乃至国家与其他区域之间社会经济交往状况。

3. 婚姻圈研究的意义

婚姻圈的研究受到了相关领域学者的重视,在婚姻圈的拓展研究中,有学者注意到了婚姻圈与婚姻主体、宏观社会之间的关系。周丽娜、王忠武(2006)指出通婚圈可以反映出人的流动能力和社会地位,也可以反映出社会结构和现代化水平②。也就是说,婚姻圈的变化反映婚姻交往的变化,婚姻圈的扩大意味着人们的择偶范围扩大,远距离交往交换的扩展;婚姻圈缩小意味着人们的择偶空间变小,地域交往封闭或不对称。一言以蔽之,婚姻圈的变化意味着某一群体成员的"平均"择偶范围、通婚距离变大或变小。③由此可见,婚姻圈的变迁,既与个体自身特质的改变相关,也与宏观社会结构变迁相关,对于婚姻圈的深入解读,可以将微观的家庭与宏观社会背景连接起来,深化对婚姻家庭的认识。

---

① 何生海、王晓磊:《论西部农村婚姻圈的广延性与内卷化——基于西部 G 村为考察对象》,《内蒙古民族大学学报(社会科学版)》2013 年第 3 期,第 30—34 页。

② 周丽娜、王忠武:《值得关注的农村通婚圈缩小现象》,《新疆社会科学》2006 年第 5 期,第 105—108 页。

③ 周皓、李丁:《我国不同省份通婚圈概况及其历史变化——将人口学引入通婚圈的研究》,《开放时代》2009 年第 7 期,第 100—115 页。

（二）婚姻圈变迁趋势的研究

国外关于婚姻圈变迁的研究，更多是探讨不同国籍、不同民族的通婚状况，并没有进行关于村庄婚姻圈的区域研究。而国内的婚姻圈研究，大多数是立足村庄社会，尤其是对于中国改革开放后村庄通婚圈变迁开展的研究。对于村庄婚姻圈发展趋势的预测中，大致得出了以下五种结论：即扩大、缩小、先扩大后缩小、两极化和基本不变等五种趋势。

1. 婚姻圈扩大的研究

在婚姻圈的研究中，部分学者提出了婚姻圈扩大的观点，并用"外延化"或"广延性"来描绘这一过程。

何生海、王晓磊（2013）用婚姻圈的广延性表示男女青年通婚的地理范围在原来的基础上不断扩大的现象，指出了现有通婚范围超出了原有的地域边界，突破了有形的"地理圈"，以及民族、阶层、宗教、教育等无形层面①。黄佩芳（2004）通过浙江省萧山后坛村婚姻圈的研究，发现 20 世纪 60—70 年代的婚姻圈十分狭窄，女方一般来自本村及附近的村落，方圆不过一二十里，基本不超过萧山境界。而到了 80—90 年代，随着经济的迅速发展，吸引着外来女来此安家落户，婚姻圈明显扩大②。史清华，黎东升（2004）认为，受社会发展影响，年轻一代通婚圈明显呈扩大趋势。随着时代变迁，农民的通婚圈总体呈扩大趋势。女性的通婚圈要较男性大，入赘男性婚姻距离要高于正常男性，汉民族要较其他民族户大③。

在婚姻圈扩大的研究中，学者们主要考察了其中所包含的地理

---

① 何生海、王晓磊：《论西部农村婚姻圈的广延性与内卷化——基于西部 G 村为考察对象》，《内蒙古民族大学学报（社会科学版）》2013 年第 3 期，第 30—34 页。

② 黄佩芳：《嬗变中的东部发达地区农村人口性别比例及家庭结构和婚姻圈——以浙江省萧山后坛村为例》，《中华女子学院学报》2004 年第 4 期，第 35—40 页。

③ 史清华、黎东升：《民族间农民婚嫁行为变迁的比较研究——来自湖北 432 户农户家庭的调查》，《浙江大学学报（人文社会科学版）》2004 年第 7 期，第 92—100 页。

范围、民族、阶层、宗教、教育等要素，并区分了不同性别、身份、民族的婚姻圈扩大情况。

2. 婚姻圈缩小的研究

在婚姻圈的研究成果中，国内许多专家学者提出了婚姻圈在逐步缩小的结论，某些学者也称这一现象为"婚姻圈的内卷化"。

关于中国农村择偶范围的研究发现了就近选择的模式。邱泽奇(1989)认为通婚圈在缩小和内卷化[①]。北京大学社会学系的一项调查显示，目前农村男女的择偶距离一般较近，有近半数以上的婚姻在五公里以内。而且不少局部调查发现，同村内部的通婚呈逐渐增多的趋势(李守经，2000)[②]。李银河(2009)曾对浙江南阳村与山西南山头村媳妇家地点的分布状况进行了比较，发现：本乡和本县的娘家所占比例最大[③]。

在婚姻圈缩小的研究中，学者们多数是通过测量婚前距离之后所得出的结论，尤其是对县内通婚情况考察的结果，关注的更多是婚姻圈的一个侧面，而非全面系统的说明。

3. 婚姻圈先扩大后缩小的研究

部分学者在对村庄婚姻圈的历史演变进行实证研究中，提出了婚姻圈观点。

史清华、黎东升(2004)通过对湖北 432 户农户家庭的调查，得出农民的初婚嫁距离呈现"∩"形正态状。婚嫁距离最短为解放初结婚的一代，最长的为 20 世纪 80 年代结婚的一代，此后呈现缩小的态势[④]。霍宏伟(2002)在分析我国北方一些农村的婚姻圈时，得出婚姻圈的变化趋势是一条起始上下波动，后半部分不断下滑的曲线。最后 10 年的夫妻距离平均值持续走低，他指出了主要原因是村与村

---

① 邱泽奇、丁浩：《农村婚嫁流动》，《社会学研究》1991 年第 3 期，第 62—66 页。

② 李守经：《农村社会学》，高等教育出版社 2000 年版，第 89 页。

③ 李银河：《生育与村落文化》，内蒙古大学出版社 2009 年版，第 115 页。

④ 史清华、黎东升：《民族间农民婚嫁行为变迁的比较研究——来自湖北 432 户农户家庭的调查》，《浙江大学学报(人文社会科学版)》2004 年第 7 期，第 92—100 页。

之间贫富差距逐渐拉大,造成了同村通婚增多①。周大鸣(2006)在对广东潮州市的凤凰村考察时,对该村的通婚圈做了历时分析,在1935—1960年间,由于限制同姓通婚和外来人口的流入,通婚圈呈扩大趋势。20世纪90年代开始,限制的放松,加上村庄经济发展相对滞后,外部人员很少流入,通婚率呈缩小的趋势②。孙燕(2009)以广东花都华侨农场的田野调查为依据,证明通婚圈变迁的趋势并不恒定,在改革开放后,由于外地流入人口的增多和本地人口流动性的增强,农场通婚圈呈现出扩大的趋势,20世纪90年代中期,后来由于农场经济效益的下降,附近农村经济状况的改善,农场职工与邻近农村的通婚增多,婚姻圈呈现缩小的模式③。

在婚姻圈先扩大后缩小的研究中,多数学者是在进行村庄婚姻圈历史的考察中得出的结论,并将村庄婚姻圈变迁与村庄社会变迁联系起来,由此分析了婚姻圈变迁的影响因素。

4. 婚姻圈两极化趋势的研究

部分学者在村庄婚姻圈的实证研究中,看到了婚姻圈的两极化发展趋势。

何生海、王晓磊(2013)探讨了"奶奶辈"、"公婆辈"、"媳妇辈"婚姻圈的变化,总结得出"县外扩大,村内缩小",即广延性和内卷化同时存在的结论。从整体上看,辈分越低,婚姻圈的外延越大。从村内婚看,辈分越低,村内婚数量越多;辈分越高,村内婚数量越少④。田

---

① 霍宏伟:《我国北方一个农庄的婚姻圈研究——对山东省济阳县江店乡贾寨村的个案分析》,《社会》2002年第6期,第36—40页。

② 周大鸣:《凤凰村的变迁:〈华南的乡村生活〉追踪研究》,社会科学文献出版社2006年版,第132—135页。

③ 孙燕:《广东花都华侨农场通婚圈的田野调查》,《八桂侨刊》2009年第1期,第74—77页。

④ 何生海、王晓磊:《论西部农村婚姻圈的广延性与内卷化——基于西部G村为考察对象》,《内蒙古民族大学学报(社会科学版)》2013年第3期,第30—34页。

先红(2009)以鄂西南山区坪村为例,认为在打工潮影响下,传统与现代的张力使农村的通婚圈伸缩并存①。随着改革开放的深化以及农村青年择偶观念的变化,通婚圈呈现出向外扩展的趋势,同时村内通婚现象增多,"农村男女的择偶距离一般较近,有近半数以上的婚姻在五公里以内,而且不少局部调查发现,同村内部通婚呈逐渐增多的趋势"。

关于婚姻圈变迁中呈现两极化发展趋势,学者们多是探讨了这一现象,并从宏观社会变迁方面给予了婚姻圈向外扩展原因的解释,却没有对两类通婚现象进行区别化考察,没有详细说明造成这种二元分立的根本原因,这也是本研究试图解释的问题。

5. 基本不变

关于村庄婚姻圈稳定不变的研究成果中,既有大规模的涵盖多个村庄的实证研究,也有针对典型村庄的小范围考察。

由雷洁琼组织的"经济体制改革以来农村婚姻家庭变化"课题组于1987年到1988年对全国六个省市2 799位农村居民进行调查,调查户主与其配偶婚前双方家庭距离,结果说明,近距离通婚是一种普遍现象,各年龄组的通婚圈大致相同,表明通婚圈范围变化不大②。满永(2005)通过对皖北M村适龄男子婚姻形成过程的实地观察,认为改革开放以后,农村劳动力流向城市,并没能从根本上改变农村青年的婚姻圈,父辈"关系圈"决定婚姻的选择范围即"婚姻圈"③。

在婚姻圈稳定不变的研究中,学者们更多是从村庄婚姻形成过程中的择偶方式和社会关系空间进行解释,传统的择偶观念和择偶方式在村庄中仍然占据主要地位,造成了村庄婚姻圈难以有较大变革。

---

① 田先红:《碰撞与徘徊:打工潮背景下农村青年婚姻流动的变迁——以鄂西南山区坪村为例》,《青年研究》2009年第4期,第51—63页。

② 新山:《婚嫁格局变动与乡村发展——以康村通婚圈为例》,《人口学刊》2000年第1期,第32—36页。

③ 满永:《关系圈与婚姻圈:当代乡土中国的婚姻形成》,《洛阳师范学院学报》2005年第1期,第36—38页。

（三）影响婚姻圈变迁因素的研究

关于影响婚姻圈的因素，众多学者进行了多方探索，大多认为婚姻圈与地理、交通、社会经济发展水平、市场圈、阶级成分、亲友网络、宗族、宗教、社会政策等都有关系①②③④⑤。考察国内外学者关于影响婚姻圈因素的认识，大致包含以下几个方面。

1. 社会关系范围与人口流动

人们的社会关系范围是影响婚姻圈扩大的重要原因之一。国外学者从同类圈和隔离两个角度探讨了社会关系范围对于婚姻圈的影响，认为同一社会关系空间下的人们更容易发生婚姻行为，而不同社会关系之间的隔离阻碍了通婚的实现。古德的研究指出，迄今为止的所有研究表明，婚姻的双方往往住在相距很近的地方。因为婚姻关系的发展中，住地相近能增加或减少熟人或陌生人之间不期而遇的机会⑥。1937 年，日本学者冈田谦针对台湾北部地区婚姻状况的研究，提出了祭祀圈、通婚圈、经济交往圈的概念，并指出它们之间存在着重叠的现象⑦。Kalmijn M 和 Flap H.指出，近邻性使相互接触更加容易，也能增加建立长期关系的接触机会，从而限制了婚姻圈扩大⑧。

---

① 马宗保、高永久：《乡村回族婚姻中的聘礼与通婚圈——以宁夏南部单家集村为例》，《民族研究》2005 年第 2 期，第 11—20 页。

② 张晓琼：《布朗族女性婚恋方式的变迁及其影响》，《民族研究》2006 年第 1 期，第 51—58 页。

③ 甘品元：《毛南族婚姻行为变迁研究》，《广西民族学院学报（哲学与社会科学版）》2007 年第 6 期，第 64—68 页。

④ 黄兴球：《仫佬族银姓宗族及其婚姻圈》，《思想战线》2003 年第 3 期，第 40—43 页。

⑤ 柏贵喜：《当代土家族婚姻的变迁》，《贵州民族研究》2005 年第 2 期，第 88—94 页。

⑥ ［美］威廉·古德著：《家庭》，魏章玲译，社会科学文献出版社 1986 年版，第 155—165 页。

⑦ 刘大可：《传统客家村落的通婚圈及其成因分析——以闽西武北村落社区为例》，《福建论坛（人文社会科学版）》2010 年第 1 期，第 114 页。

⑧ Kalmijn M, Flap H. "Assortative meeting and mating: Unintended consequences of organized settings for partner choices", *Social Forces*, vol. 79（4）2001, pp. 1289—1312.

Chiswick、Houseworth 指出通婚还与文化、社会结构，以及空间特征有关[1]。绝大多数婚姻关系都反映着特定社会关系，而社会关系结构中的隔离，限制了婚姻范围。关于隔离与通婚的关系，地理学者 Peach 认为隔离越高，内婚就越多[2][3][4]。Merton R. K. 集中分析同阶层婚姻，强调社会限制对于通婚的影响[5]。其他的研究者也发现了同样的模式（Catton and Smircich，1964）。他们的结论是大多数人都选择住在其附近的人结婚。

国内学者在解释社会关系范围对于婚姻圈的影响时，重点探讨了社会交往范围和社会流动对于婚姻圈的影响。

社会交往范围与婚姻圈状况呈正相关关系。一方面，社会交往圈的狭小限制了婚姻圈的扩大。华明琪（1994）、霍宏伟（2002）、孙淑敏（2005）认为农村青年交际面窄，活动范围以及社会关系较为封闭，导致交往范围狭小，制约了农村婚姻圈的扩大[6][7][8]。另一方面，社会交往圈的扩大促使了婚姻圈的扩大。雷洁琼（1994）对六省市 2 799 位农村居民的调查[9]，陆学艺（2001）等人对河北省三河市行仁

---

[1]　Chiswick B, *Houseworth C. Ethnic intermarriage among immigrants：Human capital and assortative mating*，Review of Economics of the Household，2008，p.40.

[2]　Peach C. "Good segregation，bad segregation"，*Planning Perspectives*，vol.11(4)，1996，pp.379—398.

[3]　Peach C. "Pluralist and assimilationist models of ethnic settlement in London 1991"，*TijdschriFt voor Economische en Sociale GeograFie*，vol.88(2)，1997，pp.120—134.

[4]　Peach C. "The meaning of segregation"，*Planning Practice & Research*，vol.11(2)，1996，pp.137—150.

[5]　Merton，R.K. "Intermarriage and the social structure：Fact and theory"，*Psychiatry*，vol.4(3)，1941，pp.361—374.

[6]　华明琪：《同村择偶现象分析》，《人口战线》1994 年第 2 期，第 30 页。

[7]　霍宏伟：《我国北方一个农庄的婚姻圈研究——对山东省济阳县江店乡贾寨村的个案分析》，《社会》2002 年第 6 期，第 36—40 页。

[8]　孙淑敏：《农民的择偶形态——对西北赵村的实证研究》，社会科学文献出版社 2005 年版，第 84 页。

[9]　雷洁琼：《改革以来中国农村婚姻家庭的新变化——转型期中国农村婚姻家庭的变迁》，北京大学出版社 1994 年版，第 189 页。

庄的调查[1],周大鸣(2006)对凤凰村的调查[2],李漆(2006)以广西靖西岳镇壮族社区为例的调查[3],以及何生海、王晓磊(2013)都提出了类似的观点,即村民交往的范围扩大,他们选择结婚对象的范围就越大[4]。

人口流动使得村庄里的人们社会交往层面的扩大,人口流动与婚姻圈也呈正相关关系。王跃生(2006)指出了传统社会婚姻圈狭窄的原因,即缺少迁移流动。阎勤民(1992),刘华芹、王修彦、王瑞涛、李漆(2006),何生海、王晓磊(2013)从社会流动角度阐释了婚姻圈扩大的条件,认为农民工进城务工和升学产生的社会流动,创造了直接与外地异性交往的机会,为异地通婚提供了条件,促进村庄通婚圈的扩大[5][6][7][8]。

婚姻关系作为一类特殊的社会关系,显然会受到其他社会关系的影响。因此,婚姻圈的变迁,与婚姻主体的社会关系范围变化有着密切的联系。持婚姻圈"扩大"观点的学者多数看到了人口流动大潮中,农村通婚圈逐渐由传统的地缘、血缘关系向业缘关系转变,突破了原有的地域限制,与县外乃至省外的通婚逐年递增,通婚圈呈现出扩大的趋势[9][10]。

---

①　陆学艺:《内发的村庄》,社会科学文献出版社 2001 年版,第 38 页。

②　周大鸣:《凤凰村的变迁:〈华南的乡村生活〉追踪研究》,社会科学文献出版社 2006 年版,第 132—135 页。

③⑤　李漆:《私人生活:婚姻与社会性别建构》,《广西民族研究》2006 年第 3 期,第 84—90 页。

④⑥　何生海、王晓磊:《论西部农村婚姻圈的广延性与内卷化——基于西部 G 村为考察对象》,《内蒙古民族大学学报(社会科学版)》2013 年第 3 期,第 30—34 页。

⑦　刘华芹、王修彦、王瑞涛:《农村劳动力流动对农村社会结构之影响研究——基于山东、辽宁、甘肃三省六村的调查》,《西南民族大学学报(人文社科版)》2010 年第 11 期,第 64—68 页。

⑧　阎勤民:《开放与选择——婚姻圈文化论》,《宁夏社会科学》1992 年第 2 期,第 51—56 页。

⑨　崔燕珍:《农村人口外出流动对当地婚嫁行为的影响——以崔村的个案研究为例》,《中国青年研究》2007 年第 1 期,第 57—60 页。

⑩　王金玲:《浙江农民异地联姻新特点》,《社会学研究》1992 年第 4 期,第 92—95 页。

2. 经济发展水平

经济是最活跃的变革力量,经济状况的改变深刻地变革了婚姻圈的形态。在众多学者对于婚姻圈的研究中,普遍认为经济结构对于村庄婚姻圈的决定性影响。主要体现在宏观经济结构和微观收入水平对于婚姻圈的影响。

经济结构变迁对于婚姻圈的变迁影响。一方面,村庄宏观经济结构的变迁,为婚姻圈扩大奠定了基础。Klein、Spickard 和 Hawwa 指出经济因素是影响婚姻圈的根本因素(Klein,2001;Spickard,1989;Hawwa,2000)①②③。崔燕珍(2007)认为村庄城市化进程加快了农村劳动力从业结构的改变,扩大了婚姻圈的范围。另一方面,村庄与周边地区经济发展的不平衡,限制了婚姻圈范围的扩大。新山(2002)认为婚姻圈狭小的原因主要在于工业化进程的不同速度,打破了改革前的社会均质状态,引起了村落与各地区发展的不平衡,限制了婚姻圈范围④。

农业型经济模式对于婚姻圈的限制。阎勤民认为农业生产方式本身就是对婚姻圈的限定(阎勤民,1992)。翟文(1996)提出封闭式经济形成封闭式环境⑤。霍宏伟认为经济因素从根本上决定了村庄婚姻圈,即农业经济结构和生产关系束缚了村庄婚姻圈的扩大⑥。邱泽奇、新山、王跃生从村庄劳动力需求出发,提出了农村通婚圈在

---

① Klein, T. "Intermarriage between Gemians and Foreigners in Germany", *Journal of Comparative Family Studies*, (32), 2001, pp.325—346.

② Spickard, P. *Mixed blood: Intermarriage and ethnic identity in twentieth-century America*, Madison: University of Wisconsin Press, 1989, pp.125—146.

③ Hawwa, S., "From cross to crescent: Religious conversion of Filipina domestic helpers in Hong Kong", *Islam and Christian-Muslim Relations*, (11), 2000, pp.347—367.

④ 新山:《婚嫁格局变动与乡村发展——以康村通婚圈为例》,《人口学刊》2000 年第 1 期,第 32—36 页。

⑤ 翟文:《农村通婚圈缩小现象透视》,《社会工作》1996 年第 1 期,第 29—30 页。

⑥ 霍宏伟:《我国北方一个农庄的婚姻圈研究——对山东省济阳县江店乡贾寨村的个案分析》,《社会》2002 年第 6 期,第 36—40 页。

缩小和内卷(邱泽奇,1989;新山,2000;王跃生,2005)①②③,孙淑敏提出婚姻圈的内卷便于在生产和生活中互相帮助④。华明琪认为生产方式的变更,两个家庭之间可以相互补充劳力,不想放弃已经形成规模的农副业、养殖业,某些家庭家大业大,经济实力雄厚,子女留在本村可继承财产,这些都造成了村庄婚姻圈的内卷⑤。

家庭收入水平对于婚姻圈的限制。华明琪(1994)指出富村女很少外嫁,就是怕嫁出去受穷⑥。曹锦清(2001)等人对浙北乡村的婚嫁距离研究发现,在较富裕的村庄内,同村婚嫁比例在增高⑦。霍宏伟(2002)对山东省济阳县江店乡贾寨村的通婚圈考察,认为大村、富村的女孩不外嫁是导致通婚圈狭小的重要原因⑧。马宗保、高永久(2005)对宁夏南部单家集村通婚圈的调查发现,人们在选择嫁娶对象时,彼此都会考虑对方所在地区的生活条件。父母更愿意把女儿嫁到生活相对富裕的地区。对经济因素的关注最终促成了经济发达乡镇之间的高通婚率⑨。一些经济发达的农村地区,由于生活水平较高,使得这里的男青年不愿外娶,女青年不愿外嫁,这也加剧了通婚圈的狭窄⑩⑪,导致了"圈里转"的"马蹄型"婚姻。同时,在贫困的

---

① 李守经、邱泽奇:《中国农村社会学十年:课题与观点》,《社会学研究》1989 年第 6 期,第 15—26 页。

② 新山:《婚嫁格局变动与乡村发展——以康村通婚圈为例》,《人口学刊》2000 年第 1 期,第 32—36 页。

③ 王跃生:《法定婚龄、政策婚龄下的民众初婚行为——立足于"五普"长表数据的分析》,《中国人口科学》2005 年第 6 期,第 79—96 页。

④ 孙淑敏:《农民的择偶形态——对西北赵村的实证研究》,社会科学文献出版社 2005 年版,第 158 页。

⑤⑥ 华明琪:《同村择偶现象分析》,《人口战线》1994 年第 2 期,第 30 页。

⑦ 曹锦清:《当代浙北乡村的社会文化变迁》,上海远东出版社 2001 年版,第 332 页。

⑧⑪ 霍宏伟:《我国北方一个农庄的婚姻圈研究——对山东省济阳县江店乡贾寨村的个案分析》,《社会》2002 年第 6 期,第 36—40 页。

⑨ 马宗保、高永久:《乡村回族婚姻中的聘礼与通婚圈——以宁夏南部单家集村为例》,《民族研究》2005 年第 2 期,第 11—20 页。

⑩ 孙淑敏:《农民的择偶形态——对西北赵村的实证研究》,社会科学文献出版社 2005 年版,第 213 页。

乡村,男青年无法找到自己理想的对象,只得在附近找一个各方面条件比较差的女性①。同时,由于同一村庄领域从事的生产劳动具有相似性,村庄中家庭之间的财富差距缩小,容易在村内找到家庭经济条件匹配的结婚对象,这些都加剧了婚姻圈的缩小。

3. 制度政策的影响

制度政策可以直接引起婚姻圈的变化,国内学者在研究农村政策对于村庄婚姻圈的作用时,主要考察了家庭联产承包责任制、计划生育政策、户籍管理制度、社会保障制度对通婚圈产生的影响。

家庭联产承包责任制对于婚姻圈的限制。一般认为,农业经营方式限制了婚姻圈的扩大。韦美神(2008)认为家庭联产承包责任制的实行使每个农户成为独立的经济单位,为了更好地得到亲戚间的互相帮助和合作,近距离通婚便成为一种现实理性的策略选择。

计划生育政策对于村庄婚姻圈的限制。多数学者从农村养老出发,探讨了子女数量锐减和养老压力的增加,只有近距离通婚才能实现家庭养老。吴重庆(1999)认为计划生育政策导致了村庄独子户的近距离通婚。

严格的户籍管理制度是婚姻圈难以扩大的原因之一,原有的户籍制度限制了村民的社会流动,固化了村民的角色身份,造成了村庄婚姻圈的狭小,而户籍制度的改革,户籍管理的放开,使得农村人口的流动大幅增加,对于村庄婚姻圈扩大有着明显的促进效应。韦美神认为户籍管理制度通过影响人口流动影响婚姻圈,户籍管理制度的改革有利于通婚圈的扩大,农村人口的自由外出和流动,社会流动空间的扩大使得对通婚对象选择的空间也增大,从而扩大通婚圈②。

农村社会保障制度的不健全,限制了村庄婚姻圈的扩大。多数

---

① 翟文:《农村通婚圈缩小现象透视》,《社会工作》1996 年第 1 期,第 29—30 页。

② 韦美神:《改革开放以来瑶族通婚圈的变迁研究——以广西田东县陇任屯为例》,广西民族大学博士学位论文 2008 年,第 83 页。

学者指出农村社会保障制度体系还不完善,水平还较低,尤其是村庄养老保障体制的不健全,子女在基于养老的考虑上,更倾向于附近通婚[1]。霍宏伟(2002)、周丽娜、王忠武(2006)认为农村的养老保障体系的不健全使得独生子女养老负担重,选择临近结亲[2]。随着农村社会保障制度的逐步完善和保障水平的提升,保障制度不再是村庄婚姻圈的限制因素之一。

4. 文化观念

婚姻观念本身属于一种文化观念。在对众多学者婚姻圈研究成果的回顾中,大多认为传统文化观念限制了村庄婚姻圈的扩大。关于传统文化观念对于婚姻圈的束缚,主要体现在以下几个方面。

传统婚嫁观念对于村庄婚姻圈的限制。华明琪(1994)指出,受旧风俗、旧观念的影响,在农村有"好女不出村"的传统说法,女儿嫁在本村,当老人的有一种自豪感[3]。家长在村内发展横向关系的愿望促使村内婚的发生。传统观念中的封闭意识从对外关系伸延到对内关系,从而控制人口流动,村庄居民大多世世代代被禁锢在一块固定的土地上,婚姻圈就限定在一个农民力所能及的狭小范围[4]。

家庭养老意识对于村庄婚姻圈的限制。自古以来"父田在,不远游"的忠孝伦理限制了婚姻圈的扩大[5]。中国传统观念中赡养老人的需求是造成婚姻圈缩小的主要原因。邱泽奇、新山、王跃生均提出养老的目的造成了婚姻圈的缩小(邱泽奇,1989;新山,2000;

①　霍宏伟:《我国北方一个农庄的婚姻圈研究——对山东省济阳县江店乡贾寨村的个案分析》,《社会》2002年第6期,第36—40页。

②　周丽娜、王忠武:《值得关注的农村通婚圈缩小现象》,《新疆社会科学》2006年第5期,第105—108页。

③⑥　华明琪:《同村择偶现象分析》,《人口战线》1994年第2期,第30页。

④　阎勤民:《开放与选择——婚姻圈文化论》,《宁夏社会科学》1992年第2期,第51—56页。

⑤　翟文:《农村通婚圈缩小现象透视》,《社会工作》1996年第1期,第29—30页。

王跃生,2005)。老人为晚年生活担忧,因而支持子女同村择偶,为了照料方便[⑥]。老人们希望子女留在身边这样可以降低风险,方便照顾。

婚嫁风险和适应性考虑对于村庄婚姻圈的限制。何生海、王晓磊(2013)从外地婚的风险性角度解读了婚姻圈的缩小[①]。临近通婚的一大优点是,双方老人知根知底,男女双方互相了解,对于新婚的子女,父母不放心,留在身边便于照料[②]。翟文(1996)也提出老人基于担心女儿受欺的考虑,倾向于将女儿留在身边,改革"屋檐"婚姻[③]。同时,临近通婚有一定的优点,风俗习惯上不会产生分歧[④]。居住地邻近的文化背景相似、风俗习惯相同,这样有利于人们交往[⑤]。徐红(2008)由于各地区之间存在着社会风俗与生活习惯等方面的差异,选择婚姻对象时,注重由近及远的原则[⑥]。

5. 个体特征

在同一时空下,婚姻对象的选择会存在较大差异,根本原因是婚姻主体特征的差异,在总结国内外学者的研究成果中,可以发现婚姻主体的实力和交换构成了他们在婚姻选择中的主题词。

国外学者认为婚姻主体的自身特征会限制他们的婚姻圈,但是综合实力较强的婚姻主体有着扩大婚姻圈的优势。一方面,个体特征对婚姻圈有局限作用。宗教(Carter and Click, 1976;Murstein,

---

① 何生海、王晓磊:《论西部农村婚姻圈的广延性与内卷化——基于西部 G 村为考察对象》,《内蒙古民族大学学报(社会科学版)》2013 年第 3 期,第 30—34 页。

② 华明琪:《同村择偶现象分析》,《人口战线》1994 年第 2 期,第 30 页。

③ 翟文:《农村通婚圈缩小现象透视》,《社会工作》1996 年第 1 期,第 29—30 页。

④ 霍宏伟:《我国北方一个农庄的婚姻圈研究——对山东省济阳县江店乡贾寨村的个案分析》,《社会》2002 年第 6 期,第 36—40 页。

⑤ 孙淑敏:《农民的择偶形态——对西北赵村的实证研究》,社会科学文献出版社 2005 年版,第 174 页。

⑥ 徐红:《北宋进士的交游圈对其家族通婚地域的影响》,《史学月刊》2008 年第 12 期,第 105—111 页。

1986)、社会阶层(Winch，1958；Carter and Click，1976)、教育(Alan Kerckhoff，1964； Matthijs Kalmijn，1991)、种族(美国普查局，1992)等个体因素限制缩小了婚姻对象选择中"合适人选"的范围，即倾向于与社会属性(如阶级背景、教育、种族和宗族等)与已相似的人结婚(James Loewen，1979)。约翰森(Johnson)认为宗教群体内在的内婚倾向是影响配偶选择的重要原因。另一方面，个体能力为婚姻圈扩大提供了可能。理查德从职业角度出发，认为拥有较高职业地位的社会成员更容易与外界通婚[①]。Qian、Meng、Gregory 认为接受高等教育和有更好经济收入的群体最易产生通婚[②③]，Johnson Wendy、Mcgue 认为具有相近教育程度的社会成员往往有较多的共同语言和更多的接触机会(在学校里或毕业后在工作场所)，增加了不同通婚的可能性[④]。史清华、黎东升(2004)，李漆(2006)认为教育是影响通婚圈变大的一个主要因素，文化程度提高，受教育时间的延长，通婚圈明显扩大[⑤⑥]。

　　婚姻主体的主观意识也会直接影响其婚姻范围。某些个性气质会使部分婚姻主体有着扩大婚姻圈的机会，Betty lee Sung 利用美国人口普查资料、婚姻登记资料和个案访谈对美国华人与美国人的通婚状况进行研究，指出与美国人联姻的华人性格呈现出外向、叛逆和

---

①　Richard，Madeline A. *Ethnic Groups and Marital Choices*：*Ethnic History and Marital Assimilation in Canada*，*1871 and 1971*. UBC；Vancouver，1991，p.20.

②　Qian Z. "Breaking the racial barriers：Variations in interracial marriage Between 1980 and 1990"，*Demography*，(34)，1997，pp.263—276.

③　Meng X，Gregory RG. "Intermarriage and the economic assimilation of immigrants"，*Journal of Labor Economics*，(23)，2005，pp.135—175.

④　Johnson Wendy，Mcgue. "Marriage and personality"，*Journal of Personality and Social Psycology*，vol.86(2)，2004，pp.285—294.

⑤　史清华、黎东升：《民族间农民婚嫁行为变迁的比较研究——来自湖北 432 户农户家庭的调查》，《浙江大学学报(人文社会科学版)》2004 年第 7 期，第 92—100 页。

⑥　李漆：《私人生活：婚姻与社会性别建构》，《广西民族研究》2006 年第 3 期，第 84—90 页。

非传统化的特点,并指出在美华人的后代子女比生长于中国的子女更可能与美国人通婚(Betty lee Sung,1990)[1]。某些主观意识会限制婚姻主体的选择范围,Elisabeth Beck-Gemsheim 通过 1990—2005 年欧洲某些跨国婚姻研究文献的回顾,分析了跨国婚姻对象的婚姻动机和婚姻模式(Elisabeth Beck-gemsheim,2007),他指出优越感的影响使得男性移民倾向于在原移民国寻找配偶,女性移民倾向于从现居住国居民以外的人群中寻找伴侣[2]。

（四）婚姻圈变迁的影响研究

婚姻家庭是人们生存的主要空间,婚姻圈状况直接影响到人们的社会生活领域,并对人们的微观生活和宏观社会结构有着深刻的影响。对于婚姻圈变迁产生的影响,学术界的成果并不多,大多是从以下三个层面说明婚姻圈变迁的影响。

1. 微观家庭层面的影响

对原有亲属关系的影响。周丽娜(2006)认为通婚圈变小影响亲属之间的亲密程度。婚姻圈的大小即影响男女双方的结合,影响到新家庭建立,也对于新家庭建立后的适应与融合产生影响。同时婚姻圈影响外嫁子女与娘家的联系与照应,外嫁子女父母的养老以及外嫁子女的社会支持与融合。通婚距离过大,使得姻缘家庭之间的交往和互助成本大大提高。近距离通婚能够为亲戚之间的互相帮助与合作创造现实条件,有助于姻亲关系家庭之间的互助合作。杜赞奇提出,出嫁闺女的村庄坐落于婚娶媳妇村庄的"联姻范围"之内[3]。

---

[1] Betty lee Sung. "Chinese American Intermarriage", *Journal oF Comparative Family Studies*,（3）,1990,pp.336—353.

[2] Elisabeth Beck-Gemsheim. "Transnational lives, transnational marriages: a review oF the evidence From migrant communities in Europe", *Global Networks*, vol.7（3）,2007,pp.271—288.

[3] 杜赞奇:《文化、权利与国家——1900—1942 年的华北农村》,江苏人民出版社 1996 年版,第 18 页。

这种情况下,嫁出女子可以同娘家保持密切的来往关系,尤其在交通工具落后的条件下,嫁在近处更方便走动。

对于家庭和谐的影响。婚姻双方的文化习俗直接影响到家庭内部各种关系的调节和处理,婚姻圈的扩大,来自不同地域夫妻有可能具有不同经济社会的文化背景、生活习惯和价值标准,从而使家庭内部的夫妻关系、婆媳关系等面临更多的挑战。如果公众对远嫁男女进行歧视,那么问题将更加严重,即外来媳妇的社会适应问题(周皓、李丁;2009)①。

对于婚姻犯罪的影响。婚姻圈的扩大导致贫困农村及贫困家庭的男性"婚姻难"问题。农村男性"婚姻难"可能诱发他人利用婚姻进行欺骗,使得旧社会的一些婚姻陋习难以根除(韦美神,2008)②。

2. 村庄自身的影响

婚姻圈狭小对于村庄治理的影响。农村社会是典型的熟人社会,自古以来农村的家族势力较为强大,通婚圈缩小会导致宗族势力膨胀,不利于农村的管理和稳定,影响农村民主法治建设。周丽娜(2006)认为通婚圈的狭小会影响农村的民主法制的建设,在村民选举和村务治理中会有非公正现象的出现。

婚姻圈扩大对于村庄稳定的影响。霍宏伟(2002)指出婚姻圈的变化将直接影响到地区的发展与稳定③,由于村庄婚姻圈的扩大,会带来村庄新元素的进入,因此会打破村庄旧有的平衡状态。唐利平(2005)阐释了婚姻圈对乡村的影响,他指出通婚关系是村落之间建立稳定联系的重要途径之一,由于通婚关系,形成一种超村落的联

---

① 周皓、李丁:《我国不同省份通婚圈概况及其历史变化——将人口学引入通婚圈的研究》,《开放时代》2009 年第 7 期,第 100—115 页。

② 韦美神:《改革开放以来瑶族通婚圈的变迁研究》,广西民族大学博士学位论文2008 年,第 54 页。

③ 霍宏伟:《我国北方一个农庄的婚姻圈研究——对山东省济阳县江店乡贾寨村的个案分析》,《社会》2002 年第 6 期,第 36—40 页。

网,建立的地方共同体①,而婚姻圈的变革会打破这一共同体的稳定。

婚姻圈扩大对于村庄变迁的影响。李富强(2000)认为传统婚姻圈的打破是村庄变迁的动因之一,传统村庄的婚姻圈狭小,这使得临近村庄通过联姻方式,彼此交流农业生产技术,促进了农业生产技术的革新和传播,而婚姻圈的扩大使得婚姻双方有着不同农业生产模式,不利于农村经济文化的交流与发展②。

3. 宏观社会层面的影响

在婚姻圈变迁对于宏观社会带来的影响研究中,多数学者讨论了婚姻圈狭小所带来负面影响,主要体现在以下几个方面。

对于社会交往范围的影响。邱泽奇和丁浩(1991)指出了近距离婚嫁使人们社交范围变小,不利于农村的改革开放和社会进步③。周丽娜、王忠武(2006)也指出通婚圈变小会缩小村庄之间的文化交流。通婚圈本身意味着婚姻交往关系的变化,婚姻圈的狭小影响了不同家庭之间的互动和交往,从而影响到家庭社会网络和社会资本的规模和质量④。

对于人口素质的影响。婚姻圈狭小阻碍后代先天素质的提高,《农民婚姻圈透视》中就运用了进化论观念解释了这一观点(张持竖,1990)⑤。台湾学者楚清兰在他的《婚姻圈与人种》一文中,认为狭小的婚姻圈将严重危及人种的进化。程归燕(1994)也认为通婚圈的狭小不利于人口素质的提高⑥。阎勤民(1992)也指出,物种其内部不同体质的

①　唐利平:《人类学和社会学视野下的通婚圈研究》,《开放时代》2005 年第 2 期,第153—156 页。

②　李富强:《壮族婚姻文化的变迁:以田林那善屯为例》,《广西民族学院学报(哲学与社会科学版)》2000 年第 3 期,第 40—48 页。

③　邱泽奇、丁浩:《农村婚嫁流动》,《社会学研究》1991 年第 3 期,第 62—66 页。

④　周丽娜、王忠武:《值得关注的农村通婚圈缩小现象》,《新疆社会科学》2006 年第 5期,第 105—108 页。

⑤　张持竖:《农民婚姻圈透视》,《乡镇论坛》1990 年第 6 期,第 39 页。

⑥　程归燕:《提高农村人口素质必须重视农村通婚圈的拓展》,《浙江师大学报》1994年第 1 期,第 61—63 页。

通婚现象,适应更广阔的生存环境。固有的自交婚姻圈,会导致退化①。

对于阶层固化的影响。周丽娜、王忠武(2006)认为通婚圈变小会加剧村庄之间的贫富分化。婚姻圈的狭小,使得各阶层内部的通婚更加频繁,出现强强联合和弱上加弱的两极分化②,整体上固定了村庄各阶层的分化地位,不利于社会公平的实现。

诸多学者在婚姻圈研究成果,虽然指出了婚姻圈变迁中产生的诸多负面影响,但是又不约而同注意到了婚姻圈缩小对于村庄的有利影响,包括巩固建立在近地缘、近人缘之上的婚姻关系,加强亲缘网络中社会成员的团结,提高劳动生产效率,弥补农村社会投资和社会保障的不足,促进家庭家族之间的扶贫济困与赈灾救灾等等,这使得村庄婚姻圈的扩大具有有限性,而村内婚是一个短期内无法变更的事实。

二、文献评述与研究展望

总的来看,国内对村庄婚姻圈变迁现象研究还很薄弱,中国知网(CNKI)上关于村庄婚姻圈仅有二十多篇,其中很多还都是 2000 年之前的文章,2010 年之后仅有 5 篇左右,关于村庄婚姻圈的研究,仅有硕士论文研究,博士论文没有一篇,这远远低于族群婚姻圈的研究。总的来看,国内外对村庄婚姻圈变迁现象研究还很薄弱,很多都是停留在对现象的描述,大多数学者研究村庄婚姻圈时都采用一种套路,这个村庄婚姻圈现状的描述,影响村庄婚姻圈的原因,婚姻圈变迁之后的影响怎样。但是其实研究并不深入,也没有把问题研究透彻明白。很多都是就表面说表面。这就导致研究的理论意义和研究问题阐述得不够深入,没有把问题说清楚。

---

①　阎勤民:《开放与选择——婚姻圈文化论》,《宁夏社会科学》1992 年第 2 期,第 51—56 页。

②　周丽娜、王忠武:《值得关注的农村通婚圈缩小现象》,《新疆社会科学》2006 年第 5 期,第 105—108 页。

1. 变迁趋势研究内容相似,研究结论不同

就婚姻圈变迁趋势而言,不同研究者有着迥异的答案,或扩大或缩小或不变,这不代表学者们对婚姻圈的认识存在分歧,也不在于解释变量和解释逻辑的分歧,而是由于研究对象的实际情况不同。对于村庄婚姻圈大多采用田野调查的方法,对某一地区的通婚圈做出详细的了解和解读,村庄具有典型性但不足以推论总体。例如有些研究结论是婚姻圈变小或不变的研究,虽然是全国大型抽样调查,调查质量有保证,但是调查时间为 1987、1988、1989 年,距今已经过去30 多年,这期间中国经历了天翻地覆的变化,原来的调查并不能解释当前的变化。有的研究是以一个村子为个案,有的是选取一个地区的几个村子,有的研究是让学校的学生回到家乡选取临近的几个村子进而合成一个近似抽样的村庄,但是其样本代表性和抽样误差性还有待考虑。此外,不同的村庄有不同的特点,还应该多考虑村庄本身的特点、性质对婚姻圈的影响。正是由于婚姻圈的地域差异较大,各学者选取的调查时间、地点、规模存在差异,因此研究结果有着较大不同。本研究借鉴了前辈学者对于婚姻圈变迁考察的不同视角,深化对目标村庄的婚姻圈变迁考察。对此,笔者在实施婚姻圈研究前,对目标村子进行三次考察,尤其对村庄的经济、社会、生活等各个方面考察,从而可以进一步把握好村庄整体概况,在下文样本村介绍时会有详细说明。

2. 婚姻圈变迁原因分析不够清晰

以往研究从人口流动与社会关系、村庄经济、制度政策、文化习俗和个人特征等方面来分析。但是这些因素也许只是在特定时期起到作用,或者只是对特定的村庄起作用。

首先,以往研究认为村庄经济结构的变化,直接引起了人们从业结构、收入水平和财富积累改变,从而改变了村庄婚姻圈状况。村庄经济结构变迁中,有从事农业型产业向非农产业的转移,不仅加速了

农村社会的变革,也促进了人口流动和社会关系空间的改变,从而为婚姻圈扩大提供了基础。但是,由于农业生产模式的限制和家庭经济水平一致倾向的影响,村庄经济还存在着限制婚姻圈扩大的一面。考察造成村庄婚姻圈缩小的经济因素,可以发现村庄开始成为一个封闭空间,尤其是富裕的村庄,村庄有着齐备的生产生活配套设施,村庄内部成员很少向外流动,而且村庄会在户籍和实际生产生活领域排斥外人进入村庄,因此婚姻圈是狭小的,基本表现为村内婚。但是笔者认为如果村庄经济发展较好,会吸引大量的外地人员来这里就业,在客观上增加了村庄人口异质性,客观上会增加村庄人口选择外地配偶的可能性。

其次,制度政策对于婚姻圈的影响,学术界的研究成果并不多。制度政策的一大特点是可以快速发挥功效。之前多数学者指出农村社会保障制度体系还不完善,水平还较低,尤其是村庄养老保障体制的不健全,子女在基于养老的考虑上,更倾向于附近通婚。并且指出家庭联产承包制、计划生育政策和严格的生育政策这些都是制约婚姻圈扩大的因素。由于劳动力资源和养老需求,会限制婚姻圈扩大。笔者认为现代农业生产工具的使用大大解放了农村劳动力,家庭联产责任承包制对婚姻圈的限制将大大减少;留守村庄式的家庭养老不再是唯一的家庭养老模式,随着非农化带来的村民收入水平提升,跟随式养老、资助式养老成为可能,因此基于养老考虑也不会过于限制婚姻圈的扩大。并且随着新农村建设的逐步深入,国家在农村领域采取了诸多改善村民生计的政策措施,农村制度政策日益完善,全面取消农业税、实行农业直接补贴、免除农村义务教育学杂费、建立新型农村合作医疗制度、新型农村社会养老保险制度,以及农村独生子女、双女户家庭政策的实施,这些政策的实施给予农民一定程度的实惠和保障,缓解了村庄青壮年劳动力的养老和生活压力,直接影响了村民的生产生活方式,改变了村庄的发展面貌,深刻影响了村庄中包括婚姻圈在内的各个领域。笔者认为这些新的政策出台是对婚姻圈扩大有着积极的作用。

然后,村民的思想文化观念直接影响着他们的婚姻状况,从根本上来讲,村民的文化观念是以村庄经济结构、村庄政策作为前提条件,几者共同发挥着对于婚姻圈的影响作用。虽然村庄经济、政治、社会环境已经发生较大变化,但由于文化观念的堕距效应,使得村民的文化观念中还保留着一定的传统成分,这在短期内限制了村庄婚姻圈的扩大①。随着村庄社会的变迁以及西方个体化思潮的影响,村庄年轻一代越来越多地接纳了现代文化观念,受传统文化观念的影响越来越小,对个体的工作、生活及婚姻有了自决权利。传统文化观念对于村庄婚姻圈限制的弱化,为村庄婚姻圈的扩大提供了依据。

最后,婚姻选择上的差异可以从个体差异入手考察,婚姻主体在职业、收入、宗教、社会地位、能力素质、学历水平、样貌等方面综合实力,最终决定了他的婚姻选择等级和范围,而婚姻双方最终的选择,可以表现为一种综合实力的对等交换,这就限制了婚姻主体的婚姻选择范围。一般来看,在总体实力上表现更为强大的个体,有着拓展婚姻圈的能力和条件。现代社会中,教育是带来个体变化和结构转型的重要因素之一,在婚姻圈的转变中,教育也起到了极其重要的作用。教育扩大了村庄居民的职业选择范围,并且增强了的技能素质,提升了社会地位,转变了村庄居民身份,甚至成为村庄中的精英。通过教育,部分村庄居民在婚姻市场中提升了竞争实力,为婚姻圈的扩大提供了基础。

3. 影响研究并不深入,没有差异比较

婚姻圈变迁之后很多影响,学者们也研究了一些对家庭、村庄和

---

① 王跃生:《社会变革与婚姻家庭变动:20 世纪 30—90 年代的冀南农村》,生活·读书·新知三联书店 2006 年版,第 89 页。

整个社会的影响,但总体上来说并不深入,都是泛泛而论,研究依据也仅仅是一些村庄中受访者的感受,并没有对某一个问题深入研究,更没有采取定量研究。本研究认为婚姻圈变迁最直接的影响还是对家庭,尤其是家庭关系的影响。家庭关系主要是指家庭成员之间的关系。家庭成员之间的关系是家庭生活的真正核心。婚姻和血缘是家庭的基础,决定着家庭中最重要的关系。并且现在中国离婚率特别高,离婚的首要因素是婚后发现适应不了彼此的缺点,性格不合,无法忍受彼此,才导致夫妻关系破裂无奈地走向离婚。性格不合的原因是不是两个人从小生长在不同地方,生活习惯不同导致的。而不同地域的人们结合成夫妇,必然会有生活方式、价值观、赡养老人观念等方面的不同。这有可能会导致夫妻关系不好,婆媳关系出现问题,从而影响婚姻稳定性。此外,村庄中肯定有婚姻圈扩大的夫妻,也存在婚姻圈不变的夫妻,应该将其家庭关系做比较来研究,可以得出婚姻圈变迁之后,家庭关系是否真的会有影响。

第二章 研 究 设 计

第一节 核心概念及测量

一、婚姻圈概念界定及测量

（一）婚姻圈概念界定

本研究在考察村庄婚姻圈时，采取的是"地理婚姻圈"的意义，即考察所有嫁来的媳妇和上门女婿婚前户籍身份所在地的范围。同时，本研究所涉及的样本村婚姻圈既是该村庄整体婚姻缔结情况的反映，同时，该样本村婚姻圈又受每对夫妻通婚距离的影响。对于村庄婚姻圈的研究，体现了婚姻主体的个体特质与其所处的宏观社会背景相互结合的结果。

本研究对于村庄婚姻圈的考察是建立在婚姻圈两类定义的基础之上，将具体婚姻单元中配偶双方的空间距离称为通婚距离，而婚姻圈是村庄中嫁来的媳妇或上门女婿的婚前户籍身份所在地的空间范围，村庄中每对夫妻的通婚距离构成了该村庄的婚姻圈。因此，婚姻圈的变迁可以通过考察村庄中各代际夫妻的通婚距离构成的范围，来确定每一历史时期村庄居民的通婚范围，即村庄婚姻圈的纵向变化趋势。

此外，本文将研究对象限制在户口还在 F 村的夫妻，那些通过升学或者招工离开村子的人，属于村庄中精英阶层，他们早已经定居在城市，户口也迁移出去，他们的婚姻圈必然是扩大的，他们不再属于F 村，这部分夫妻不纳入研究对象。

（二）婚姻圈的测量

一般情况下，研究者往往通过对每一对夫妻之间的通婚距离进行测量进而得到一个群体的通婚圈,以此反映这一群体的通婚择偶结构及规律。①在实际测量婚姻圈时,不同研究者采用了不同的操作化方式,例如有的是以一个地区婚入婚出女性的婚嫁距离作为考察通婚圈的大小的指标,有的是以一个地区婚入女性的婚嫁距离作为通婚圈的测量指标,有的是以一个地区婚出女性的婚嫁距离作为通婚圈的测量指标。应该说这几种测量方式无所谓对错,只是从不同角度考察村庄的婚姻圈。

本研究的婚姻圈测量是以样本村为中心,以嫁来女性的婚前户籍身份所在地与样本村的地理关系为通婚距离,具体设置为同村(村内婚)、同镇不同村(镇内婚)、同区不同镇(区内婚)、同市不同区(市内婚)、同省不同市(省内婚)、不同省(省外婚)这几个变量,通过考察村庄所有嫁来女性的婚前户籍身份变量归属。来考察样本村的婚姻圈情况。同时,本文还考察了不同代际的婚姻圈,即以10年为一代(以男性的出生年代为准),考察10年内出生村民的婚姻圈范围,并进行代际间的比较。

另一种测量方式是计算夫妻双方婚前老家的距离。以百度地图出行公里数为计算单位,在问卷中,有的被访者没有填写详细的婚前老家地址,则按填写最小行政单位的火车站或汽车站距离计算。

二、家庭关系及其操作化

(一)家庭关系概念界定

家庭关系主要是指家庭成员之间的关系。家庭成员之间的关系是家庭生活的真正核心。婚姻和血缘是家庭的基础,决定着家庭中最重要的关系。总体上看,家庭关系的内涵主要是家庭成员之间地位高低与彼此的权利、义务关系。家庭关系是随着社会伦理的变化

---

① 周皓、李丁:《我国不同省份通婚圈概况及其历史变化——将人口学引入通婚圈的研究》,《开放时代》2009年第7期,第100—115页。

而动态发展的。家庭关系变迁是社会史研究的重要内容之一。借由家庭关系的发展变化,我们不仅可以洞察家庭自身的演变,而且可以把握作用于家庭的伦理道德以及社会制度的变迁。鉴于家庭关系变迁研究的重要意义,很多研究者已经对其进行了深入的考察。有研究指出,传统的家庭关系主要是一种血缘关系,亲情关系;现代的家庭关系虽然仍以血缘关系为天然纽带,但同时又是一种利益关系,契约关系。

从历史上看,中国传统家庭关系的调节原则在夫妻之间是"相敬如宾",在父子之间则是"父慈子孝"。在一夫一妻制下,家庭关系从宏观上看不外乎是由血缘关系和姻缘关系两种组成,简单地概括为两种基本类型的关系:一种是纵向关系,包含代际之间的各种联系,如父母子女之间、婆媳翁婿之间以及祖孙之间的关系;另一种是横向关系,包含同辈之间的各种联系,如夫妻关系、兄弟姐妹关系、姑嫂妯娌关系以及郎舅连襟关系等。但现在家庭人际关系由复杂走向单纯,家庭成员之间的关系趋向专一,家庭成员的社会角色十分简单,过去常见的连襟、妯娌、姑嫂关系较为少见。人际关系的简单化使许多年轻的家庭成员体验不到扩展家庭中复杂的、矩阵式的人际关系。夫妻、亲子、祖孙、姊妹等成为家庭中主要的社会角色。①这其中最为主要的就是夫妻关系和代际关系。

家庭代际关系实际对家庭成员关系进行纵向考察。从血缘关系看,代际关系既包括亲子、叔(伯)侄等"连代"关系,也包括祖孙"隔代"关系。而就姻缘关系看,代际关系则有婆媳关系、翁婿关系等。在家庭中不同代际成员接触最多的是父母(公婆)和子女(媳婿)之间。因而,直系亲子关系无疑是代际关系的核心。直系亲子关系无

---

① 杨菊华、何炤华:《社会转型过程中家庭的变迁与延续》,《人口研究》2014 年第 2 期,第 36—51 页。

疑是代际关系的核心(王跃生,2010)。

所以本研究重点分析婚姻圈变迁下夫妻关系和直系亲子代际关系。

(二) 家庭关系测量

1. 夫妻关系的测量

马春华等人的研究是将夫妻关系操作化为夫妻承担家务状况和夫妻权力两个方面(马春华等,2009)[1];刘娟则是从婚姻生活中夫妻感情交流、夫妻家务分工和家庭决策权三方面来测量夫妻关系。[2]崔丽娟仅采用对配偶的满意程度以及夫妻之间争吵的程度两项指标;吴本雪则采用了对婚姻的满意度、业余时间夫妻是否一起度过、夫妻是否经常交流思想、夫妻是否相互体贴四项指标;[3]刘英采用了夫妻之间的交流与沟通、家务分担、夫妻价值观、夫妻对婚姻生活重要程度的看法等四项指标。[4]

鉴于此,笔者先将夫妻关系操作化为夫妻日常生活中的共同活动和交流(作为客观方面),以及对夫妻关系的直接感受和评价(作为主观方面)两个层面。夫妻关系的测量从以下几个方面进行,夫妻交流与沟通、夫妻家务劳动分配、家庭事务决定权、夫妻之间一致性、夫妻关系满意度。前几项是客观测量,最后一项是主观测量。

2. 代际关系的测量

家庭代际关系主要指上下代之间所形成的抚育、赡养、继承、交换和交往关系(王跃生,2010)。[5]家庭代际关系是不同代位家庭成员

---

[1]　马春华、石金群、李银河、王震宇、唐灿:《中国城市家庭变迁的趋势和最新发现》,《社会学研究》2011 年第 2 期,第 182—216 页。

[2]　刘娟:《北京市夫妻关系研究》,《人口与经济》1994 年第 3 期,第 38—47 页。

[3]　崔丽娟:《老年人夫妻关系及影响因素的研究》,《心理科学》1995 年第 4 期,第 221—224 页。

[4]　刘英:《今日城市的夫妻关系——与日本的比较》,《社会学研究》1991 年第 3 期,第 48—54 页。

[5]　王跃生:《农村家庭代际关系理论和经验分析——以北方农村为基础》,《社会科学研究》2010 年第 4 期,第 116—123 页。

之间所形成的经济支持、生活照料和情感交流关系。这些只是一种客观上的测量，还要从个人主观层面进行分析，和自己父母关系好不好，有没有发生过矛盾和争吵。

这种代际关系只限于本人于本人父母，不包括婆媳关系、翁婿关系。因为婆媳关系和翁婿关系更为复杂，不适宜用问卷进行测量，本文稍后对外来媳妇、外来女婿的婆媳关系和翁婿关系进行说明。

第二节 样本村的介绍

一、F村简介

本研究选择的样本村为 DH 镇 F 村，该村位于河北省石家庄市 LQ 区东北部，LQ 城区中心距石阁公路 F 道口 14.5 千米，属平原村。该村东部毗邻滹沱河和石家庄市五七路，南部紧邻石津总干渠和石阁公路（张石高速公路石阁公路出入口就在村旁），东南紧靠石家庄市新华区。

F 村隶属 DH 镇，DH 镇地处东经 114°38—39′，北纬 38°12—14′ 之间。DH 镇位于河北省省会石家庄市区西北 12 公里处，与石家庄市新华区接壤，西南距鹿泉市区 10 公里，南距石太高速公路入口 2 公里，东距石家庄国际机场 15 公里，距首都北京 295 公里，距天津港 315 公里，距黄骅港 335 公里，是北上京津、西入山西的交通要塞。大宋铁路、107 国道复线、省道石闫公路、五七路、县道大河路，以及村村通工程在境内纵横交错，内连各村，外接各交通干线，形成了方便快捷的交通网络。辖区面积 68 平方公里，共辖 DH、MT、SH、JC、DT、F、NLL、ZLL、BLL、CDQDD、CDXXD、QZ、XJZ、XMZ、BGZ、SY、XH、NGC、BGC、SM、QZ、SQ、XZT、LZ、XZD 等 19 个行政村，耕地 50 516 亩，农业人口 3.8 万人。DH 镇属温带半湿润大陆季风性气候，年平均气温 13.3 ℃，年日照时数 237 小时，年平均降雨量 550 毫米,全年无霜期 205 天左右,四季分明,气候宜人。

　　DH 镇是传统的农业大镇,河北省粮食主要产区,主要农产品有小麦、玉米、花生、大豆等,也是河北省农业厅确定的首批无公害农产品生产基地:认证面积达万亩,主要品种有食用菌、错季黄瓜、西红柿、韭菜、甜椒、长豆角等,产量近 10 万吨,销往京津等大中城市,蔬菜交易市场和农业示范场是 DH 镇蔬菜业发展的两大龙头。全镇畜牧养殖业发展迅速,以奶牛、鸡、鸭、猪为主体的各类养殖专业户 300 多户。其中千只以上养鸡专业户 160 多户;50 头以上养牛专业户 30 多户;淡水养殖已经发展到 600 多亩。石家庄三鹿天缘乳业有限公司在 DH 的落户,带动了 DH 镇奶牛养殖业的迅猛发展,现已形成了 5 个养殖小区,2 个养殖基地,奶牛存栏达 3 000 多头,禽类存栏达 60 多万头。"大规模、大群体"发展格局基本形成。DH 镇拥有工业企业 450 家,固定资产 4.2 亿元,主要产品 200 多种,形成了建材、造纸、铸造、制鞋、医疗器械、农副产品加工六大支柱产业,组建了七大企业集团,建设了建材、轻工两个工业小区,使乡镇企业走上了建设规模化、经营集团化、生产专业化的轨道。形成了十大高效农业开发区,建成了粮食、无公害蔬菜、奶牛、林果、花卉、养猪、养鸡、水产八大基地,形成了市场带基地,基地连农户的新格局,突出了农、工、贸、种、养、加、产、供、销一体化,形成了独具特色的区域经济。

　　截止 2015 年 8 月,F 村在籍共有 560 户 2 074 人,其中男性 1 040 人,女性 1 034 人。近几年,全村人口保持缓慢增长,每年新出生人口 20 到 30 人,计算迁移人口和死亡人口,全村净增加人口为个位数。F 村 560 户中户主姓杨的有 197 户,占全村总户数的 35.9%;姓张的有 91 户,占全村总户数的 16.6%。2008 年之前,小孩上大学时户口都带出去。2008 年之后,很多人的户口都不转出去了。村里女的出嫁之后,有十分之一左右的人不把户口转出去。F 村现有耕地 1 905 亩,土壤多属壤质冲积潮土和壤质冲积沼泽化潮土,以种植小麦和玉米为主。

二、历史演变

F村原名"ZFT",相传元代著名纺织家黄道婆的弟子到此传授棉纺织技术,山西洪洞县移民到来后,多以纺织为业,所以取名"ZFT",后由谐音演化为F。F村解放前隶属ZD县(古代叫CS郡,ZD府),当时各家盛粮食的粗布口袋上,都写有"ZDF"的字样。从《正定县志》上看,ZD县包括NLL、ZLL、BLL、DT、F、DH、XH、JC、SJ、CC、DB、NGJ、BGJ、QTB、HTB、XJY这几个村子。解放前F全村不足200户,耕地有24顷(2 400亩)。直到1948年土改时,人均耕地1.95亩。1947年11月6日,获鹿解放,1947年11月12日,石家庄解放。之后,F和NLL、ZLL、BLL、DT、F、DH、XH、JC等8个村归获鹿县,其他8个村子先后划归石家庄郊区。

三、村容村貌

住房方面。F村有30%—40%的家里能住上楼房,其他的都住平房,是混凝土的浇筑顶。现在住房结构为砖瓦房大多建于1995以后,砖木结构的是80年代。90年代以前都是砖木结构。90年代以后变成现在这样砖瓦结构。F村80%家庭在1990年以后盖的房子,50%家庭在2000年以后盖的房子。即使盖了新房子,每家每户还是保留迎宾墙的传统。

道路方面。F村在2002年之前没有怎么修过路,最多是当村路损毁严重的时候,大队将村民召集一起自发修路,由于并不是现代化的铺路方式,效果一般,常常需要翻修。2002年之后,村里开始有计划的正规修路,2009年时村里的主路已经加宽到4米,主要路段都铺上了沥青。

祭祀小庙。F村里有三个供村民祭拜的小庙(只是一间小屋子,里面供奉着排像)。药王庙,1995年盖,用途是为家人祈祷身体康健,里面供奉着药王孙思邈。老母庙,2000年盖,用途是求子嗣的,

里面供奉着送子老母。三关庙(刘关张),2010 年盖,用途是祈求财富和功名,里面供奉着刘备、关羽、张飞。　　　_

基本生活条件。1977 年,F 村开始通电,电视等基本的家用电器开始使用,基本家用电器的使用大致与全国同步。1985 年,F 村通了自来水,但是目前还没有地下排水系统,污水通过管道排到院墙之外,并没有露天排污沟渠。目前,F 村民家庭的基本生活基本全备,电视、冰箱、空调、烹饪电器和儿童玩具,大多一应俱全。80%以上的家庭安装了网线,但网速比较慢。

第三节　研　究　方　法

一、资料收集方法

本研究主要采用问卷调查和个案访谈相结合的方式进行调查。研究主题的确定来源于前期对该地区的多次调查。第一次调研是在2014 年 6 月 21 日至 6 月 23 日展开,地点是 DH 镇下辖的包括 F 村在内的 5 个村庄。当时是对 F 村二队进行了关于村庄发展状况的问卷调研,并在村委会召集了包括村支书、村主任、会计等主要村干部和村民代表的座谈会,运用问卷法和集体询问的方法了解了 F 村在经济、人口、教育、收入、保障、村民观念、村庄面貌等方面的现状和历史演变等基本问题。第二次调研是在 2014 年 8 月 12 日至 8 月 25日展开,在前一阶段调研资料整理分析的基础上,再次来到 F 村进行与村庄非农化主题相关的更为细致的田野调研。此次调研以访谈和观察的方法进行,通过与村委会相关干部的访谈,了解各村庄人口出生、死亡和婚姻迁移的状况;通过与当地村民的半结构访谈,并结合观察,了解村民在生产生活方式、居住环境、消费用品、思想观念等方面的变化情况;通过走访这村庄卫生所、商铺、工厂、集市、劳务市场等场所,了解村容村貌、村庄产业结构和村庄服务业等方面的变化。

第三次调研是在 2014 年 9 月 30 日至 2014 年 10 月 8 日展开,在前两次调研基础上完善,走访了 F 村 20 余户家庭,询问其中夫妻的婚嫁及家庭关系情况,初步推定 F 村中不同年代出生的人婚姻圈呈扩大趋势,进而阅读大量的中外婚姻圈文献资料,对研究问题进一步确定,形成了问卷和访谈的初步构想。

1. 问卷调查

本研究的目的是要较为全面地描述 F 村婚姻圈变迁及其对家庭关系影响况。该项研究主要包含三个部分,首先要展示 F 村各代际婚姻圈的基本情况,其次要回答哪些因素带来了婚姻圈的扩大,最后要探讨婚姻圈变化给夫妻关系和亲子关系带来了哪些改变。为了达到这一目标,需要通过大量数据的分析,并在此基础上借助于模型,这就需要依靠于问卷调查来获得数据资料,使用定量研究方法,通过抽样从整体上把握总体的情况。因此,本研究主要资料的获得依赖于问卷调查。

问卷调查方法为询问式和自填式两种。具体程序为:问卷设计——预调查——问卷修改与定稿——调查样本选择——寻找被调查对象——询问或自填——寻找递补调查对象——完成 200 对夫妻(共 400 份)的调查问卷。

在问卷经过预调查和多次修改之后,由村内有一定威望的熟人邀请被调查者到熟人家,或引领调查员至被调查者家,对 F 村 200 对夫妻分别进行了问卷调查,问卷调研在 2015 年 7 月 29 日至 8 月 27 日展开,共收回问卷 400 份。问卷调查样本的选取办法。首先获取该村的家庭户籍手册,由于外来女婿是本研究关注的一个领域,且个案数不多,因此将这类夫妻全部作为调研样本。调研随机选取户籍名单 200 对夫妻,如果有对象不能调查到或者拒绝填写,则分别在户籍册中未调查到的相邻对象名单中递补,直到调查到前 200 对夫妻为止。由于本文要考虑代际间的婚姻圈差异,并指定十年为一个代际。如果夫妻年龄不在同一个十年中,以丈夫年龄作为计算依据。外来女婿的问卷在多数情况下单独分析。问卷内容包括个人的年龄、受教育程度、政治面貌、民族、宗教信仰、户口性质等信息,配偶的年龄、受教育程度、政治面貌、民族、宗教信仰、户口性质等个人信息,还有是否外出打工、打工时间、打工地点、婚前职业、收入等客观问题,结婚方面问题包括结婚时间、如何与配偶相识、相识多久结婚、婚前双方家庭经济条件、婚姻自主性以及彩礼和嫁妆等方面内容。夫妻关系包括夫妻间交流频率、与配偶一致程度、家庭事务决策权、夫妻矛盾吵架和夫妻关系的满意程度。代际关系包括金钱方面、沟通与交流频率、帮助料理家务和关系满意程度。针对非F村人,还重点询问了他们来村时间,生活适应情况,与配偶家人、邻居、F村人的关系满意程度以及他们的社会支持情况。

通过问卷调查所收集来问卷数据的整理和分析,是进行量化研究的先决条件。在对问卷中的数据进行量化统计分析之后,通过对数据模型的解读、分析、归纳、提炼,形成进一步的定量研究结论。

2. 深度访谈

本研究在问卷调查的同时,从中选取个别有代表性的夫妻进行深度访谈,包括年老一代远距离通婚的夫妻、年轻一代中学历较高者回村谋生的夫妻、上门女婿夫妻,以便更深入的了解被访者对于婚姻缔结和夫妻生活的态度和感受。本研究采用结构式访谈和开放式访谈相结合的方法,前者主要是针对事先设置好的访谈提纲,通过与被访者的交流,对夫妻双方的择偶观,生育观,婚后生活状况,夫妻及亲属关系等方面进行全面了解,包括对婚姻双方婚前的个人条件、家庭状况、择偶方式、择偶标准、感情基础,以及对婚后的家庭维系因素、婚姻满意度、家庭关系、事务决定权、家务劳动、人际交往空间、生活适应情况等。同时,研究过中还采用无结构式访谈。此方法可以使调查对象随意谈出自己的意见和感受,没有约束感,还使笔者获得了一些意想不到的资料和收获来补充问卷或访谈提纲的不足。在建立信任关系的基础上,与被访者的漫谈中,有意识引导被访者的言谈贴近研究主题,重点引导被访者叙述婚姻距离对于自身及其他家庭成员的积极和消极影响,搜集被访者婚姻缔结方式、夫妻关系、家庭养老、婚姻质量、结果认知等方面的信息。

访谈对象被分为两种情况:一种是通婚距离较大的情况,考察夫妻特质及其关系情况,包括对婚姻缔结方式,夫妻双方的文化认同、风俗习惯等方面差异性进行探讨;另一种是通婚距离较小的情况,对比分析婚姻圈不变的家庭情况。并对比分析两类夫妻的权利归属、关系情况、家庭养老、婚姻质量等情况。

通过与被访者的深入交流,弥补了问卷中对于信息收集的缺陷,对于理解被访者观念和行为有很大用处,对于本研究观点的验证起到了重要的辅助作用。

3. 文献研究

本研究所进行的文献研究历时较长,从读博伊始就确立了家庭社会学这一基本方向,对婚姻家庭理论和实证研究逐步加深,2014年6月开始的四次相关调研,每次都积累了新的文献材料,对F村的认知一步步增加。总的来讲,本研究所收集的文献资料包含两部分。一部分是一手资料,即在F村委会和部分村民家中拍摄、复印的历史记载和相关资料,包括报纸、书籍、照片、村志、文学作品、文件资料、村民户籍册、村民卫生医疗保障登记表(台账)、婚姻登记信息以及村庄文献记录等。另一部分是二手资料,即在调研之前和调研期间阅读过的与婚姻缔结、家庭关系相关的文献资料,查阅到的国内外关于婚姻圈研究和国内村庄婚姻圈变迁研究的各种论文、著作,以及在中国知网、JUSTOR和Springer中检索到的关于婚姻圈变迁研究的中外学术论文、著作等电子文献。

前期文献收集为本研究的顺利开展积累大量资料,通过对F村基本历史和现实情况的了解,为问卷调查和个案访谈打下了坚实基础。

4.观察法

运用观察法,是为了全面具体了解村庄面貌、村民行为方式、生活习惯。本研究采取了参与观察和非参与观察。由于笔者在 F 村总共进行了四次调研,很多村民都已经对我有了一定熟悉感,偶遇时甚至会打招呼。最开始时,我是以北京地区博士身份进入村庄,村民知晓了我的身份之后,更多怀的是羡慕但是却有距离感,最开始进行访谈的时候,可以真切感受到很多村民还是有所保留的,对于一些"家丑"也是讳莫如深。不过以"他者"身份进入的好处是使得观察更加理性、客观,"他者的眼光"保证了对于 F 村的基本村貌和村民家庭设施、环境布置和家庭生活状况认知的客观。村民一直以来对我从事的调研工作还是尽力配合的,随着接触次数的增多,我与村民的距离逐渐拉近,他们不再把我当成难以接近的"学霸",而是可以进行自由聊天、随意表达想法的对象,我对 F 村也从开始非参与观察到进入"熟人"家中进行参与观察。

为了在调查过程中拉近与被访者的距离,我将开展调研工作的办公场所设置在村内"熟人"的家里,并有意识加入他们的日常工作中去,从这些"熟人"的言语和行为中,加深了对本村的理解和认识。参与观察使得我对于 F 村的经济社会发展状况和村民们的日常生活与行动逻辑从经验质感上有了把握。

通过观察法,既收集到了支撑研究论点的资料,同时也辅助了调研、访谈工作的顺利开展,将问卷、访谈、观察得来的资料进行汇总、比较,可以提供更好的研究支撑。

二、资料分析方法

1.问卷数据分析

问卷调查的数据采用 Epidata2.3 软件录入,数据缺失在 20% 以上的问卷作为废卷处理,缺失率低于20％则按照个别变量缺失处理。数据分析采用SPSS.22.0软件完成,数据分析方法主要有描述性分析、交互分析、两元LOGISTIC和定序LOGISTIC回归分析等。

广泛查阅F村的历年婚姻登记档案,为本研究提供了详实的数据资料。对人口普查数据、民政部门婚姻登记资料、各乡镇近年来保存的历年婚姻登记档案资料及在田野调查中所获问卷调查资料进行统计分析。根据统计数据分析F村通婚的数量变动、构成特征,并与镇内婚姻人群的特征作对比,由此宏观反映F村婚姻变迁的状况。

2. 访谈资料分析

本研究对F村某些特殊的个人或某件事进行详细调查,对其进行细致的描述、分析和理论提炼,提炼出某种具有代表性的观点,并用一个典型事例来说明这种观点。将笔者与被访问者的访谈记录撰写成文字记录,并用中文分词软件将文本分词,再用QUARLUS软件分析文本,找出案例的中心词,中心词与中心词的关系,对所要研究的对象进行分门别类,使研究对象具有明显的特征,然后再进行深入的探讨。在资料的分析中,尽量以当事人的经历和观点进行解释和说明问题,看重当事人的话语和观点,尽可能地去理解研究对象为什么认为他们必须按照他们所熟悉的方式行事,揭示调查对象的真实感受和意见,从他们的叙述出发而不是将调查者自身的预判和观点强加于被调查者。

第三章 F村婚姻圈变迁状况

第一节 F村526对夫妻婚姻圈状况

改革开放以来,F村传统的婚姻圈边界逐渐松动。调研中发现,年老一代村民的婚姻更多发生在DH镇内。当问到他们外来配偶老家地址的时候,多数人报出的地名局限在隶属DH镇内临近F村的那些村庄,而年轻一代村民的配偶更多来自DH镇外地区,甚至是石家庄之外的地域。随着人口流动和村庄变迁的加速,较远距离通婚的数量不断增加,总体上表现出从少到多,婚姻圈呈明显的扩大趋势。

一、F村526对夫妻通婚距离情况

2014—2015年期间,笔者先后四次到F村进行村庄发展及婚姻家庭状况的田野调查,首先从村庄整体特征入手,重点了解了村庄各产业发展状况、村容村貌及发展历史、人们谋生手段的变化、生活习惯思想观念的改变等方面,形成对F村的整体印象和基本看法。这为本研究提供了背景资料和研究基础。在婚姻圈变迁情况考察中,本研究首先从户籍资料入手,查阅了F村民户籍册和村民卫生医疗保障登记表(台账),其中包含了所有在籍夫妻身份证号码,以此为依据进行计算,粗略描述F村整体的婚姻范围情况,由前文定义可知,婚姻圈的变迁可以通过考察村庄中各代际夫妻的通婚距离构成的范围,来确定每一历史时期村庄居民的通婚范围,即村庄婚姻圈的纵向变化趋势。并以十年为一个代际,展示了不同历史时期的村庄婚姻圈状况。如表3-1所示:

表 3-1　F 村全村在户 526 对夫妻通婚距离情况表

婚姻圈 出生年代	鹿泉区内		跨区(县)		跨市		跨省		合计	
	频数 (人)	比例 (%)	频数 (人)	比例 (%)	频数 (人)	比例 (%)	频数 (人)	比例 (%)	频数 (人)	比例 (%)
1920—	4	100	0	0	0	0	0	0	4	100
1930—	19	100	0	0	0	0	0	0	19	100
1940—	61	98.4	1	1.6	0	0	0	0	62	100
1950—	113	98.2	0	0	1	0.9	1	0.9	115	100
1960—	132	94.3	2	1.4	1	0.7	5	3.6	140	100
1970—	47	57.3	11	13.4	8	9.8	16	19.5	82	100
1980—	38	36.9	33	32.0	14	13.6	18	17.5	103	100
1990—	0	0	1	100	0	0	0	0	1	100
合　计	414	78.7	48	9.1	24	4.6	40	7.6	526	100

注:计算规则:上门女婿以女性出生年代进行计算,其他以男性出生年代为计算依据。

由 2014 年户籍身份资料统计得到的表 3-1 显示,将丧偶情况排除在外,F 村在户夫妻一共有 526 对。其中年纪最大的 20 世纪 20 年代出生的夫妻为 4 对,20 世纪 30 年代、40 年代、50 年代、60 年代、70 年代、80 年代出生的夫妻分别为 19 对、62 对、115 对、140 对、82 对、103 对,最年轻的是 20 世纪 90 年代出生的夫妻,仅有 1 对,以上各年代出生的夫妻在总夫妻对数中所占的百分比分别为 0.7%、3.6%、11.8%、21.8%、26.6%、15.6%、19.6%和 0.01%。由于 20 世纪 90 年代出生的村民只有少部分进入了结婚风险区,且外出求学经历延后的 90 后的婚嫁年龄,加之城市对于新生代流动人口的吸引,因此夫妻所占比较小。但是在 2015 年夏问卷调查的 200 对夫妻中,90 年代出生的夫妻比例略有增长。

表 3-1 对于各代际人口通婚范围的显示呈现出逐步扩大的趋势。20 世纪 20 年代和 30 年代出生的村民,他们的通婚范围仅局限在鹿泉区内,没有跨区县、跨市和跨省的夫妻,后续问卷调查中将进一步考察这一年代出生村民的镇内外通婚情况。20 世纪 40 年代出

生的村民只有一对夫妻的通婚距离超出鹿泉区,但也只是在石家庄市范围。20 世纪 50 年代出生的村民开始出现了跨市和跨省通婚,各有一对夫妻的通婚距离超出石家庄市和河北省范围。虽然 20 世纪 60 年代出生的村民中,跨区县、跨市和跨省的夫妻都有,但在本年代出生村民中所占百分比仅有 1.4%、0.7% 和 3.6%,共 8 对夫妻,但是跨省婚姻所占比重由此时开始迅速增加。20 世纪 70 年代出生的村民中,婚姻圈外延的趋势表现明显,82 对夫妻中,47 对夫妻的通婚范围在鹿泉区,所占百分比为 57.3%;超出鹿泉区范围的夫妻有 35 对,所占百分比为 42.7%。这其中,11 对夫妻的婚姻距离跨出了县区,所占百分比为 13.4%;8 对夫妻的婚姻距离跨出了石家庄市,所占百分比为 9.8%;16 对夫妻缔结了跨省婚姻,所占百分比为 19.5%。20 世纪 80 年代出生的村民中,一共 103 对夫妻,其中 38 对夫妻的婚姻圈在鹿泉区,区内通婚所占百分比已经下降为 36.9%;通婚范围超出鹿泉区的夫妻有 65 对,所占百分比为 63.1%,其中,33 对夫妻的婚姻距离跨县区在石家庄市内,所占百分比为 32.0%;14 对夫妻的婚姻距离跨市在河北省内,所占百分比为 13.6%;18 对夫妻的婚姻距离跨省,所占百分比为 17.5%。20 世纪 90 年代出生的一对夫妻的通婚情况是市内跨区通婚。

　　总的来看,从表 1 可以看出 F 村的通婚情况趋势,即 20 世纪 20、30 年代出生的村民通婚范围全部在鹿泉区内,20 世纪 40、50 年代出生村民的通婚范围基本也在鹿泉区内,仅有一两个村民的通婚情况属于特例。20 世纪 60 年代出生村民的通婚范围有了扩大的趋势,但绝大部分村民(94.3%)的婚姻距离在鹿泉区内。而 20 世纪 70 年代和 80 年代出生的夫妻,通婚范围的扩大趋势明显,通婚距离在鹿泉区的夫妻比重不断减小,70 年代出生的村民中有 57.3% 的通婚距离在鹿泉区内,而 20 世纪 80 年代出生的村民中通婚距离在鹿泉区内仅有 36.9%。通过对 F 村户籍身份资料的统计分析发现,F 村在户的526对夫妻中,F村人跨区联姻的情况逐年增加,以出生年代由远及近进行划分测量,区内通婚从老一代村民的100％下降为年轻一代的36.9％,跨区通婚总体上已超过了区内婚,F村的婚姻圈呈现扩大趋势。

在F村委会,查阅村民户籍册、村民卫生医疗保障台账和人口婚姻生育登记信息等历年档案资料时,发现因机构变动、人员调换、管理不规范等原因,造成部分档案资料出现残缺,如对婚姻状况统计时,少数年轻夫妻不及时上报村委会,而是到女方怀孕后才到村委会上报并开具出生证明,造成村里统计资料有迟滞的可能。因此,要想对F村通婚情况进行准备把握和深入研究,还需借助问卷调查、访谈、观察等方法,详细了解F村的通婚变迁和婚姻家庭情况。

近些年F村通婚范围与过去相比发生了较大变化,跨区婚姻大量增加,比例不断提高,跨区通婚在F村已经非常普遍,且已被大多数村民所接受。调查中村民已经深切感受到通婚发生的变化及其对本村婚姻家庭生活带来的影响,一些人也从自己的观察和体验中感受到通婚范围的扩大。

老妇人(63岁):我本身就是F村的,(当初是)别人介绍(与本村丈夫结婚)的。我有一个儿子两个女儿,儿子今年40岁,儿媳妇是河南人,在石家庄工作时认识的。大女儿嫁到石家庄市里了。二女儿是学校教书的,在学校被介绍(给我二女婿)的。二女婿是制衣厂的,两人在李村镇(毗邻DH镇北部)住。

老大爷(74岁):老伴死得早,我们都是F村的,一个在东边住着,一个在西边住着。从小就定了亲,娃娃亲,我16岁,她15岁结婚,都是独生子女,我是小学毕业,没考上初中,有三个孩子,两个女儿一个儿子。儿子本村,儿媳也是F村,别人介绍,儿子56岁。一个嫁到外面,火宅,城东桥也是DH镇的,5、6里。散伙了,和儿子分开住,吃饭软硬不一样,不给钱。两个孙子,一个孙女。孙子在市里上班,32岁,孙媳妇本村,也是介绍,都是本科毕业,在唐山河北理工大学,在镇中学工作。孙女在哈尔滨上学,后来在保定工作,孙女婿在镇子,归衡水管。也是别人介绍的。三个孩子都是内向,不好自己找,在上学期间不找。重孙子是儿子、儿媳妇带的,奶奶去市里面带孩子。奶奶管事理所当然的。其实是没有义务管,但是形成习惯了。孙子、孙女上学时把户口迁走,但是后来又迁回来了。现在虽然户口还在,但是人不在这里,都是去了市里。与儿子分开吃,儿子不给钱,逢年过节看看带点东西,还是分开好。将来养老,都能管,都能出钱,我和爱人都是商量着来,钱是我管。儿子家都是媳妇管。老人住不惯楼房。

老家在陕西的上门女婿(1968年出生):当初来石家庄这边当兵,家里兄弟比较多,无法承担结婚所需的费用,通过别人介绍来到村里当了上门女婿。

与这些村民交流中,他们都很自然摆列出自家的通婚情况,并没有表现出对通婚范围扩大的诉议。村庄的婚姻圈变迁,是一个自然而然逐步渗入到村庄居民日常生活的过程。F村村民都已经接受村庄婚姻圈变化的事实,也觉得这是社会变迁下的正常现象。

二、F村夫妻通婚情况的性别差异

在中国传统村庄婚嫁领域中,以"男婚女嫁"为主流,男性娶入与女性嫁出是基本模式,上门女婿现象并不鲜见。在F村调查、走访过程中,了解到该村庄也有一定数量的上门女婿。因此,在婚姻圈变迁研究中,本研究将女性嫁入与男性入赘两种现象区别开来进行说明。为了在整体上说明F村外来媳妇与外来女婿的情况,在F村526对夫妻通婚距离情况统计(表3-1)之后,笔者查阅了F村民户籍册和村民卫生医疗保障登记表(台账),进一步比较了不同代际来自鹿泉区以外的媳妇和上门女婿情况。如下表所示。

表 3-2　F村鹿泉区外通婚情况比照表

婚姻圈	跨区(县)				跨市				跨省				合计			
	男		女		男		女		男		女		男		女	
出生年代	频数(人)	比例(%)	频数(人)	比例(%)	频数(人)	比例(%)	频数(人)	比例(%)	频数(人)	比例(%)	频数(人)	比例(%)	频数(人)	比例(%)	频数(人)	比例(%)
1940—	0	0	1	100	0	0	0	0	0	0	0	0	0	0	1	100
1950—	0	0	0	0	0	0	1	50	0	0	1	50	0	0	2	100
1960—	0	0	2	25	0	0	1	12.5	0	0	5	62.5	0	0	8	100
1970—	1	2.9	10	28.6	1	2.9	7	20	7	20	9	25.7	9	25.7	26	74.3
1980—	5	7.7	28	43.1	3	4.6	11	16.9	10	15.4	8	12.3	18	27.7	47	72.3
1990—	0	0	1	100	0	0	0	0	0	0	0	0	0	0	1	100
合　计	6	5.4	42	37.5	4	3.6	20	17.9	17	15.1	23	20.5	27	24.1	85	75.9

注:以夫妻中在F村出生一方的出生年份计算。

从表 3-2 可以看出,F村 20 世纪 40 年代之前出生的村民中,没有超出鹿泉区的通婚,20 世纪 40 年代出生的村民,仅有 1 人的妻子来自鹿泉区外,且未超过石家庄范围。20 世纪 50 年代出生的村民中有 2 人的妻子来鹿泉区外,分别来自石家庄外的河北省其他城市和外省。20 世纪 60 年代出生的村民中共有 8 人的通婚距离超出了鹿泉区范围,这 8 名外来媳妇中,2 人来自石家庄市范围内,1 人来自石家庄外的河北省其他城市,5 人来自外省。值得说明的是,F村此前并未有超出鹿泉区的外来女婿。20 世纪 70 年代出生的村民中,通婚范围超出鹿泉区的有 35 人,相对应的有外来女婿 9 人,外来媳妇 26 人。其中,11 位村民的通婚在石家庄市范围内,对应外来女婿 1 人,外来媳妇 10 人;8 位村民的通婚在河北省范围内,对应外来女婿 1 人,外来媳妇 7 人;16 位村民的通婚拓展到省外,包括外来女婿 7 人,外来媳妇 9 人。从 20 世纪 70 年代出生村民的通婚状况来看,不仅远距离通婚大幅增加,而且开始有了来自鹿泉区外的外来女婿。尤其是来自省外的外来女婿占很高的比例,而来自较近地区的外来女婿较少。20 世纪 80 年代出生的村民中,通婚超出鹿泉区范围的人数比上一代有大幅增加,达到了 65 人,相对应的有外来女婿 18 人,外来媳妇47人。具体来看,33位村民的通婚发生在石家庄市范围内,对应外来女婿5人,外来媳妇28人;14位村民的通婚在河北省范围内,包括外来女婿3人,外来媳妇11人;18位村民的通婚距离拓展到省外,包括外来女婿10人,外来媳妇8人。除了与省外的外来媳妇通婚人数基本持平之外,与鹿泉区外、石家庄市外人口通婚的人数进一步增多。20世纪90年代出生的村民只有1对跨区婚姻,由于绝大多数90后村民还没进入婚姻风险期,这里不予解释。

　　总的来看,F村的区外通婚现象从没有到急剧增多,这与中国改革开放进程大体保持同步的。从20世纪60年代出生的村民开始,鹿泉区外的通婚日益增多,尤其是跨省通婚的数量。20世纪70年代之前出生的村民中,跨区婚姻中只有外来媳妇,而没有外来女婿的身影,说明一般家庭会就近寻找外来女婿,而随着本地经济水平的整体提升,从本地寻找外来女婿的可能性减少,而更可能远距离吸引上门女婿。在20世纪70年代出生的村民中,跨区婚姻中有了外来女婿,其中来自省外的外来女婿比重较高,而且外来女婿的比重随着通婚距离的增加比重在不断提高,尤其在跨省通婚时,外来女婿的比重甚至高于外来媳妇。由此也可以看出,远距离通婚在F村有着深刻的意义。

表 3-3　外来媳妇和外来女婿情况比照表

婚姻圈	跨区(县)				跨市				跨省				合计			
	男		女		男		女		男		女		男		女	
出生年代	频数(人)	比例(%)	频数(人)	比例(%)	频数(人)	比例(%)	频数(人)	比例(%)	频数(人)	比例(%)	频数(人)	比例(%)	频数(人)	比例(%)	频数(人)	比例(%)
1940—	0	0	0	0	0	0	0	0	0	0	0	0	0	0	0	0
1950—	0	0	1	50	0	0	0	0	0	0	1	50	0	0	2	100
1960—	0	0	1	25	0	0	1	25	0	0	2	50	0	0	4	100
1970—	3	6.8	17	38.6	0	0	5	11.4	9	20.5	10	22.7	12	27.3	32	72.7
1980—	3	5	22	36.7	4	6.7	14	23.3	8	13.3	9	15	15	25	45	75
1990—	0	0	0	0	0	0	0	0	0	0	1	0	0	0	2	100
合　计	6	5.4	42	37.5	4	3.6	20	17.9	17	15.1	23	20.5	27	24.1	85	75.9

注:以外来媳妇或外来女婿本人出生年份计算。

　　从表 3-3 可以看出,在 F 村的外来女婿和外来媳妇中,20 世纪 50 年代之前出生的并不存在跨区婚姻迁入的情况。20 世纪 50 年代出生的外来媳妇中共有 2 人来自鹿泉区外,其中 1 人来自石家庄市范围内,另一个来自外省。20 世纪 60 年代出生的外来媳妇中,有 4 人来自鹿泉区之外,其中 1 个来自石家庄市范围内,1 个来自石家庄市外的河北省其他城市,其余 2 个来自省外。20 世纪 70 年代出生的外来通婚人口中,通婚距离超出鹿泉区范围的不仅有外来媳妇,还有外来女婿,共有 45 人,其中外来女婿 12 人,所占比例为 27.3%,外来媳妇 32 人,所占比例为 72.7%。具体来看,20 人从石家庄市范围内婚姻迁入,其中外来女婿 3 人,外来媳妇 17 人;5 人从石家庄市外的河北省其他城市婚姻迁入,全部为外来媳妇;19 人从省外婚姻迁入,其中外来女婿 9 人,外来媳妇 10 人。20 世纪 80 年代出生的外来通婚人口中,通婚距离超出鹿泉区的范围有 60 人,其中外来女婿 15 人,所占比例为 25%,外来媳妇为 45 人,所占比例为 75%。具体来看,25 人从石家庄市外的河北省其他城市婚姻迁入,其中外来女婿 3 人,外来媳妇 22 人;18 人从河北省范围内婚姻迁入,其中外来女婿 4 人,外来媳妇 14 人;17 人从省外婚姻迁入,其中外来女婿 8 人,外来媳妇 9 人。总的来看,外来婚姻迁入人口中来自鹿泉区外的情况从 50 后人群中才开始出现,在 50 后、60 后人群中,来自鹿泉区外的外来媳妇还是极少数,70 后的外来婚姻迁入人口有了较大幅度增长,并开始出现了跨区迁入 F 村的外来女婿,其中从外省迁入的外来女婿比例在不断增加。

　　从表 3-1、表 3-2、表 3-3 可以看出,F 村中的通婚模式表现为:“男婚女嫁”的传统婚姻模式和入赘婚没有改变,同时,外来媳妇不再局限于所隶属的鹿泉区内,区外通婚的比重逐渐升高,尤其是为数不多的外来女婿,不再局限于鹿泉区内,更多是来自省外。“男婚女嫁”本来是农村婚姻的基本模式,各年龄段通婚人口中,外来媳妇多于外来女婿的基本特征,但是 70 后、80 后的婚姻迁入人口中,来自外省的上门女婿和外来媳妇数量基本等同,这一现象值得关注,本研究将另起一章专门对此问题进行说明。总的来看,F 村婚姻圈变迁的总体趋势是,随着男性村民年龄从年长到年轻的变化,近距离通婚的比例逐渐减少,镇内婚、村内婚一统的时代已经结束,而超出鹿泉区通婚的比例则明显逐渐增加,与外省通婚的比例也呈增加态势。

第二节　调查问卷 200 对夫妻描述

一、调查问卷基本介绍

前一节是依据户籍身份资料,对 F 通婚情况进行的统计说明。为了探讨婚姻圈变迁的内在规律,笔者于 2015 年 8 月在 F 村进行了一对一式的问卷调查,共收集了 200 对夫妻(400 份问卷)的数据资料。这里要说明的是,这 200 对夫妻中存在 11 对招婿婚,即本村女与上门女婿的结合。也就是说,"男婚女嫁"模式的婚姻为 189 对。本研究除了对 200 对夫妻的整体情况进行描述说明之外,还重点对传统意义上能直接反映出婚姻圈变化的 189 对夫妻进行描述解读(此后章节还将对 11 对招婿婚及双方迁入夫妻进行单独解释)。此外,1940 年之前出生的村民,由于身体和健康原因,未进行问卷调查。以下是对 200 对夫妻和 189 名男性已婚村民基本特征的描述性统计分析。

表 3-4　200 对夫妻和 189 名男性村民描述统计

调查项目	分　类	200 对夫妻（共 400 人）	189 名丈夫
出生年代人数（百分比）	1940—1949	19(4.8%)	13(6.9%)
	1950—1959	72(18%)	35(18.5%)
	1960—1969	97(24.3%)	47(24.9%)
	1970—1979	62(15.5%)	27(14.3%)
	1980—1989	139(34.8%)	66(34.9%)
	1990—1999	11(2.8%)	1(0.5%)

（续表）

调查项目	分　类	200 对夫妻 （共 400 人）	189 名丈夫
教育程度 人数（百分比）	没有受过任何教育	17(4.3%)	3(1.6%)
	小学	47(11.8%)	21(11.1%)
	初中	173(43.3%)	86(45.5%)
	高中	100(25.0%)	58(30.7%)
	中专	36(9.0%)	10(5.3%)
	技校	5(1.3%)	3(1.6%)
	大学专科	18(4.5%)	6(3.2%)
	大学本科	4(1.0%)	2(1.1%)
政治面貌 人数（百分比）	共产党员	22(5.5%)	19(10.1%)
	群众	378(94.5%)	170(89.9%)
宗教信仰 人数（百分比）	没有宗教信仰	391(97.8%)	187(98.9%)
	有宗教信仰	9(2.3%)	2(1.1%)
婚前户口性质 人数（百分比）	农业户口	398(99.5%)	188(99.5%)
	非农业户口	2(0.5%)	1(0.5%)
妻子婚前村籍 人数（百分比）	F 村	49(24.5%)	39(20.6%)
	非 F 村	151(75.5%)	150(79.4%)
兄弟姐妹 人数（百分比）	0	8(2.1%)	5(2.7%)
	1	87(22.5%)	46(24.9%)
	2	77(19.9%)	38(20.5%)
	3	69(17.8%)	30(16.2%)
	4	50(12.9%)	19(10.3%)
	5	41(10.6%)	18(9.7%)
	6	26(6.7%)	13(7.0%)
	7	19(4.9%)	11(5.9%)
	8	5(1.3%)	1(0.5%)
	9	3(0.8%)	3(1.6%)
	10	2(0.5%)	1(0.5%)
兄弟姐妹排行 人数（百分比）	1	129(33.0%)	59(31.7%)
	2	129(33.0%)	57(30.6%)
	3	62(15.9%)	34(18.3%)
	4	43(11.0%)	24(12.9%)
	5	12(3.1%)	3(1.6%)
	6	11(2.8%)	5(2.7%)
	7	4(1.0%)	3(1.6%)
	8	1(0.3%)	1(0.5%)
婚前是否干过农活 人数（百分比）	干过	342(85.5%)	174(92.1%)
	没干过	58(14.5%)	15(7.9%)
婚前是否外出打工 人数（百分比）	出去过	182(45.6%)	84(44.4%)
	没有	217(54.4%)	105(55.6%)

调查项目	分　　类	200 对夫妻 (共 400 人)	189 名丈夫
外出打工地点 人数(百分比)	鹿泉区内 石家庄市内 河北省其他城市 河北省以外的城市 北、上、广、深	48(27.6%) 95(51.4%) 14(7.6%) 11(5.9%) 14(7.6%)	26(30.6%) 43(50.6%) 8(9.4%) 5(5.9%) 3(3.5%)
婚前职业 人数(百分比)	务农 零工普通工 零工技术工 商业、餐饮业和居民服务业从业人员 个体商贩 运输从业人员 工厂工人 行政办事人员、专业技术和管理人员 其他	129(32.3%) 63(15.8%) 21(5.3%) 33(8.3%) 8(2.0%) 12(3.0%) 95(23.8%) 24(6.0%) 15(3.8%)	51(27.0%) 28(14.8%) 15(7.9%) 13(6.9%) 4(2.1%) 10(5.3%) 51(27.0%) 8(4.2%) 9(4.8%)
结婚年代 对数(百分比)	1960—1969 1970—1979 1980—1989 1990—1999 2000—2009 2010—2015	3(1.5%) 24(12.0%) 62(31.0%) 24(12.0%) 49(24.5%) 38(19.0%)	3(1.6%) 24(12.7%) 62(32.8%) 21(11.1%) 45(23.8%) 34(18.0%)
夫妻婚前家庭 对数(百分比)	在不同省份 都在河北省但不同城市 都在石家庄但不同区县 都在鹿泉区但不同镇 都在 DH 镇但不同村 都在 F 村	15(7.5%) 23(11.5%) 34(17.0%) 17(8.5%) 72(36.0%) 39(19.5%)	11(5.8%) 18(9.5%) 32(16.9%) 17(9.0%) 72(38.1%) 39(20.6%)
夫妻婚前老家距离	0 1—5 公里 5—10 公里 10—20 公里 20—30 公里 30 及以上	44(22.0%) 35(17.5%) 40(20.0%) 12(6.0%) 16(8.0%) 53(26.5%)	44(23.3%) 35(18.5%) 40(21.2%) 12(6.3%) 15(7.9%) 43(22.8%)
恋爱时间 对数(百分比)	六个月以内 六个月到一年 一年到两年 两年到五年 五年以上	73(36.5%) 78(39.0%) 28(14.0%) 18(9.0%) 3(1.5%)	71(37.6%) 72(38.1%) 26(13.8%) 17(9.0%) 3(1.6%)

（续表）

调查项目	分　类	200 对夫妻 （共 400 人）	189 名丈夫
夫妻结识方式 人数（百分比）	亲戚介绍	82(20.5%)	38(20.1%)
	父母介绍	1(0.3%)	1(0.5%)
	媒人介绍	165(41.3%)	83(43.9%)
	朋友介绍	69(17.3%)	30(15.9%)
	同事介绍	7(1.8%)	2(1.1%)
	同学介绍	9(2.3%)	3(1.6%)
	工作中认识	40(10.0%)	19(10.1%)
	学习中认识	10(2.5%)	5(2.6%)
	网上认识	3(0.8%)	2(1.1%)
	休闲娱乐时认识	14(3.5%)	6(3.2%)
夫妻双方家境 对数（百分比）	男方比女方好很多	7(3.5%)	7(3.7%)
	男方比女方好些	14(7.0%)	14(7.4%)
	双方差不多	139(69.5%)	131(69.3%)
	女方比男方好些	37(18.5%)	35(18.5%)
	女方比男方好很多	3(1.5%)	2(1.1%)
居住方式 对数（百分比）	独立门户	51(25.5%)	49(25.9%)
	和丈夫父母一起居住	80(40.0%)	78(41.3%)
	和妻子父母一起居住	9(4.5%)	2(1.1%)
	和儿子儿媳一起居住	56(28.0%)	56(29.6%)
	和女儿女婿一起居住	4(2.0%)	4(2.1%)
共同居住人口 对数（百分比）	2	10(5.0%)	10(5.3%)
	3	25(12.5%)	24(12.7%)
	4	36(18.0%)	36(19.0%)
	5	64(32.0%)	61(32.3%)
	6	46(23.0%)	43(22.8%)
	7	14(7.0%)	10(5.3%)
	8	4(2.0%)	4(2.1%)
	10	1(0.5%)	1(0.5%)

1. 出生年代情况

200 对夫妻（400 人）中，20 世纪 40 年代出生的有 19 人，占 4.8%，20 世纪 50 年代、60 年代和 70 年代出生的分别是 72 人、97 人和 62 人，分别占总人数比重的 18%、24.3%和 15.5%。20 世纪 80 年代出生的有 139 人，占总人数的 34.8%，也是本次问卷调查最为集中的年龄段。而 20 世纪 90 年代出生的只有 11 人，占总人数的 2.8%,是本次问卷调研人数最少的,其中 10 名 90 后是女性,在 189 名男性村民中,仅有 1 人是 90 后。这是由于 90 后还未全面进入结婚风险区域。从理论上来讲,女性仅是 1995 年之前出生的才进入结婚风险区域内,而男性是 1993 年之前的人群进入结婚风险区域内。实际上,由于教育年限的整体提升或工作压力等问题,现代人口的结婚年龄经常会超过法律规定底线几岁的。因此,所以收集的问卷中,20 世纪 90 年代出生的人所占比重最小。

总的来看,问卷所涉及的人口年龄从 20 世纪 40 年代至 90 年代,跨越了半个多世纪,是中国经济、政治、文化、社会发生剧变的几十年,并涵盖了中国村庄由传统向现代逐步转型的整个历史。比较分析这半个多世纪 F 各代际村民通婚范围的变化,可以反映出村庄转型中婚姻圈变迁的全貌。

2. 受教育情况

200 对夫妻中,有 273 人具有中学学历(初中或高中学历),所占比重最大,未接收过任何教育的人数有 17 人,占总人数的 4.3%,而189 名原男性村民中仅有 3 人未接收过任何教育,拥有中学学历的比重(76.2%)也高于总体比重(65.3%),可见,男性受教育水平还是高于女性。但是,200 对夫妻中拥有大学及以上学历的人数仅有 22 人,占 5.5%,说明农村高学历人才还是十分缺乏。

本研究要考察 F 村婚姻圈的变迁情况,因此需要对 F 村不同代际村民的受教育情况进行考察。在进行村民受教育程度统计时,首先排除了外来媳妇这一群体,由于外来女婿并不是传统村庄的主流婚姻模式,外来女婿家庭具有特殊性,统计中又排除了外来女婿夫妻俩的信息。因此,以下是对 189 名男性村民受教育情况的统计。

表 3-5　F 村 189 名已婚男性村民受教育情况

	没有受过任何教育	小学	初中	高中	中专	技校	大学专科	大学本科	合计
1940—1949	1 (7.7%)	6 (46.2%)	6 (46.2%)	0 (0.0%)	0 (0.0%)	0 (0.0%)	0 (0.0%)	0 (0.0%)	13 (100.0%)
1950—1959	1 (2.9%)	10 (28.6%)	12 (34.3%)	12 (34.3%)	0 (0.0%)	0 (0.0%)	0 (0.0%)	0 (0.0%)	35 (100.0%)
1960—1969	0 (0.0%)	3 (6.4%)	22 (46.8%)	22 (46.8%)	0 (0.0%)	0 (0.0%)	0 (0.0%)	0 (0.0%)	47 (100.0%)
1970—1979	1 (3.7%)	1 (3.7%)	13 (48.1%)	8 (29.6%)	1 (3.7%)	0 (0.0%)	1 (3.7%)	2 (7.4%)	27 (100.0%)
1980—1989	0 (0.0%)	1 (1.5%)	33 (49.3%)	16 (23.9%)	9 (13.4%)	3 (4.5%)	5 (7.5%)	0 (0.0%)	67 (100.0%)
总　　计	3 (1.6%)	21 (11.1%)	86 (45.5%)	58 (30.7%)	10 (5.3%)	3 (1.6%)	6 (3.2%)	2 (1.1%)	189 (100.0%)

上表是对原住 F 村的男性已婚者的受教育情况进行的统计,并比较了代际之间的差异,以此来考察村民受教育情况与婚姻圈变迁的关系。可以看出,189 位原住 F 村的已婚村民中,整体教育程度集中在初中学历和高中学历,分别 86 人和 58 人,所在比重分别为 45.5% 和 30.1%,两者相加超过了总人数的四分之三。纵向考察各代际村民受教育程度的区别,可以看出,20 世纪 60 年代前出生的村民文化水平很低(小学学历或未上学),60 年代出生的村民普遍接受了中等教育,70 年代出生的村民中,个别开始接受高等教育,而 80 后村民接受专业化、职业化教育的人数占一定比例。总的来看,村民的受教育程度逐渐提升,年轻一代村民较多接受了专业技术等实用性教育,这也使他们迅速掌握一定的工作技能,拓宽就业领域和就业空间,有利于他们提升生活水平。

3. 政治面貌情况

从 200 对夫妻的数据来看,94.5% 的政治面貌是群众,共产党员仅有 22 人,仅占总人数的 5.5%。原住 F 村的 189 名已婚村民中,有 19 人的政治面貌是中共党员,这说明外来婚姻人口中仅有 3 个党员,具体查阅了统计数据发现,这 3 个外来党员媳妇均来自鹿泉区内,其中2人出生于20世纪50年代,1人出生于20世纪80年代。总的来看,原住村民中已婚人口为党员身份的明显高于外来婚姻人口,跨区婚姻迁入人口(包括外来女婿)的政治面貌均为非党员。

4. 宗教信仰情况

从200对夫妻的数据来看,97.8%的村民没有宗教信仰,有宗教信仰的仅有9人,仅占总人数的2.3%。考察原住F村的已婚村民的宗教信仰,仅有2人有宗教信仰,这说明外来婚姻迁入人口中有7人存在宗教信仰。具体查阅了统计数据发现,仅有1对夫妻均有宗教信仰。总的来看,原住村民中有宗教信仰的人数明显低于外来婚姻迁入人口,女性具有宗教信仰的比重明显高于男性。

5. 婚前户口性质

从200对夫妻的数据来看,99.5%的人婚前户口是农业户口,婚前户口是非农业户口的人仅有2人,仅占总人数的0.5%。其中,原住男性已婚村民人口中有1人为非农业户口,职业为政府公务人员,外来媳妇中有1人为非农业户口,职业为工厂工人,可见两者的职业身份在其获得非农户口中应该起到了很大作用。

6. 兄弟姐妹情况

从200对夫妻的数据来看,独生子女只有8人,有1、2、3、4、5、6、7、8、9、10个兄弟姐妹的人数分别是87、77、69、50、41、26、19、5、3、2人;189名男性村民中,独生子女有5人,有1、2、3、4、5、6、7、8、9、10个兄弟姐妹的人数分别是46、38、30、19、18、13、11、1、3、1人。总的来看,拥有1个兄弟姐妹的比重是相对最高的,考察代际间的差异,年老一代的兄弟姐妹数量明显高于年轻一代,独生子女和有1个兄弟姐妹的大多是80后,这点符合计划生育和现代生育观念对于中国人口的影响。

7. 在家排行情况

从200对夫妻的数据来看,在自己家排行老大、老二的比重都是 33％；189 名男性村民中,在自己家排行老大、老二的比重分别占 31.7％和 30.6％。外来媳妇在自己家的情况,总的来看,拥有 1 个兄弟姐妹的比重是相对最高的,考察代际间的差异,年老一代的兄弟姐妹数量明显高于年轻一代,独生子女和有 1 个兄弟姐妹的大多是 80 后,这点符合计划生育和现代生育观念对于中国人口的影响。在自家排行与本地村民通婚距离的关系不大,但是对外来媳妇的影响比较大。

8. 务农经历情况

从 200 对夫妻的数据来看,虽然婚前拥有非农业户口的只有 2人,但婚前没有干过农活的人却有 58 人,占总人数的 14.5％,其中男性有 15 人,女性有 43 人,而 85.5％的人在婚前有过干农活经历。在 189 名男性村民中,15 人未干过农活,占总人数的 7.9％,其中 10 人为 80 后,而 92.1％的人干过农活,189 名外来媳妇中,28 人未干过农活,占总人数的 14.8％。此外,10 名外来女婿全部干过农活。总的来看,男性在农业生产劳动中的作用大于女性。

9. 婚前外出打工情况

从 200 对夫妻的数据来看,婚前有外出打工经历的有 182 人,占总人数的 45.6％,没有外出打工经历的有 58 人,占总人数的 54.4％。关于打工地点,27.6％的人只是在鹿泉区内打工,更多的人(51.4％)将打工地点扩展到了石家庄市,在河北省其他城市打工的人占总人数的 7.6％,有河北省外和特大城市打工的有 25 人,占总人数的13.5％。

在 189 名男性村民中,婚前有外出打工经历的有 84 人,占总人数的 44.4％,没有外出打工经历的有 105 人,占总人数的 55.6％。关于打工地点,30.6％的村民就近在鹿泉区内打工,一半以上的村民(50.6％)将打工地点扩展到了石家庄市,在河北省其他城市打工的人占总人数的 9.4％,有河北省外和特大城市打工的有 8 人,占总人数的 9.4％。

10. 婚前职业

本研究在职业测量设计时主要参考了陆学艺、李强等人的社会分层研究中农民职业和阶层划分（陆学艺，1997、2002；李强，1993），结合 F 村村民的情况，研究设计中将职业分为无业，务农，零工普通工，零工技术工，商业、餐饮业和居民服务业的从业人员，个体商贩，建筑/运输从业人员，工厂工人，行政办事人员、专业技术和管理人员和其他。

200 对夫妻的数据显示，被调查者中婚前职业分布按比例由高到低依次为：务农 129 人（32.3％）、工厂工人 95 人（23.8％）、零工普通工 63 人（15.8％）、商业、餐饮业和居民服务业从业人员 33 人（8.3％）行政办事人员、专业技术和管理人员 24 人（6.0％）、零工技术工 21 人（5.3％）、其他 15 人（3.8％）、运输从业人员 12 人（3.0％）和个体商贩 8 人（2.0％）。

在 189 名男性村民中，被调查者中婚前职业分布按比例由高到低依次为：务农 51 人（27.0％）、工厂工人 51 人（27.0％）、零工普通工 28 人（14.8％）、零工技术工 15 人（7.9％）、商业、餐饮业和居民服务业从业人员 13 人（6.9％）、运输从业人员 10 人（5.3％）、行政办事人员、专业技术和管理人员 8 人（4.2％）、个体商贩 4 人（2.1％）。

根据职业技能高低，本研究将职业划分为第一产业、第二产业和第三产业从业人员。务农为第一产业从业人员；零工普通工、零工技术工和工厂工人为第二产业从业人员；商业、餐饮业和居民服务业的从业人员，个体商贩，运输业人员、行政办事人员、专业技术和管理人员和其他为第三产业从业人员。在 200 对夫妻中，第一产业从业人员为 129 人，所占比例为 32.3％；第二产业从业人员为 158 人，所占比例为 39.5％；第三产业从业人员为 113 人，所占比例为 28.2％。

表 3-6　第一产业、第二产业与第三产业与 200 对夫妻出生年代交叉分析表

	第一产业从业人员	第二产业从业人员	第三产业从业人员	合计
	频数(比例)	频数(比例)	频数(比例)	频数(比例)
1940—1949	13 (68.4%)	3 (15.8%)	3 (15.8%)	19 (100.0%)
1950—1959	51 (70.8%)	12 (16.7%)	9 (12.5%)	72 (100.0%)
1960—1969	47 (48.5%)	34 (35.1%)	16 (16.5%)	97 (100.0%)
1970—1979	12 (19.4%)	27 (43.5%)	23 (37.1%)	62 (100.0%)
1980—1989	6 (4.3%)	80 (57.6%)	53 (38.1%)	139 (100.0%)
1990—1999	0 (0.0%)	2 (18.2)	9 (81.8%)	11 (100.0%)
合　计	129 (32.3%)	158 (39.5%)	113 (28.3%)	400 (100.0%)

从上表中可以看出,老一代从事第一产业的比重很高,随着年龄的减小,从事第一产业人员的比重大幅下降,90 后没有以务农为生的,第二产业从业人员随着年龄的减小,比重大幅上升,但 90 后从事第二产业的比重较小,更多的 90 后(81.8%)在第三产业中从业。从事第三产业的人员比重随着年龄的减小,比重急剧增加。

11. 婚姻缔结情况

关于婚姻缔结时间,数据显示,200 对夫妻中,20 世纪 60 年代结婚的有 3 对(1.5%),70 年代结婚有 24 对(12.0%),80 年代结婚的有 62 对(31.0%),90 年代结婚的有 24 对(12.0%),21 世纪前 10 年结婚的有 49 对(24.5%),2010 年之后结婚的有 38 对(19.0%)。家庭社会学认为,婚姻缔结在很大程度上受社会发展变迁和社会文化的影响。从 200 对夫妻的结婚年代来看,既有在改革开放前受传统因素影响深重的时期,也有改革开放之后村庄飞速发展变革时期。可以反映出不同历史时期不同社会背景的婚姻圈状况。

关于通婚范围,数据显示,200 对夫妻双方婚前老家距离按比例由高到低依次为:都在 DH 镇但不同村 72 对(36.0%)、都在 F 村 39 对(19.5%)、都在石家庄市但不同区县 34 对(17.0%)、都在河北省但不同城市 23 对(11.5%)、都在鹿泉区但不同镇 17 对(8.5%)和在不同省份 15 对(7.5%)。其中婚姻圈在 DH 镇范围内的夫妻有 111 对(55.5%),婚姻圈在 DH 镇以外的夫妻有 89 对(44.5%)。曾有学者认为婚姻圈与市场圈,而市场圈通常就是我们所说的一个镇,因为在农村,一个镇才有集市。但是集市只是代表了经常活动的领域,在这一领域中频繁的交往,使得通婚的可能性大幅提高。

12. 结识方式

关于夫妻结识方式,在调查问卷中,测量与配偶结识方式的题项是"您与配偶如何相识?"设置的答案有 10 项分别为:(1)亲戚介绍;(2)父母介绍;(3)婚姻介绍所/媒人介绍;(4)朋友介绍;(5)同事介绍;(6)同学介绍;(7)工作中认识;(8)学习中认识;(9)网上认识;(10)休闲娱乐时认识。根据相识方式是否是自己认识以及介绍人的熟悉程度,将选项划分为亲属媒人介绍、熟人圈介绍、学习工作中认识和休闲娱乐中认识。其中亲属媒人介绍和熟人介绍是属于别人介绍,而学习工作认识和休闲娱乐认识是属于自己认识。与配偶相识方式按比例由高到低依次为:亲属媒人介绍 248 人(62.0%)、熟人介绍 85 人(21.4%)、工作学习中认识 50 人(12.5%)和休闲娱乐中认识 17 人(4.3%)。具体考察各代际间的结识差异,如下表所示。

由上表可以看出,1970 年之前的人,绝大多数是由媒人介绍与配偶结识,70 后与配偶结识的方式更多由亲戚牵线搭桥,专门的媒人功能开始下降,同时朋友的介绍也成为寻找配偶的重要方式。对于 80 后,工作场合成为成就姻缘的主要方式,朋友、亲戚介绍依然有着重要作用,值得注意的是,80 后介绍配偶的方式更为多样和现代,比如网络、休闲娱乐场合也孕育了夫妻关系。

表 3-7　不同出生年代 F 村 189 名男性与结识方式交叉比较

	亲戚介绍	父母介绍	婚姻介绍所/媒人介绍	朋友介绍	同事介绍	同学介绍	工作中认识	学习中认识	网上认识	休闲娱乐时认识	合计
40后	0 (0.0%)	0 (0.0%)	10 (76.9%)	3 (23.1%)	0 (0.0%)	0 (0.0%)	0 (0.0%)	0 (0.0%)	0 (0.0%)	0 (0.0%)	13 (100.0%)
50后	7 (20.0%)	0 (0.0%)	26 (74.3%)	1 (2.9%)	0 (0.0%)	0 (0.0%)	0 (0.0%)	0 (0.0%)	0 (0.0%)	1 (2.9%)	35 (100.0%)
60后	8 (17.0%)	0 (0.0%)	29 (61.7%)	6 (12.8%)	1 (2.1%)	0 (0.0%)	1 (2.1%)	1 (2.1%)	0 (0.0%)	1 (2.1%)	47 (100.0%)
70后	9 (33.3%)	0 (0.0%)	8 (29.6%)	6 (22.2%)	0 (0.0%)	0 (0.0%)	2 (7.4%)	0 (0.0%)	0 (0.0%)	2 (7.4%)	27 (100.0%)
80后	14 (20.9%)	1 (1.5%)	10 (14.9%)	14 (20.9%)	1 (1.5%)	3 (4.5%)	16 (23.9%)	4 (6.0%)	2 (3.0%)	2 (3.0%)	67 (100.0%)
合计	38 (20.1%)	1 (0.5%)	83 (43.9%)	30 (15.9%)	2 (1.1%)	3 (1.6%)	19 (10.1%)	5 (2.6%)	2 (1.1%)	6 (3.2%)	189 (100.0%)

　　从以上的数据表明,F村不同年代出生的男性村民择偶方式发生变化。自己不仅可以根据自己择偶观和婚姻观去选择心仪的配偶,而且还可以根据自己的婚姻观和家庭观来维持婚姻。正如笔者初到F村时一位村里年轻男说"以前父母很管这个事,谁家姑娘好就直接做主了! 现在我们都是自己谈",而他的这句对择偶现象的表述,笔者接下来的访谈中得到了众多受访者的证实。W哥也表示,他母亲曾相中一个F村的姑娘,这姑娘是W哥的小学同学,人贤惠本分性格好,但是W哥在石家庄上学期间交往了WL,没有听母亲的选自己的小学同学。这可以看出,虽然父母及长辈参与到婚姻择偶中来,但年轻人自己的择偶意识逐步增强了,如果父母选择的结婚对象不是自己满意,他们会选择和父母及长辈说出自己的看法和意见。当遇到自己喜欢或如意的对象不是父母喜欢的,他们会与父母及长辈分庭抗争,且往往都是以父母以及长辈妥协退让收场。可见,婚姻当事人的抗争权利意识崛起。

　　以上这些可以说明,F村男性村民在择偶行为的变迁,以前父母对子代的择偶是事无巨细地包办。因为受传统文化和意识的影响,子嗣传承是一个家族最重要的事情,子女的婚姻大事既是父母的责任也是应尽的义务,如果没有完成,家族的传承就会出现问题,在村庄中会被别人嘲笑,如那些打光棍的父母常常会被人们在背后非议(除光棍自身缺陷外)。但是,以前的这种现象在今天发生了改变,即"现在的年轻人都是自己谈",这一方面说明父代对子代婚姻上的控制减少,从另一方面来讲,子代可以在没有父母干预下就可以实现自由谈恋爱和自己决策婚姻,使得自由婚恋逐步兴起和形成。

　　13. 婚前与配偶恋爱时间

　　关于婚前恋爱时间,200对夫妻中有73对(36.5%)的恋爱时间在六个月以内,恋爱六个月到一年的夫妻有78对,所占比重最高(39.0%),恋爱一年到两年、两年到五年、五年以上的夫妻分别有28

对(所占比重 14.0％)、18 对(所占比重 9.0％)、3 对(所占比重 1.5％)。总的来看,有超过四分之三(151)的夫妻在结识一年内结婚。从数据中婚前的恋爱时间可以看出这点,自由恋爱的时间较长。

表 3-8　F村 189 名已婚男性与配偶恋爱时间

	六个月以内	六个月到一年	一年到两年	两年到五年	五年以上	合　　计
40 后	8(61.5％)	3(23.1％)	0(0.0％)	2(15.4％)	0(0.0％)	13(100.0％)
50 后	26(74.3％)	6(17.1％)	2(5.7％)	1(2.9％)	0(0.0％)	35(100.0％)
60 后	16(34.0％)	27(57.4％)	3(6.4％)	1(2.1％)	0(0.0％)	47(100.0％)
70 后	9(33.3％)	11(40.7％)	5(18.5％)	1(3.7％)	1(3.7％)	27(100.0％)
80 后	12(17.9％)	25(37.3％)	16(23.9％)	12(17.9％)	2(3.0％)	67(100.0％)
合计	71(37.6％)	72(38.1％)	26(13.8％)	17(9.0％)	3(1.6％)	189(100.0％)

不同出生年代的 F 村男性与配偶恋爱时间有着显著不同,与配偶恋爱时间在六个月以内,1940—1949 年和 1950—1959 年间出生的 F 村男性有 61.5％和 74.3％,而 1960—1969 年和 1970—1979 年间出生的大约有三分之一的与配偶恋爱时间在六个月以内,比之前出生的大幅度减少。而 1980 年以后出生的 F 村男性只有 17.9％与配偶恋爱时间在六个月以内。这可以说明,越晚出生的 F 村男性,恋爱时间越长,他们与配偶结识不再受到父母的干预和控制,自己结交结婚对象。

14. 夫妻双方家境对比情况

在调查问卷中,测量双方家庭条件的题目是"结婚时,男女双方家庭经济状况谁更好?"设置的答案有 5 项分别为:(1)男方比女方好很多;(2)男方比女方好些;(3)双方差不多;(4)女方比男方好些;(5)女方比男方好很多。其中,被调查者认为双方家庭条件差不多有 139 人,所占比例为 69.5％;认为男方家庭条件比女方好一些的有 14 人,所占比例为 7％;认为男方家庭条件比女方好很多的有 7 人,所占比例为 3.5％;认为女方家庭条件比男方好一些的有 37 人,所占比例

为 18.5％；认为女方家庭条件比男方好很多的有 3 人，所占比例为
1.5％。从数据中可以看出，F 村的 200 对夫妻中，同阶层婚姻居多，
跨阶层婚所占比例较小。在双方家庭条件相差很多中有较多是女方
为 F 村人，而男方是外来女婿。也就是说，在双方家庭条件相差悬殊
的情况下，出现入赘婚的可能性极大。对每一历史时期婚姻中夫妻
双方家境的比较，如下表所示。

表 3-9　不同结婚年代的 200 对夫妻家庭境况比较

家境比较 结婚年代	男方比女方好很多 频数（比例）	男方比女方好些 频数（比例）	双方差不多 频数（比例）	女方比男方好些 频数（比例）	女方比男方好很多 频数（比例）	合计 频数（比例）
60 年代	0 (0.0％)	0 (0.0％)	2 (66.7％)	1 (33.3％)	0 (0.0％)	3 (100％)
70 年代	1 (4.2％)	1 (4.2％)	16 (66.7％)	6 (25％)	0 (0.0％)	24 (100％)
80 年代	1 (1.6％)	1 (1.6％)	47 (75.8％)	13 (21.0％)	0 (0.0％)	62 (100％)
90 年代	0 (0.0％)	3 (12.5％)	17 (70.8％)	3 (12.5％)	1 (4.2％)	24 (100％)
2000 年代	4 (8.2％)	5 (10.2％)	32 (65.3％)	6 (12.2％)	2 (4.1％)	49 (100％)
2010 年代	1 (2.6％)	4 (10.5％)	25 (65.8％)	8 (21.1％)	0 (0.0％)	38 (100％)
合　计	7 (3.5％)	14 (7％)	139 (69.5％)	37 (18.5％)	3 (1.5％)	200 (100％)

由上表可以发现，夫妻婚前家庭境况门当户对是主流，20 世纪
80 年代的婚姻更是超过了四分之三的婚姻是这种情况，在夫妻双方
家庭条件相近的情况下，女高男低的现象多于男高女低的情况，在夫
妻双方家庭条件相差较大的情况下，男高女低的现象多于女高男低
的情况。

择偶研究一直是婚姻家庭研究的重要领域之一。费德曼（Field-
man J.）等人曾提出过三种模式理论分析框架，一是社会分层与择偶
行为互相独立的形式；二是社会分层与择偶行为互相依存形式；三是

择偶范围不会超出人所处的阶层但在阶层内是随机进行择偶。①从国内学术界对择偶的研究看来,李煜和徐安琪通过实证研究验证了西方学者提出的"同类匹配""资源交换""择偶梯度"等理论,并证明了我国在改革开放初期仍然普遍盛行门当户对或者男高女低的婚配模式,男性更偏爱容貌、性格及料理家务的异性为伴,女性则较关注对方的学历、职业和才能,传统择偶标准仍在现代社会起主导作用。②李银河选取了全国报刊杂志上 300 个人的征婚广告,分析了1980 年代择偶的标准中最受重视的因素依次为:年龄、身高、教育程度、性格、职业、婚姻状况与经历、容貌、健康。其中男性更注重收入和户口状态,女性则更注重性格、身高和教育程度。③张萍从择偶标准的指标体系对择偶标准进行价值判断和阶级划分,如:门当户对、郎才女貌归结为封建统治阶级的择偶标准。考虑对方的生理、经济条件视作"庸俗"、"不道德"的择偶观,以及与西方资产阶级的性解放思潮和拜金主义、享乐主义思潮相联系来比较择偶。④这表明 1980 年代在择偶的标准中物质条件的作用并不突出,传统的个人标准占主要地位。但随着改革开放的深入,经济社会快速发展,经济分化加剧,我国农村通婚圈在人口城乡流动背景下逐步扩大,年轻人在择偶时逐步开始注重对方的个人素质、文化程度、居住地、住房条件及职业等,同时也开始注重个人感情因素的考虑。⑤从表面上看择偶只是个人的私事,实际上在市场经济冲击下择偶标准逐步开始发生变化,物

①　李银河:《中国婚姻家庭及其变迁》,黑龙江人民出版社 1995 年版,第 50—51 页。

②　李煜、徐安琪:《择偶模式和性别偏好研究——西方理论和本土经验资料的解释》,《青年研究》2004 年第 10 期,第 1—11 页。

③　李银河:《当代中国人的择偶标准》,《中国社会科学》1989 年第 4 期,第 61—74 页。

④　张萍:《从征婚启事看我国城镇大龄未婚男女择偶标准的差异》,《社会学研究》1989 年第 2 期,第 62—71 页。

⑤　吴雪莹、陈如:《当代人择偶重什么——一千例征婚启事的启示》,《妇女研究论丛》1997 年第 1 期。

质基础与经济条件的作用逐步增强。①但是,在农村社会中传统的择偶标准也在逐步发生变化,重视家庭条件转为更重个人条件,从以家庭意志为主向以个人为主变化,出现了对学历和技术的重视,审美观在迅速接近城里人,在择偶标准中的利益取向表现得越来越明显等。

15. 居住方式

关于共居人群。现代化和夫妇式家庭之间的关系被古德的现代化理论所揭示。古德指出,在迈向工业化和城镇化的进城中,不同类型的扩大家庭趋向于向夫妇式家庭类型转变。他同时指出,经济进步和技术发展以及夫妇式家庭的观念对非西方社会更为重要。从200 对夫妻的数据可以看出,独立门户居住的夫妻仅有51 对,所占比例为25.5%,与丈夫父母一起居住或者与儿子儿媳一起居住有136对夫妻,所占比重是68%,也就是说从夫居或者说从父居仍然是最主要的居住方式。而与妻子父母一起居住或者与女儿女婿一起居住有13 对夫妻,所占比重为6.5%,说明在 F 村中,存在入赘婚的现象。

关于共居人口数。在200 对夫妻中,二人世界的情况仅有10 例,占所有夫妻的5%。三口之家、四口之家、五口之家、六口之家的比重较高,分别占所有夫妻比重的12.5%、18.0%、32.0%、23.0%,其中六口之家的比重最高,即属于祖辈、父辈、子辈各2 人的家庭模式。

二、问卷 200 对夫妻和 189 对夫妻通婚情况

1. 以妻子婚前村籍计算

从200 对夫妻的数据来看,49 人婚前为 F 村人,其中包含了11名招上门女婿的女性村民,也就是说存在 39 对村内婚情况,即夫妻双方婚前都是 F 村人,在婚姻总数中所占比重超过了五分之一。具体考察 189 名男性村民妻子的来源,见下表。

---

① 钱铭怡、王易平、章晓云、朱松:《十五年来中国女性择偶标准的变化》,《北京大学学报》(哲学社会科学版)2003 年第 5 期,第 40—44 页。

表 3-10　189 名已婚男性村民妻子的来源地

来源地	省外	河北省非石家庄市	石家庄市非鹿泉区	鹿泉区非 DH 镇	DH 镇非 F 村	F 村	合计
人数	11	18	32	17	72	39	189
比重	(5.8%)	(9.5%)	(16.9%)	(9.0%)	(38.1%)	(20.6%)	100%

由上表可以看出,F 村内通婚比重达到了 20.6%,最高比重是来自 DH 镇内非 F 村的外来媳妇,两者加在一起,F 男性村民镇内通婚比重为 58.7%。考察婚姻圈的变迁情况,还需要考察每一代际男性村民妻子的来源地。

表 3-11　189 名已婚男性村民(分出生代代)妻子的来源地

出生年代 ＼ 来源地	省外	河北省非石家庄市	石家庄市非鹿泉区	鹿泉区非 DH 镇	DH 镇非 F 村	F 村	合计
1940—1949	0 (0.0%)	1 (7.7%)	5 (38.5%)	0 (0.0%)	5 (38.5%)	2 (15.4%)	13 (100.0%)
1950—1959	1 (2.9%)	1 (2.9%)	6 (17.1%)	1 (2.9%)	15 (42.9%)	11 (31.4%)	35 (100.0%)
1960—1969	1 (2.1%)	1 (2.1%)	3 (6.4%)	2 (4.3%)	24 (51.1%)	16 (34.0%)	47 (100.0%)
1970—1979	4 (14.8%)	4 (14.8%)	3 (11.1%)	4 (14.8%)	6 (22.2%)	6 (22.2%)	27 (100.0%)
1980—1989	5 (7.5%)	11 (16.4%)	15 (22.4%)	10 (14.9%)	22 (32.8%)	4 (6.0%)	67 (100.0%)
合计	11 (5.8%)	18 (9.5%)	32 (16.9%)	17 (9.0%)	72 (38.1%)	39 (20.6%)	189 (100.0%)

由上表可以看出,189 名不同年代出生的男性村民中,他们妻子的来源地有着明显的时代差异。其中,1960—1969 年间出生男性村民的镇内通婚比重最高,达到了 85.1%,1970—1979 年间出生的男性村民镇内通婚比重下降为 44.4%,而 1980—1989 年间出生的男性村民镇内

通婚比重下降为 39.4％，1990—1999 年间出生的男性村民暂时不存在镇内通婚。总的来看，老一代外来媳妇大多来自 F 村内或 DH 镇内，较远距离的通婚情况较少，而年轻一代外来媳妇来自镇内的比重越来越少，跨省、跨市通婚占有一定数量比重，通婚范围呈现扩大趋势。

表 3-12 189 名已婚男性村民（分结婚年代）妻子的来源地

来源地\\出生年代	省外	河北省非石家庄市	石家庄市非鹿泉区	鹿泉区非 DH 镇	DH 镇非 F 村	F 村	合计
1980 年以前	0	1	5	0	12	9	27
	(0.0％)	(3.7％)	(18.5％)	(0.0％)	(44.4％)	(33.3％)	(100.0％)
1980—1989	0	2	8	3	30	19	62
	(0.0％)	(3.2％)	(12.9％)	(4.8％)	(48.4％)	(30.6％)	(100.0％)
1990—1999	4	2	2	3	4	6	21
	(19.0％)	(9.5％)	(9.5％)	(14.3％)	(19.0％)	(28.6％)	(100.0％)
2000—2009	4	9	9	7	12	4	45
	(8.9％)	(20.0％)	(20.0％)	(15.6％)	(26.7％)	(8.9％)	(100.0％)
2010—2014	3	4	8	4	14	1	34
	(8.8％)	(11.8％)	(23.5％)	(11.8％)	(41.2％)	(2.9％)	(100.0％)
合　计	11	18	32	17	72	39	189
	(5.8％)	(9.5％)	(16.9％)	(9.0％)	(38.1)	(20.6％)	(100.0％)

由上表可以看出，189 名不同年代结婚的男性村民中，他们妻子的来源地有着明显的时代差异。其中，1980 年以前和 1980—1989 年间结婚男性村民的镇内通婚比重最高，分别达到了 77.7％和 79.0％，1990—1999 年间结婚的男性村民镇内通婚比重下降为 47.6％，而 2000—2009 年间结婚的男性村民镇内通婚比重下降为 35.6％，2010—2014 年间结婚的男性村民镇内通婚比重则小幅上升到 44.1％。总的来看，结婚年代越早的 F 村男性的媳妇大多来自 F 村内或 DH 镇内，较远距离的通婚情况较少，而结婚年代越早的 F 村男性的媳妇来自镇内的比重越来越少，跨省、跨市通婚占有一定数量比

重,通婚范围呈现扩大趋势。

2. 以双方婚前老家距离公里数计算

表 3-13　189 名 F 村村民与妻子婚前老家距离

距离数	30公里以上	20—30公里	10—20公里	5—10公里	1—5公里	0公里	合计
人数	43	15	12	40	35	44	189
比重	(22.8%)	(7.9%)	(6.3%)	(21.2%)	(18.5%)	(23.3%)	100%

　　由上表可以看出,F 村夫妻双方婚前老家距离为 0 的比重达到了 23.3%,也就是说,笔者按照夫妻双方填写的婚前老家地址来计算,有 23.3% 属于在同一个村子。而 F 村夫妻双方婚前老家距离在 10 公里以内有 63%,这就是说,63% 的 F 村男性的结婚对象来自 10 公里范围内。此外,有 22.8% 的夫妻婚前老家距离在 30 公里以上。这部分夫妻属于远距离通婚情况。考察婚姻圈的变迁情况,还需要考察每一代际男性村民妻子的来源地。

表 3-14　189 名已婚男性村民(分出生代际)妻子的来源地

距离数 出生年代	30公里以上	20—30公里	10—20公里	5—10公里	1—5公里	0公里	合计
1940—1949	3 (23.1%)	2 (15.4%)	0 (0.0%)	5 (38.5%)	1 (7.7%)	2 (15.4%)	13 (100.0%)
1950—1959	2 (5.7%)	4 (11.4%)	0 (0.0%)	9 (25.7%)	8 (22.9%)	12 (34.3%)	35 (100.0%)
1960—1969	10 (21.3%)	2 (4.3%)	3 (6.4%)	10 (21.3%)	8 (17.0%)	14 (29.8%)	47 (100.0%)
1970—1979	6 (22.2%)	1 (3.7%)	1 (3.7%)	8 (29.6%)	2 (7.4%)	9 (33.3%)	27 (100.0%)
1980—1989	22 (32.8%)	6 (9.0%)	8 (11.9%)	8 (11.9%)	16 (23.9%)	7 (10.4%)	67 (100.0%)
合　计	11 (5.8%)	18 (9.5%)	32 (16.9%)	17 (9.0%)	72 (38.1)	39 (20.6%)	189 (100.0%)

由上表可以看出,189 名不同年代出生的男性村民中,他们与妻子婚前老家距离有着明显的时代差异。其中,1950—1959 年到 1980—1989 年间出生男性村民与妻子婚前老家距离在 30 公里以上的比重逐次递增,从 5.7％一直达到了 32.8％。距离为 0 公里,80 年代出生的男性村民所占比重最小仅为 10.4％。距离在 10 公里范围内,不同年代出生的男性村民也是呈现逐渐降低趋势,即 1950—1959 年间出生的男性村民有 82.9％,1960—1969 年间出生的男性村民有 68.1％,1970—1979 年间出生的男性村民镇内通婚比重为 70.4％,而 1980—1989 年间出生的男性村民镇内通婚比重下降为 46.2％。总的来看,老一代外来媳妇大多来 10 公里范围内(F 村内或 DH 镇内),较远距离的通婚情况较少,而年轻一代外来媳妇来自镇内的比重越来越少,跨省、跨市通婚占有一定数量比重,通婚范围呈现扩大趋势。

表 3-15　189 名已婚男性村民(分结婚年代)与妻子婚前老家距离

距离 结婚年代	30 公里 以上	20— 30 公里	10— 20 公里	5— 10 公里	1— 5 公里	0 公里	合计
1980 年以前	3	3	0	8	3	10	27
	(11.1％)	(11.1％)	(0.0％)	(29.6％)	(11.1％)	(37.0％)	(100.0％)
1980—1989	11	5	3	15	12	16	62
	(17.7％)	(8.1％)	(4.8％)	(24.2％)	(19.4％)	(25.8％)	(100.0％)
1990—1999	6	0	0	4	2	9	21
	(28.6％)	(0.0％)	(0.0％)	(19.0％)	(9.5％)	(42.9％)	(100.0％)
2000—2009	14	6	4	7	11	3	45
	(31.1％)	(13.3％)	(8.9％)	(15.6％)	(24.4％)	(6.7％)	(100.0％)
2010—2014	9	1	5	6	7	6	34
	(26.5％)	(2.9％)	(14.7％)	(17.6％)	(20.6％)	(17.6％)	(100.0％)
合　计	43	15	12	40	35	44	189
	(22.8％)	(7.9％)	(6.3％)	(21.2％)	(18.5％)	(23.3％)	(100.0％)

由上表可以看出,189 名不同年代结婚的男性村民中,他们与妻子婚前老家距离有着明显的时代差异。其中,1980 年以前结婚男性村民与妻子婚前老家距离在 10 公里范围内比重最高,达到了 77.7%,1980—1989 年和 1990—1999 年间结婚的男性村民与妻子婚前老家距离在 10 公里范围内比重分别下降为 69.4% 和 70.4%,而 2000—2009 年间结婚的男性村民与妻子婚前老家距离在 10 公里范围内比重最小为 46.7%,2010—2014 年间结婚的男性村民与妻子婚前老家距离在 10 公里范围内比重比 2000—2009 年间略高为,55.8%,总的来看,结婚年代越早的 F 村男性的媳妇大多来自 10 公里范围内,较远距离的通婚情况较少,而结婚年代越早的 F 村男性的媳妇来自镇内的比重越来越少,跨省、跨市通婚占有一定数量比重,通婚范围呈现扩大趋势。

第三节　本　章　小　结

通过 F 村村民户籍册、村民卫生医疗保障登记表(台账)和笔者自己收集 F 村 200 对夫妻的数据资料,本章对 F 村村民的通婚状况进行了统计描述,尤其是以出生年代以及结婚年代为分析单位对 F 村村民婚姻圈的变迁趋势。

总体上来讲,F 村村民的婚姻圈是呈扩大的趋势。一方面,以 F 村男性村民出生年代划分,每十年为一个时代,无论是以妻子来源地划分还是以与妻子婚前老家距离计算,F 村男性村民的通婚距离都呈现扩大趋势。即出生年代越晚,通婚距离越大;结婚年代越晚,通婚距离越大。另一方面,以 F 村男性村民结婚年代划分,每十年为一个时代,无论是以妻子来源地划分还是以与妻子婚前老家距离计算,F 村男性村民的通婚距离都呈现扩大趋势。即出生年代越晚,通婚距离越大;结婚年代越晚,通婚距离越大。

　　以上的分析描绘了关于 F 村婚姻圈的基本情况,本章还描述了笔者收集的 F 村 200 对夫妻问卷的整体情况,包括年龄、受教育程度、婚前职业、婚前打工情况、双方家庭经济状况和一些关于当时结婚的情况的问题。在接下来的章节中,将基于本章内容展开对 F 村男性村民的通婚距离影响的具体分析。

第四章　婚姻圈变迁影响因素分析

第一节　婚姻圈理论与研究假设的提出

一、市场圈理论

市场圈理论是由外国学者研究中国农村婚姻圈问题提出的理论。1948年,美国施坚雅(G. William Skinner)到中国四川考察集市,提出了旨在解释超越农村聚落的社会互动,包括婚姻、物质、权势与信息的运行机制的"市场体系理论"他认为标准集市是最基本的集市,通常是地方组织和各类组织的最基层,市场圈与通婚圈和人际网络圈重合,人们一般是从初级市场圈内寻娶媳妇,初级市场所在地是通婚圈的中心,而媒人则往往在集市上完成婚姻介绍①。传统中国村庄受地理位置、交通、思想观念等因素的影响十分明显,人们的社会交往空间相对狭小,长时间互动基础上自然形成的集市成为了附近村民活动的主要领域。因此,婚姻圈也与集市所辐射的范围保持了相对一致性。

英国人类学家莫里斯·弗里德曼(Maurice Freedman)支持了施坚雅市场体系理论的观点,同时也演进了这一理论,从初级市场之外娶新娘的现象出发,认为婚姻圈有可能独立于市场圈之外,市场圈不能覆盖婚姻圈的整个范围②。对于市场圈与婚姻圈重合的观点受到

---

① ［美］施坚雅著,《中国农村的市场和社会结构》,史建云、徐秀丽译,中国社会科学出版社1998年版,第45—46页。
② ［英］莫里斯·弗里德曼著,《中国东南的宗族组织》,刘晓春译,上海人民出版社2000年版,第87页。

了其他学者的质疑,20世纪80年代,美国学者杜赞奇(Prasenjit Du-ara)以日本南道满铁株式会社调查部1940—1942年在中国河北和山东两省调查编写的六卷本《中国惯性调查报告》为研究材料,通过对典型通婚事例的研究,认为施坚雅的市场体系理论只能部分地解释联姻现象,集市辐射半径在限定联姻圈和其他社会圈方面有着重要作用,通婚圈有着自己独立的中心,并不一定和市场圈重合。研究婚姻圈与祭祀圈。杜赞奇的华北案例则修正了施坚雅的市场体系理论,即婚姻圈不一定与集市中心完全重合①。

　　虽然市场体系理论产生之后,受到了一定的质疑,但是诸多学者的实证研究结果还是显示出市场圈与婚姻圈的大致重合。本研究的任务之一,是检验市场体系理论是否适用解释村庄的婚姻圈,即当代中国村庄的婚姻圈与市场圈的重合程度。笔者同样市场体系理论对于婚姻圈有一定解释力。当一个想要找结婚对象结婚,他肯定是在他的活动范围里找,这个范围在农村通常是市场集市圈,农村集市在当地人生活中扮演着重要角色,承担着人们生产、消费、交流等方面的作用。本研究的样本村——F村附近的DH镇集市,隶属DH镇DH村境内(由于DH村在DH镇的居民人数最多,商铺最多,位置也居于各村中心。当然,集市的存在也确立了DH村中心的地位。可以说,集市与DH村的发展是互相促进、相得益彰),集市的摊位集中分布在DH路、富强大街两旁,每逢农历初二、初七、十二、十七、二十二、二十七开市,是DH镇唯一的集市。DH镇内各村庄的部分居民,或步行或骑电车、农用车在这几日赶集,购买所需物品。这里是青年男女相识的重要地点,也是熟人联络的地域。所以本研究在理论的基础上提出研究假设。

---

① ［美］杜赞奇著:《文化、权力与国家:1900—1942年的华北农村》,王福明译,江苏人民出版社2008年版,第41页。

假设1：如果村庄的年轻人在当地找对象，那么村庄的婚姻圈可能与市场圈重合。

二、婚姻择偶方面变迁

择偶研究一直是婚姻家庭研究的重要领域之一。在关于择偶的研究理论中，根据摩斯坦（Mu stem.B.I）的介绍至少可以分为五种：一是历史前例理论，强调历史上普遍存在着由父母包办或由父母做主的择偶方式。二是心理分析理论，基于弗洛伊德的理论为依据，强调人是社会动物，认为在择偶行为中生理需要因素大于社会需要因素。三是需要互补理论，强调在择偶时人们考虑各种需要的相辅相成。四是价值理论，认为人在生长过程中，通过社会化的作用已逐步将某种价值观内化于个性之中，而这种价值观并成为择偶的依据。五是过程递选理论，认为不能将人的个性因素用来解释择偶行为，而只能视为一个过程，人们相遇，相互产生好感，通过自我启示达到互相了解信赖，最终满足各个性的需要。①费德曼（Fieldman.J）等人曾提出过三种模式理论分析框架，一是社会分层与择偶行为互相独立的形式；二是社会分层与择偶行为互相依存形式；三是择偶范围不会超出人所处的阶层但在阶层内是随机进行择偶。②

古德（Goode）指出：在传统社会，浪漫爱情对家族势力的巩固和扩张是不相干的，甚至是有危害的力量，可能会破坏家庭认同的选偶惯例，而这个传统又经常表现为包办婚姻。③在中国的传统文化当中，婚姻不仅是当事人男女双方的个人事务，而且是两个家族之间的事务。因此，包办婚姻才得以流行。④在包办婚姻中择偶实际上是由

---

①②　李银河：《中国婚姻家庭及其变迁》，黑龙江人民出版社 1995 年版，第 50—51 页。

③　[美]威廉·古德著：《家庭》，魏章玲译，社会科学文献出版社 1986 年版，第 4—5 页。

④　李银河：《中国婚姻家庭及其变迁》，黑龙江人民出版社 1995 年版，第 46 页。

婚姻当事人的父母及长辈来决定,于是有了俗语:"父母之命,媒妁之言"。在我国,从五四运动以来国内就兴起反对传统礼教,倡导婚姻自由。新中国建立以来,不仅废除了旧社会的一夫多妻制,而且还实行婚姻自由,男女平等的婚姻制度。虽然从制度层面上彻底废除了一夫多妻制,但在中国传统的农村地区婚姻包办现象仍然十分普遍,大多数婚姻当事人的婚姻自由权力仍然掌握在父母及长辈手中。而父母介绍多为自己熟悉的人,这种在熟人社会或半熟人社会范围内进行择偶,通常使年轻人的通婚范围通常在 10 公里以内,大多数年轻人的择偶范围或者地域空间只能在本村或以寨子为中心向邻村扩展。这可以说明这种包办婚姻的择偶方式会使婚姻圈变小。所以,本章在此基础上提出研究假设:

假设 2.1:传统的择偶方式(父母包办、媒人介绍),会使得 F 村男性通婚范围变小;相反,现代的择偶方式,会使得 F 村男性通婚范围变大。

婚姻交换理论是社会交换理论在婚姻和家庭领域的应用。社会交换理论是基于经济理论的假设提出,其基本观点为:社会关系的实质是社会交换,遵循着等价交换的原则,人们行为的过程是以公平交换的形式出现的(Homans, 1958)。[1]人们在社会交往中往往追求收益最大化或者成本的最小化,以获得最有益的产出(Cropanzano 和 Mitchell, 2005; McDonald, 1981)。[2][3]20 世纪 60—70 年代,学术界就交换理论能否应用于婚姻领域展开讨论,一些学者(如 Richer, 1968; Edwards, 1969; Broderick, 1971)提出交换理论可以用于家

---

[1]　Homans, G. C. "Social behavior as exchange". *American Journal of Socilogy*, vol.63(6), 1958, pp.597—606.

[2]　Cropanzano, R., and M. S. Mitchell. "Social exchange theory: Aninterdisciplinary review", *Journal of Management*, vol.31(6), 2005, pp.874—900.

[3]　McDonald, G. W. "Structural exchange and marital interaction", *Journal of Marriage and the Family*, vol.43(4), 1981, pp.25—39.

庭和婚姻领域,①②③其中 Edwards(1969)进一步提出交换理论应用于择偶和婚姻行为的分析框架。在这个分析框架里,Edwards 首先提出三个假设:1)人们倾向于寻找可以给自身带来最大收益的人为配偶;2)具有同等资源的异性结为夫妻的方式有利于彼此收益最大化;3)拥有同等资源的人往往拥有相似的特征。他认为如果上述三个假设均成立,那么婚姻的实质就是夫妻双方一系列特征的同类匹配。

　　婚姻交换理论将婚姻的缔结视为一种等价交换,强调个人特征和资源同自身择偶偏好之间的匹配关系,认为在婚姻市场上,人们的择偶遵循着等价交换的原则,婚姻的形成对双方当事人而言是一种公平的交换,夫妻双方评估个人自身特征和资源,并审视潜在配偶的资源和特征,最终达成关于双方带进婚姻的资源和特征的价格的协议,并力图在这场交易中实现自身利益的最大化(Edwards,1969;South,1991)。④⑤这些交换的资源既包括物质资源,也包括感情、兴趣、性格、相貌等非物质因素。

　　基于"公平交换"原则,婚姻交换理论内在的包含两种假设,即平等身份交换(Equal status exchange)假设和身份—阶层假设(Status-caste exchange),这两种假设分别用来解释同质婚和异质婚现象(Fu,2008;Rosenfeld,2005;Schoen 和 Wooldredge,1989)。⑥⑦⑧

———————

　　①　Richer, S. "The economics of child rearing". *Journal of Marriage and the Family*, vol.30(3), 1968, pp.26—66.

　　②④　Edwards, J. N. "Familial behavior as social exchange". *Journal of Marriage and the Family*, 31(3), 1969, pp.18—26.

　　③　Broderick, C. B. *A decade of family research and action, 1960—1969*. National Council on Family Relations, 1971, pp.78—86.

　　⑤　South, S.J. "Sociodemographic differentials in mate selection preferences". *Journal of Marriage and the Family*, vol.53(4), 1991, pp.28—40.

　　⑥　Fu, X. "Interacial marriage and family socio-economic well-being: Equal status exchange or case status exchange?", *The Social Science Journal*, vol.45(1), 2008, pp.32—55.

　　⑦　Rosenfeld, M. J. "A ceitique of exchange theory in mate selection", *American Journal of Sociology*, vol.110(5), 2005, pp.284—325.

　　⑧　Schoen, R. and J. Wooldredge. "Marriage choices in North Carolina and Virginia, 1969—1971 and 1979—1981", *Journal of Marriage and the Family*, vol.55(2), 1989, pp.408—414.

平等身份交换假设认为,为了使得自身拥有的市场价值得到最大的回报,人们倾向于与处于同一社会阶层和文化背景的人结婚,即那些拥有较多资源和较好属性的人(包括经济特征和非经济特征),往往倾向于寻找同样拥有较多资源或较好条件的异性为伴侣;反之,那些资源较少或条件很差的个人,也往往选择条件较差的人为配偶(Blau et al.,1984)。[①]该假设揭示了夫妻间在人口和社会等特征方面表现出的对等性,并常应用于解释夫妻之间匹配,尤其是年龄和经济的匹配。夫妻双方特征一致或相似的婚姻称为同质婚,或同类匹配,这是婚姻交换的主要表现形式。

身份—阶层交换假设用来解释夫妻双方特征不相似的婚姻匹配形式,认为当夫妻双方在某方面的特征不相似,则通过"交换"弥补之间的不平衡(Davis,1941;Kalmijin,1993;Merton,1941;Qian,1997)。当某方面特征处于劣势的个人想同该方面特征处于优势的异性结婚时,就需要支付额外的费用,以弥补拥有某方面优势特征的人同自己结婚所带来的收益的损失,并最终达到平等交换和双方收益的最大化。该假设用于解释夫妻特征不匹配的婚姻:通过交换,弥补夫妻之间方面特征的"不平衡"(Grossbard-Shechtman,1993;Grossbard-Shechtman和Fu,2002)。[②③]该假设最初用来解释跨种族婚姻,尤其用于揭示美国非洲裔黑人和白人之间的婚姻,认为这种跨种族的婚姻主要表现为经济地位较高的黑人男性和经济地位较差的白人女性之间的婚配,这种婚配形式的本质是接受良好教育的非

---

①　Blau, P. M., C. Beeker, and K. M. Fitzpatrick. "Intersecting social affiliations and intermarriage". *Social force*, 62(3), 1984, pp.585—606.

②　Grossbard-Shechtman, Shoshana. *On the economics of marriage: A theory of marriage, labor, and divorce*, Westview Press, 1993, pp.85—90.

③　Grossbard-Shechtman, S., and X. Fu. "Women's labor force participation and status exchange in intermarriage: A model and evidence for Hawaii". *Journal of Bioeconomics*, vol.4(3), 2002, pp.41—68.

洲裔男性用他们优越的教育地位作为交易筹码,与白人女性的种族优势进行交换,以提高自己的社会阶层(Cropanzano 和 Mitchell,2005;Davis,1941;Merton,1941)。[1][2][3]当前这一假设也常常用来解释跨国或跨地区的远距离婚姻迁移,如越南、菲律宾等较落后国家的女性嫁到日本、韩国、中国台湾等较发达的国家和地区,以及中国中西部农村女性嫁到东部农村,均被认为是女性婚姻资源和男性地理优势的交换(Davin,2007;Celikaksoy et al.,2006;Fan 和 Li,2002;Wang 和 Chang,2002)。[4][5][6][7]

婚姻交换理论作为中国传统婚配模式的理论解读,对于婚姻圈有较强的解释力。婚姻圈变迁过程中,无论是通婚范围的扩大还是缩小,人们的婚姻行为大致体现了某种交换意识,婚姻主体通过比较各自的"交换要素",最终做出婚姻选择。因此,本研究试图通过婚姻主体各自"交换要素"的比较,对婚姻圈进行解读。

假设 2.2:基于婚姻交换理论,当 F 村男性村民与妻子双方家庭条件差不多时,通婚范围较小,当 F 村男性村民比妻子家庭条件好

---

[1]　Cropanzano, R., and M. S. Mitchell. "Social exchange theory: Aninterdisciplinary review", *Journal of Management*, vol.31(6), 2005, pp.874—900.

[2]　Davis, K. "Intermarriage in Caste Societies". *American Anthropologist*, vol.43(3), 1941, pp.76—95.

[3]　Merton, R.K. "Intermarriage and the social structure: Fact and theory", *Psychiatry*, vol.4(3), 1941, pp.61—74.

[4]　Davin. "Marriage migration in China and East Asia". *Journal of Contemporary China*, vol.16(50), 2007, pp.83—95.

[5]　Cekihaksoy, A., H. S. Nielsen, and M. Verner. "Marriage migration: Just another case of positive assortative matching?" *Review of Economics of the Household*, vol.4(3) 2006, pp.53—75.

[6]　Fan, C. Cincy, and L. Li. "Marriage and migration in transitional China: A feild study of Gaozhou, western Guangzhou", *Environment and planning*, vol.34(4), 2002, pp.19—38.

[7]　Wang, H. and S. Chang. "The competitive saving motive: Evidence from rising sex ratios and savings rates in China", *Journal of Political Economy*, vol.119(3), 2002, pp.511—564.

时,通婚范围较小。

三、人口流动与打工因素

改革开放以来,大部分农村青年都走上外出打工的道路。人口流动使得村庄里的人们社会交往层面的扩大,人口流动与婚姻圈也呈正相关关系。王跃生(2006)指出了传统社会婚姻圈狭窄的原因,即缺少迁移流动。阎勤民(1992),刘华芹、王修彦、王瑞涛、李漆(2006),何生海、王晓磊(2013)从社会流动角度阐释了婚姻圈扩大的条件,认为农民工进城务工和升学产生的社会流动,创造了直接与外地异性交往的机会,为异地通婚提供了条件,促进村庄通婚圈的扩大①②③④。

但是在以往的研究中,对于打工变量的说明并不一致,部分学者指出外出打工是影响婚姻圈变迁的重要因素,但是也有一些学者的实证研究结论显示,外出打工并不是通婚距离扩大的原因,因为外出的很多人最终还是选择了同乡作为婚姻对象。总的来看,前人研究中仅仅把是否外出流动或打工作为单一变量进行测量(梁海艳,2014)。⑤实际上,仅采用是否外出打工并不足以说明问题,而打工地点的选择是一个应该重点考虑的变量,因为不同发展水平的地域对流动人口的吸引力是不一样的,同时在不同地区打工人员的自身特征也存在较大差别,在研究中应该予以区分。总的来看,在北京、上海、广州和深圳等一线城市的流动人口所占比重较大,以北京为例,北京市统计局

① 李漆:《私人生活:婚姻与社会性别建构》,《广西民族研究》2006 年第 3 期,第 84—90 页。

② 何生海、王晓磊:《论西部农村婚姻圈的广延性与内卷化——基于西部 G 村为考察对象》,《内蒙古民族大学学报(社会科学版)》2013 年第 3 期,第 30—34 页。

③ 刘华芹、王修彦、王瑞涛:《农村劳动力流动对农村社会结构之影响研究——基于山东、辽宁、甘肃三省六村的调查》,《西南民族大学学报(人文社科版)》2010 年第 11 期,第 64—68 页。

④ 阎勤民:《开放与选择——婚姻圈文化论》,《宁夏社会科学》1992 年第 2 期,第 51—56 页。

⑤ 梁海艳、阳茂庆:《城市青年通婚圈变化及其影响因素研究——基于中国青年状况调查数据的实证分析》,《人口与发展》2014 年第 3 期,第 43—51 页。

发布的北京人口普查公告显示:2014 年北京市常住人口为 2 114.8 万人,其中,常住外来人口 802.7 万人,占常住人口的比重为 38%。大城市对流动人口有较强的吸引力,辐射范围可以扩展到全国,能够吸引到全国各地的流动人口,进而增加了远距离通婚的可能性。因此,本研究在探讨通婚距离的影响因素时,将打工地点变量纳入其中。此外,其中一部分学者认为流动对婚姻产生了消极影响,推迟了流动人口的成婚年龄,其弱势地位不利于流动人口在流入地成婚。而另一部分学者则认为流动扩大了适婚人口的择偶范围和选择机会,提高了不同区域成婚的可能性,有利于加速流动人口婚姻的形成。关于打工对婚姻圈的影响大小,所以模型中应该加入婚前打工几年的变量。打工时间的长短也会影响到与当地人际关系的熟悉度,在外地打工时间越长的人,会具有更为广泛的社会交往范围,与周围人的亲密程度也会有所提升,本研究将外出打工持续时间加入通婚距离的变量测量中。

假设 3.1:F 村男性村民如果外出打工,通婚范围会更大。

假设 3.2:F 村男性村民外出打工时间越长,通婚范围会更大。

第二节 变量与方法

一、变量

（一）因变量

1. 妻子来源地

本章目的是测量 F 村婚姻圈的影响因素,由于婚姻圈为一定区域内男性居民通婚范围的大小,并由每一个男性居民的通婚距离反映出来。本章主要通过探讨 F 村男性村民通婚距离的影响因素,得出婚姻圈的影响因素。此外,前述文献综述中提及,前人研究中有观点认为农村通婚圈与市场圈(集市圈)是重合的。但是这些研究时间过早,有些还是 19 世纪 20、30 年代的调查。随着中国社会的巨大变革尤其是改革开放后农村社会发生的深刻改变,农村婚姻圈是否仍与市场圈重合,有没有发生新的改变,本研究试图对这一问题进行解答。对于 F 村来讲,附近的 DH 镇集市作为镇内所有村庄的主要市场,构成了 F 村的市场圈。因此,本研究以此为依据,将 F 村男性村民的通婚距离划分为镇内婚和镇外婚,并探讨其影响因素。具体来讲,调查问卷中关于通婚距离的测量包括 6 个因变量,即同村婚(村内婚)、都在 DH 镇但不同村(镇内婚)、都在鹿泉区但不同乡镇(区内婚)、都在石家庄市但不同区县(市内婚)、都在河北省但不同城市(省内婚)、不同省份(省外婚)。其中,同村婚和都在 DH 镇但不同村 2 种情况视为镇内婚,都在鹿泉区但不同乡镇、都在石家庄市但不同区县、都在河北省但不同城市和不同省份 4 种情况视为镇外婚。

同时,本研究在测量通婚距离时还采用了 6 种情况的变量分类,即同村婚(村内婚)、都在 DH 镇但不同村(镇内婚)、都在鹿泉区但不同乡镇(区内婚)、都在石家庄市但不同区县(市内婚)、都在河北省但不同城市(省内婚)、不同省份(省外婚)这六类通婚距离,在与前者进行对比的基础上进行了更为细致的讨论。

表 4-1　回归模型中的因变量操作与描述性统计结果

类别＼统计	频数	频率
通婚距离二分变量		
镇内婚	111	58.7
镇外婚	78	41.3
通婚距离六类变量		
同村(村内婚)	39	20.6
同镇不同村(镇内婚)	72	38.1
同区不同镇(区内婚)	17	9.0
同市不同区(市内婚)	32	16.9
同省不同市(省内婚)	18	9.5
不同省份(省外婚)	11	5.8

本研究中的假设认为婚姻圈与市场圈重合,市场圈在农村中通常指一个镇,所以本文将镇内婚与村内婚看作是在市场圈里的婚姻。具体来讲,婚姻圈与市场圈重合即婚姻圈为镇内婚或村内婚。也就是说,婚姻圈没有扩大。

2. 双方夫妻婚前老家的距离

研究婚姻圈变迁,可以直接计算夫妻双方婚前老家的距离。在问卷中有一道题"您婚前老家地址:_____省_____市_____区(县)_____街道(乡镇)_____社区(村)"。夫妻双方婚前老家距离以百度地图计算结果为准(保留到整数位)。①

表 4-2　回归模型中的因变量操作与描述性统计结果

夫妻婚前老家距离	个数	最小值	最大值	平均值	标准差
	189	0	2 780	91.81	334.53
夫妻婚前老家距离分组	0			44(23.3%)	
	1—5公里			35(18.5%)	
	5—10公里			40(21.2%)	
	10—20公里			12(6.3%)	
	20—30公里			15(7.9%)	
	30及以上			43(22.8%)	

(二) 自变量

1. 打工变量

因此,在外出打工层面中,本研究设置了三个变量。

是否外出打工。没有打工经历=0,打过工=1。

外出打工时间。以实际打工多少年计算。

2. 结婚变量

认识配偶方式。传统农村配偶之间结识的方式一般包括父母介绍、亲戚朋友介绍或者当地媒人介绍,这样的结识方式通常存在一个

———————

①　F村的村民在填写答案时,没有将老家的详细地址写得完整,有的写到区县、有的写到街道、也有人仅仅写到市。笔者是这样处理的,以填写最小单位最近的火车站、汽车站为标准计算夫妻双方婚前老家距离。

作为双方纽带起到牵线搭桥作用的人,这个人通常为本村人或者邻村人。而非传统的夫妻结识方式,比如通过媒介或特定场合由自己进行选择,这些方式更有可能认识到不同地域的人际关系,使得远距离亲密关系的形成有了可能。所以本研究将配偶结识方式进行了分类:将亲戚介绍、父母介绍和媒人介绍合称为父母媒人介绍;将朋友介绍、同事介绍和同学介绍合称为熟人介绍;将工作中认识、学习中认识定义为自己认识;将网上认识和休闲娱乐时认识合称为休闲娱乐认识。亲属媒人介绍=1,熟人介绍=2,工作学习中认识=3,休闲娱乐认识=4。

婚前双方的经济条件。家庭社会学中较为重要的一个研究领域就是婚姻分层问题,并形成了两个理论。"同阶层婚"理论大致可以用我国传统的"门当户对"观念来解释,即实际表现为婚姻双方的社会地位和经济状况处于基本相当的水平。"择偶梯度"理论则关注婚姻匹配中的性别差异,即男性倾向与下一阶层等级女性缔结婚姻,而女性倾向与上一阶层等级男性缔结婚姻。本研究试图分析F村的通婚是受同类婚的作用还是择偶梯度理论的影响,并且考察与通婚距离的关系。问卷中设置了这一问题"结婚时,男女双方家庭经济状况谁更好?"设置的答案有5项分别为:(1)男方比女方好很多;(2)男方比女方好些;(3)双方差不多;(4)女方比男方好些;(5)女方比男方好很多。研究中将答案(1)和答案(2)合并为男方条件比女方好,将答案中(4)和答案(5)合并为女方比男方条件好,将答案(3)双方家庭条件差不多视为同等经济条件。双方一样=1,男方条件比女方好=2,女方比男方条件好=3。

3. 控制变量

受教育程度。文献考察时发现诸多学者指出教育对婚姻圈有着重要的影响。比如:Johnson Wendy、Mcgue 认为具有相近教育程度的社会成员往往有较多的共同语言和更多的接触机会(在学校里或毕业后在工作场所),增加了彼此通婚的可能性[1],Qian、Meng、Gregory 指出接受过高等教育的群体往往有更好经济收入并更容易发生通婚[2][3]。史清华、黎东升(2004),李漆(2006)认为教育是促使通婚圈变大的一个主要因素,随着人们文化程度提高和受教育时间的加长,通婚圈明显扩大[4][5]。因此,本研究将受教育程度设置为控制变量,并将受教育程度转换为受教育年限,未上过学=0,小学=6,初中=9,高中、中专和职高=12,大学专科=15,大学本科=16。

婚前职业。调查问卷中对于村民职业的分类包括务农、零工普通工、零工技术工、商业、餐饮业和居民服务业从业人员、个体商贩、运输从业人员、工厂工人、行政办事人员、专业技术和管理人员和其他等几类职业划分,研究时将务农设为第一产业从业人员;零工普通工、零工技术工和工厂工人合并为第二产业工人;商业、餐饮业和居民服务业的从业人员,个体商贩,建筑/运输从业人员、行政办事人员、专业技术和管理人员和其他合并为第三产业从业人员。第一产业从业人员=1,第二产业从业人员=2,第三产业从业人员=3。

婚前月收入。将婚前月收入取对数代入方程。

结婚时的年龄。有学者研究提出,农村中年龄较大的男性由于自身条件或者家庭条件差,难以在当地找到相匹配的结婚对象,更可能扩大择偶范围,形成远距离的通婚(周丽娜,2006)。[6]所以本研究

[1] Johnson Wendy, Mcgue. "Marriage and personality", *Journal of Personality and Soical Psycology*, vol.86(2), 2004, pp.285—294.

[2] Qian Z. "Breaking the racial barriers: Variations in interracial marriage Between 1980 and 1990", *Demography*, (34), 1997, pp.263—276.

[3] Meng X, Gregory RG. "Intermarriage and the economic assimilation of immigrants", *Journal of Labor Economics*, (23), 2005, pp.135—175.

[4] 史清华、黎东升:《民族间农民婚嫁行为变迁的比较研究——来自湖北432户农户家庭的调查》,《浙江大学学报(人文社会科学版)》2004年第7期,第92—100页。

[5] 李漆:《私人生活:婚姻与社会性别建构》,《广西民族研究》2006年第3期,第84—90页。

[6] 周丽娜、王忠武:《值得关注的农村通婚圈缩小现象》,《新疆社会科学》2006年第5期,第105—108页。

添加结婚时的年龄变量,用出生年份减去结婚年份即为结婚时的年龄,就得到了被调查者结婚时的周岁年龄。

结婚年代。被调查者接受调查时的结婚年份分为:1980 年以前结婚、1980—1989 年间结婚、1990—1999 年间结婚、2000—2009 年间结婚和 2010—2015 年间结婚。以此来证明婚姻圈变迁受到时代变迁影响。

表 4-3　F 村 189 名男性变量的分布情况

变量描述	变量属性	变量描述	均值	标准差
教育程度	定距变量	未上过学＝0、小学＝6、初中＝9、高中＝12、中专和技校＝13、大学专科＝15、大学本科＝16。	9.98	2.622
结婚年代	定类变量	被调查者接受调查时的结婚年 1980 年以前＝1, 1980—1989＝2, 1990—1999＝3, 2000—2009＝4, 2010—2015＝5。将每个类别变量变成虚拟变量代入模型中。	2.98	1.366
结婚时的年龄(周岁)	定距变量	被调查者接受结婚时的周岁年龄。	23.88	3.822
婚前职业	定类变量	第一产业从业人员＝1,第二产业从业人员＝2,第三产业从业人员＝3。将每个类别变量变成虚拟变量代入模型中。		
是否打过工	定类变量	是＝1,不是＝0。	0.45	0.499
认识分组	定类变量	亲属媒人介绍＝1,熟人介绍＝2,工作学习中认识＝3,休闲娱乐认识＝4。将每个类别变量变成虚拟变量代入模型中。	1.57	0.870
婚前双方经济条件	定类变量	双方一样＝1,男方条件比女方好＝2,女方比男方条件好＝3。将每个类别变量变成虚拟变量代入模型中。	2.08	0.548
婚前外出工作时间(年)	定距变量	被调查者结婚前外出打工的时间以年为单位,打工开始时间至结婚时间。	5.58	3.905
婚前平均月收入(元)	定距变量	婚前平均月收入取对数进入方程。	866.40	1 026.417

二、模型与方法

1. 双变量交叉分析

本部分首先采用常用的单变量描述统计和双变量交叉分析,并在前人婚姻圈研究成果和双变量交叉分析的基础之上,建立关于通婚距离的回归模型,以此进行推断统计。

双变量交叉分析利用交叉表来分析两个分类(定性)变量之间的关系。交叉表分析易于理解,便于解释,操作简单,并可以解释比较复杂的现象。

2. 二分因变量的 Logistic 模型

根据因变量设置不同,本研究在模型选取也存在差异。

在因变量为二分变量,即镇内婚与镇外婚两个取值时,采用的模型是二分因变量的 Logistic 模型(binary logistic regression model),二分因变量的 Logistic 模型是最早的离散选择模型,也是目前应用最广的模型,它与一般线性回归直线针对观测变量进行分析不同,在对二分因变量进行统计分析时,所观测到的某一事件是否发生,即 $Y_i = 1$ 或 $Y_i = 0$,而统计模型中的因变量却是发生某一事件的概率。在进行 F 村男性通婚距离的二元 Logistic 回归分析中,本研究考察了个人层面、打工层面和婚姻层面 3 类变量对其的影响程度。个人层面变量包括出生年代、受教育水平、兄弟姐妹人数、婚前职业和婚前月收入。打工层面变量包括是婚前是否外出打工、打工地点、打工持续时间。结婚层面变量包括结婚时的年龄、认识配偶的方式、婚前双方经济条件和结婚时的彩礼。

3. 定序逻辑斯蒂模型

本研究试图通过以上方法更全面地考察 F 村男性通婚距离的影响因素。

在因变量为六分变量时,即变量值包括同村婚(村内婚)、都在DH 镇但不同村(镇内婚)、都在鹿泉区但不同乡镇(区内婚)、都在石家庄市但不同区县(市内婚)、都在河北省但不同城市(省内婚)、不同省份(省外婚)。将婚姻圈因变量作为多分类定序变量,采用定序逻辑斯蒂模型(Ologistic)进行拟合。在社会科学研究的分类变量或离散变量中,一些变量在测量层次上被分为相对次序(或有自然的排序)的不同类别,但并不连续,这类变量称之为定序变量(ordinal variable)或序次分类(简称为次序)变量(ordered categorical variable),其对应的数据称之为排序数据(ordered data)。一般来说,定序变量假定用数值型取值(numerical values)来代表某一特定属性的次序。但这些排序并不一定反映某一实质尺度上的实际大小(actual magnitudes)。即定序变量的相邻类别之间的距离未必就是其分布的不同部分之间的距离,也就是说类别间的距离并不绝对相等。若使用OLS,则是将定序变量视为连续变量处理,会导致人为的信息膨胀。同时,使用不当回归,回归偏倚问题及一致性问题无法解决。因此,针对定序因变量(ordinal dependent variable)需采用对应的模型,即定序 logit 模型(ordered logit model,OLM)。

4. OLS 回归模型

而当因变量为夫妻双方婚前老家距离时,本研究将夫妻双方婚前老家距离看作一个连续的线性变量,采用 OLS 回归模型来估计参数值。线性回归(Linear Regression)是基于最小二乘法(Least Square Method)原理产生古典统计假设下的最优线性无偏估计,是研究一个或多个自变量与一个因变量之间是否存在某种线性关系的统计学方法。

5. 多因素方差分析方法

本章主要运用综合分析模型——多因素方差分析方法(General Linear Model-Univariate)分析各类因素对婚姻圈的影响,重点了解其中打工变量、结婚变量和个人特征变量对婚姻圈的影响,分析使用夫妻双方问卷填答都完整的 189 对对象的资料。

第三节　结果分析——双变量交叉分析

一、通婚距离为二分变量

1. 出生年代与通婚范围交叉分析

表 4-4　F 村 189 名已婚男性村民出生年代与通婚情况的交叉表

出生年代 ＼ 通婚情况	镇内婚	镇外婚	合计
	人数（比重）	人数（比重）	人数（比重）
1940—1949	7(53.8%)	6(46.2%)	13(100%)
1950—	26(74.3%)	9(25.7%)	35(100%)
1960—	40(85.1%)	7(14.9%)	47(100%)
1970—	12(44.4%)	15(55.6%)	27(100%)
1980—	26(39.9%)	40(60.1%)	66(100%)
1990—	0(0)	1(100%)	1(100%)
合计	111(58.7%)	78(41.3%)	189(100%)

Chi-Square＝30.359，P＝0.000＜0.05，亦即 α＝0.05 按表明不同教育程度在婚姻圈分布上有显著性差异。

　　从上表可以看出，189 名男性村民中，20 世纪 40 年代出生的一共有 13 人，其中 6 人的通婚扩展到了 DH 镇之外，7 人的通婚范围在 DH 镇内，两者的比重分别为 46.2%、53.8%，镇内通婚的比重稍高。20 世纪 50 年代出生的一共有 35 人，其中 9 人的通婚扩展到了 DH 镇之外，26 人的通婚范围在 DH 镇内，两者的比重分别为25.7%、74.3%，镇内通婚的人数大约为镇外通婚的 3 倍。20 世纪 60 年代出生的共有 47人，其中 7 人的通婚扩展到了 DH 镇之外，40 人的通婚范围在 DH 镇内，镇内通婚比重高达 85.1%。20 世纪 70 年代出生的有 27 人，其中15 人的通婚扩展到了 DH 镇之外，12 人的通婚范围在 DH 镇内，两者的比重分别为 55.6%、44.4%，跨镇的通婚大幅提升，镇内婚比重大幅下降。20 世纪 80 年代出生的有 66 人，其中 40 人的通婚扩展到了 DH 镇之外，

26 人的通婚范围在 DH 镇内,两者的比重分别为 46.2%、53.8%,镇外通婚的比重进一步提升,镇内通婚比重进一步下降。20 世纪 90 年代出生的仅有 1 人,他的婚姻发生在 DH 镇外。总的来看,F 村 60 后村民的镇内婚比重最高,此后镇内婚呈现递减趋势,镇外婚成为 F 村的主流。

2. 受教育程度与通婚范围交叉分析

表 4-5　F 村 189 名已婚男性村民受教育程度与通婚情况交叉表

通婚情况 学历	镇内婚 人数(比重)	镇外婚 人数(比重)	合计 人数(比重)
未受教育	2(66.7%)	1(33.3%)	3(100.0%)
小　学	14(66.7%)	7(33.3%)	21(100.0%)
初　中	45(52.3%)	41(47.7%)	86(100.0%)
高　中	42(72.4%)	16(27.6%)	58(100.0%)
中　专	4(40.0%)	6(60.0%)	10(100.0%)
技　校	2(66.7%)	1(33.3%)	3(100.0%)
大学专科	1(16.7%)	5(83.3%)	6(100.0%)
大学本科	1(50.0%)	1(50.0%)	2(100.0%)
总　计	111(58.7%)	78(41.3%)	189(100.0%)

Chi-Square=12.528，P=0.084>0.05,亦即 α=0.05 表明不同教育程度在婚姻圈分布上没有显著性差异。

根据表的双变量分析结果显示,将受教育程度分为未受教育、小学、初中、高中、中专技校、大学专科和大学本科。其中未受教育、小学、高中、高中的男性村民中镇内婚的比重远远高于镇外婚,而高中和大学本科的男性镇内婚和镇外婚比例差不多,而中专和大学专科的男性镇内婚比例远远低于镇外婚。总的来看,较低学历(高中及以下)的村民中,镇内通婚比重明显高于镇外通婚的比重,说明了学历较低村民的择偶范围较为狭小,而较高学历(中专、大专)的村民中,镇外婚的比重较高,表明受教育程度较高村民的择偶范围较大。但是中专和大学专科的人数较少,在模型不一定显著。

3. 结婚年代与通婚范围分析

表 4-6 F 村 189 名已婚男性村民结婚年代与通婚情况交叉表

通婚情况 结婚年代	镇内婚 人数（比重）	镇外婚 人数（比重）	合计 人数（比重）
20 世纪 70 年代及以前	21(77.8%)	6(22.2%)	27(100.0%)
20 世纪 80 年代	49(79.0%)	13(21.0%)	62(100.0%)
20 世纪 90 年代	10(47.6%)	11(52.4%)	21(100.0%)
21 世纪 00 年代	16(35.6%)	29(64.4%)	45(100.0%)
21 世纪 10 年代	15(44.1%)	19(55.9%)	34(100.0%)
合　　计	111(58.7%)	78(41.3%)	189(100.0%)

Chi-Square＝30.990，P＝0.000＜0.01，亦即 α＝0.05 表明不同出生年代的群体在婚姻圈分布上有显著性差异。

　　根据表的双变量分析结果显示，将 F 村 189 对夫妻的结婚年代分为 20 世纪 70 年代以前、20 世纪 80 年代、20 世纪 90 年代、21 世纪 00 年代、21 世纪 10 年代结婚。其中 20 世纪 80 年代结婚的村民镇内通婚比重最高(79%)，20 世纪 90 年代结婚的村民镇外通婚比重最高(64.4%)。总的来看，早期结婚的 F 村夫妻，镇内婚比重较高，近期结婚的 F 村夫妻，镇外婚比重更高。

4. 外出打工与通婚范围交叉分析

表 4-7 F 村 189 名已婚男性村民是否外出务工与通婚情况交叉表

通婚情况 是否外出打工	镇内婚 人数（比重）	镇外婚 人数（比重）	合计 人数（比重）
没有外出	64(61.5%)	40(38.5%)	104(100.0%)
外　　出	47(55.3%)	38(44.7%)	85(100.0%)
总　　计	111(58.7%)	78(41.3%)	189(100.0%)

Chi-Square＝0.982，P＝0.322＞0.05，亦即 α＝0.05 表明是否外出打工的男性在婚姻圈分布上没有显著性差异。

　　根据表的双变量分析结果显示，F 村没有外出打工和外出打工的男性村民，镇内婚比例都高于镇外婚比例，说明是否外出打工变量对 F 村男性通婚距离影响较小。

表 4-8　F 村 85 名已婚男性村民外出打工地点与通婚情况交叉表

通婚情况 外出打工地点	镇内婚 人数（比重）	镇外婚 人数（比重）	合计 人数（比重）
鹿泉区内	14(53.8%)	12(46.2%)	26(100.0%)
石家庄市内	23(53.5%)	20(46.5%)	43(100.0%)
河北省其他城市	5(62.5%)	3(37.5%)	8(100.0%)
河北省以外的地区	4(80.0%)	1(20.0%)	5(100.0%)
特大城市	1(33.3%)	2(66.7%)	3(100.0%)
总　　计	47(55.3%)	38(44.7%)	85(100.0%)

Chi-Square＝0.982，P＝0.322＞0.05，亦即 α＝0.05 表明是否外出打工的男性在婚姻圈分布上没有显著性差异。

根据表的双变量分析结果显示，将 F 村男性村民婚前外出打工地点分为鹿泉区内、石家庄市内、河北省其他城市、河北省以外的地区和特大城市（北京、上海、广州、深圳、天津）几类。其中，外出打工地点为鹿泉区内、石家庄市内的村民，镇外婚与镇内婚的比重相差不大，打工地点在河北省其他城市、河北省以外的地区的男性，镇内婚比重明显高于镇外婚比重。只有外出地点为特大城市，镇外婚的比例高于镇内婚比例，由于外出打工地点为特大地点的男性只有 3 个，并不能很好说明问题。

5. 结识方式与通婚范围交叉分析

表 4-9　F 村 189 名已婚男性村民结识配偶方式与通婚情况交叉表

通婚情况 结识方式	镇内婚 人数（比重）	镇外婚 人数（比重）	合计 人数（比重）
亲属媒人介绍	83(68.0%)	39(32.0%)	122(100.0%)
熟人介绍	19(54.3%)	16(45.7%)	35(100.0%)
工作学习中认识	6(25.0%)	18(75.0%)	24(100.0%)
休闲娱乐中认识	3(37.5%)	5(62.5%)	8(100.0%)
总　　计	111(58.7%)	78(41.3%)	189(100.0%)

Chi-Square＝17.394，P＝0.001＜0.01，亦即 α＝0.05 表明不同认识方式的男性在婚姻圈分布上有显著性差异。

根据上表的双变量分析结果显示，将 F 村 189 名男性村民与配偶的结识方式分为亲属媒人介绍、熟人介绍、工作学习中认识和休闲娱乐中认识。其中通过亲属媒人介绍和熟人介绍男性镇内婚比例高于镇外婚；而在工作学习中认识和休闲娱乐中认识的男性镇内婚比例低于镇外婚比例并且比例逐步提高。由于传统的夫妻结识方式以熟人关系为基础，使得镇内婚的比重更高，而现代的夫妻结识方式排除了熟人关系的影响，有利于远距离通婚的实现。

6. 双方婚前经济状况与通婚范围交叉分析

表 4-10　F 村 189 名已婚男性村民与配偶家庭经济条件对比情况与通婚情况交叉表

	镇内婚	镇外婚	合计
	人数（比重）	人数（比重）	人数（比重）
男方条件好	8(38.1%)	13(61.9%)	21(100.0%)
双方经济一样	84(64.1%)	47(35.9%)	131(100.0%)
女方经济条件好	19(51.4%)	18(48.6%)	37(100.0%)
总　　计	111(58.7%)	78(41.3%)	189(100.0%)

Chi-Square＝6.092，P＝0.048＜0.05，亦即 α＝0.05 表明婚前双方经济条件不同的男性在婚姻圈分布上有显著性差异。

根据上表的双变量分析结果显示，将 F 村 189 名男性村民与配偶婚前经济对比分为男方条件好、双方经济条件差不多、女方条件好三种情况。其中男方条件好的情况下镇内婚比重最低(38.1%)，说明男方经济条件好的情况下，有着更大的择偶范围；当夫妻双方经济条件相当时，婚姻阶层匹配效应开始发挥作用，男性的择偶范围受到了限制，选择镇内婚的比重更高(64.1%)。

7. 婚前职业与通婚范围交叉分析表

表 4-11 F 村 189 名已婚男性村民婚前职业与通婚情况交叉表

	镇内婚	镇外婚	合计
	人数(比重)	人数(比重)	人数(比重)
第一产业	33(64.7%)	18(35.3%)	51(100.0%)
第二产业	43(54.4%)	36(45.6%)	79(100.0%)
第三产业	35(59.3%)	24(40.7%)	59(100.0%)
总　　计	111(58.7%)	78(41.3%)	189(100.0%)

Chi-Square＝1.362，P＝0.506＞0.05,亦即 α＝0.05 表明不同产业从业的男性在婚姻圈分布上没有显著性差异。

根据上表的双变量分析结果可以看出,将 F 村 189 名男性村民婚前职业分为第一产业、第二产业和第三产业。总的来看,各产业从业人员的镇内婚比例一直都高于镇外婚比例,其中第一产业从业人员的镇内婚比重最高(64.7%),可见农业生产方式下的通婚范围受到了限制,而第二产业从业人员由于从事了更为现代的工作,通婚范围有一定开放性,镇内婚比重低于第一、第三产业从业人员。

二、通婚距离为六分变量

1. 出生年代与通婚范围交叉分析

表 4-12 F 村 189 名已婚男性村民出生年代与通婚情况的交叉表

出生年代 ＼ 婚姻圈	跨省 人数(比重)	省内跨市 人数(比重)	市内跨区 人数(比重)	区内跨镇 人数(比重)	镇内跨村 人数(比重)	村内 人数(比重)	合计 人数(比重)
1940—	0 (0.0%)	1 (7.7%)	5 (38.5%)	0 (0.0%)	5 (38.5%)	2 (15.4%)	13 (100.0%)
1950—	1 (2.9%)	1 (2.9%)	6 (17.1%)	1 (2.9%)	15 (42.9%)	11 (31.4%)	35 (100.0%)
1960—	1 (2.1%)	1 (2.1%)	3 (6.4%)	2 (4.3%)	24 (51.1%)	16 (34.0%)	47 (100.0%)
1970—	4 (14.8%)	4 (14.8%)	3 (11.1%)	4 (14.8%)	6 (22.2%)	6 (22.2%)	27 (100.0%)

（续表）

婚姻圈 出生年代	跨省 人数 （比重）	省内跨市 人数 （比重）	市内跨区 人数 （比重）	区内跨镇 人数 （比重）	镇内跨村 人数 （比重）	村内 人数 （比重）	合计 人数 （比重）
1980—	5 （7.6%）	11 （16.7%）	15 （22.7%）	9 （13.6%）	22 （33.3%）	4 （6.1%）	66 （100.0%）
1990—	0 （0.0%）	0 （0.0%）	0 （0.0%）	1 （100.0%）	0 （0.0%）	0 （0.0%）	1 （100.0%）
合　　计	11 （5.8%）	18 （9.5%）	32 （16.9%）	17 （9.0%）	72 （38.1%）	39 （20.6%）	189 （100.0%）

　　Chi-Square＝48.594，P＝0.000＜0.05，亦即 α＝0.05 表明不同出生年代的男性在婚姻圈分布上有显著性差异。

　　从上表中可以看出，F 村 189 名男性村民中，20 世纪 40 年代出生的一共有 13 人，其中没有人的通婚距离到了其他省份，仅有 1 人的通婚扩展到了河北省石家庄外的其他城市，5 人的通婚范围在石家庄市非鹿泉区地域，没有人的通婚发生在鹿泉区其他乡镇，还有 5 人的通婚范围在 DH 镇其他村庄，2 人的通婚范围没有离开老家所在地 F 村。总的来看，他们与河北省内其他城市、石家庄市内其他区县、DH 镇内其他村庄、F 村女性通婚的比重分别为 7.7%、38.5%、38.5%、15.4%，区内跨镇通婚和镇内跨村通婚的比重最高。

　　189 名男性村民中，20 世纪 50 年代出生的有 35 人，其中 1 人的通婚扩展到了省外，1 人的通婚扩展到了河北省石家庄外的其他城市，6 人的通婚范围在石家庄市非鹿泉区地域，1 人的通婚发生在鹿泉区其他乡镇，还有 15 人的通婚范围在 DH 镇其他村庄，11 人的通婚范围没有离开老家所在地房头村。总的来看，他们与河北省外、河北省内其他城市、石家庄市内其他区县、鹿泉区内其他乡镇、DH 镇内其他村庄、F 村女性通婚的比重分别为 2.9%、2.9%、17.1%、2.9%、42.9%、31.4%，镇内跨村通婚的比重最高，并开始出现了省外通婚。

189名男性村民中,20世纪60年代出生的共有47人,其中1人的通婚发生在省外,1人的通婚扩展到了河北省石家庄外的其他城市,3人的通婚范围在石家庄市非鹿泉区地域,2人的通婚发生在鹿泉区其他乡镇,还有24人的通婚范围在DH镇其他村庄,16人的通婚范围没有离开老家所在地房头村。总的来看,他们与河北省外、河北省内其他城市、石家庄市内其他区县、鹿泉区内其他乡镇、DH镇内其他村庄、F村女性通婚的比重分别为2.1%、2.1%、6.4%、4.3%、51.1%、34%,镇内跨村通婚的比重最高,镇内通婚高达85.1%。

189名男性村民中,20世纪70年代出生的有27人,其中4人的通婚发生在省外,4人的通婚范围发生在河北省石家庄外的其他城市,3人的通婚范围在石家庄市非鹿泉区地域,4人的通婚发生在鹿泉区其他乡镇,还有6人的通婚范围在DH镇其他村庄,6人的通婚范围没有离开老家所在地房头村。总的来看,他们与河北省外、河北省内其他城市、石家庄市内其他区县、鹿泉区内其他乡镇、DH镇内其他村庄、F村女性通婚的比重分别为14.8%、14.8%、11.1%、14.8%、22.2%、22.2%,跨省市的通婚大幅提升,镇内跨村通婚和村内通婚比重大幅下降。

189名男性村民中,20世纪80年代出生的有66人,其中5人的通婚发生在省外,11人的通婚范围发生在河北省石家庄外的其他城市,15人的通婚范围在石家庄市非鹿泉区地域,9人的通婚发生在鹿泉区其他乡镇,还有22人的通婚范围在DH镇其他村庄,4人的通婚范围没有离开老家所在地房头村。总的来看,他们与河北省外、河北省内其他城市、石家庄市内其他区县、鹿泉区内其他乡镇、DH镇内其他村庄、F村女性通婚的比重分别为7.6%、16.7%、22.7%、13.6%、33.3%、6.1%,市内通婚的比重大幅提升,村内通婚比重大幅下降。

189 名男性村民中,20 世纪 90 年代出生的仅有 1 人,他的婚姻发生在鹿泉区内的其他乡镇。

此外,从上表中可以看出,189 名男性村民中,共有 11 人的通婚发生在不同省份,其中没有 20 世纪 40 年代出生的人,20 世纪 50 年代、60 年代、70 年代、80 年代出生的人分别有 1 人、1 人、4 人、5 人(由于 90 年代出生的人并没有完全进入结婚风险中,在计算时暂且不计算 90 年代出生的人,下同),在同代人中所占比例分别为 2.9%、2.1%、14.8%、7.6%;共有 18 人通婚发生在河北省石家庄外的其他城市,其中 40 年代、50 年代、60 年代、70 年代和 80 年代出生的人分别有 1 人、1 人、1 人、4 人、11 人,在同代人中所占比例分别为 7.7%、2.9%、2.1%、14.8% 和 16.7%;共有 32 人的通婚发生在石家庄鹿泉区以外的区县中,其中 40 年代、50 年代、60 年代、70 年代和 80 年代出生的人分别有 5 人、6 人、3 人、3 人和 15 人,在同代人中所占比例分别为 38.5%、17.1%、6.4%、11.1% 和 22.7%;共有 17 人的通婚发生在鹿泉区内 DH 镇以外的地域,其中没有 20 世纪 40 年代出生的人,20 世纪 50 年代、60 年代、70 年代、80 年代、90 年代出生的人分别有 1 人、2 人、4 人、9 人和 1 人,在同代人中所占比例为 2.9%、4.3%、14.8%、13.6% 和 100%;共有 72 人的通婚发生在 DH 镇内 F 之外的村庄中,其中 40 年代、50 年代、60 年代、70 年代和 80 年代出生的人分别有 5 人、15 人、24 人、6 人和 22 人,在同代人中所占比例为 38.5%、42.9%、51.1%、22.2% 和 33.3%;共有 39 人的通婚发生在 F 村中,其中 40 年代、50 年代、60 年代、70 年代和 80 年代出生的人分别有 2 人、11 人、16 人、6 人和 4 人,在同代人中所占比例分别为 15.4%、31.4%、34%、22.2% 和 6.1%。

总的来看,F 村省外通婚在 20 世纪 50 年代以前出生的村民中是绝迹的,在 20 世纪 60 年代出生的村民中,他们的婚姻圈呈现出明显的镇内婚(与包括 F 村在内的 DH 镇各村庄通婚的比重高达

85.1％)以及与市场圈(DH 镇集市)重合的特征。随着改革开放对农村户籍制度的松绑以及人口流动的增多,通婚圈早已打破了市场圈的限制,F 村近两代(70 后、80 后)的通婚情况表明,镇内通婚的比重锐减,村内通婚比重还不到最高时期的五分之一(80 后村内婚比重仅为 6.1％)。同时,F 村中跨镇、跨区、跨市通婚的比重越来越大,70后镇内通婚比重已不到 44.4％,省内跨镇通婚比重已十分接近这一数字(40.7％),而 80 后镇内通婚比重已低至 39.4％,省内跨镇通婚比重已高于这一比重(53％),且省外通婚现象已不鲜见。

　　从收集的 189 名男性 F 村民的通婚资料统计分析中,可以看出,考察不同年代出生村民的婚姻圈变迁情况,F 村的婚姻圈呈现镇内婚减少总体向外扩展的趋势。或许 F 村婚姻圈不会无限地向外延伸,但是镇内婚尤其是村内婚的锐减势头却十分显著,原来的镇内通婚开始向镇外、市内扩张,村民婚姻对象的选择范围(即婚姻圈)比过去有较大的扩展。

　　2. 受教育程度与通婚范围交叉分析

表 4-13　F 村 189 名已婚男性村民受教育程度与通婚情况交叉表

通婚情况\教育程度	跨省	省内跨市	市内跨区县	区内跨乡镇	镇内跨村	村内	合计
	人数(比重)	人数(比重)	人数(比重)	人数(比重)	人数(比重)	人数(比重)	人数(比重)
未受教育	0 (0.0％)	0 (0.0％)	1 (33.3％)	0 (0.0％)	0 (0.0％)	2 (66.7％)	3 (100.0％)
小　学	1 (4.8％)	1 (4.8％)	3 (14.3％)	2 (9.5％)	9 (42.9％)	5 (23.8％)	21 (100.0％)
初　中	7 (8.1％)	9 (10.5％)	18 (20.9％)	7 (8.1％)	34 (39.5％)	11 (12.8％)	86 (100.0％)
高　中	2 (3.4％)	5 (8.6％)	6 (10.3％)	3 (5.2％)	24 (41.3％)	18 (31.0％)	58 (100.0％)
中　专	0 (0.0％)	1 (10％)	2 (20％)	3 (30％)	3 (30％)	1 (10％)	10 (100.0％)

（续表）

通婚情况 教育程度	跨省 人数 （比重）	省内跨市 人数 （比重）	市内 跨区县 人数 （比重）	区内 跨乡镇 人数 （比重）	镇内跨村 人数 （比重）	村内 人数 （比重）	合计 人数 （比重）
技　校	0 (0.0%)	0 (0.0%)	0 (0.0%)	1 (33.3%)	1 (33.3%)	1 (33.3%)	3 (100.0%)
大学专科	1 (16.7%)	2 (33.3%)	1 (16.7%)	1 (16.7%)	1 (16.7%)	0 (0.0%)	6 (100.0%)
大学本科	0 (0.0%)	0 (0.0%)	1 (50%)	0 (0.0%)	0 (0.0%)	1 (50%)	2 (100.0%)
合　计	11 (5.8%)	18 (9.5%)	32 (16.9%)	17 (9.0%)	72 (38.1%)	39 (20.6%)	189 (100.0%)

Chi-Square＝36.879，P＝0.382＞0.05，亦即 α＝0.05 表明不同教育程度的男性在婚姻圈分布上没有显著性差异。

由上表可以看出，F 村 189 名男性村民的教育程度与其通婚范围并没有相关关系，低学历人口在选择配偶时，虽然自身条件较低，但是在较近范围内难以找到婚姻匹配对象，有可能向外寻找配偶，同时他们通过流动改变自身生活的意愿比较强烈，可能寻找到较远距离的配偶；高学历人口虽然自身条件较好，选择配偶的范围较大，但是在本地寻找到配偶的可能性也大，虽然具有较强的流动能力，但不需通过流动就能实现自身需求，也减少其与外界建立关系的机会。由此可见，通婚距离的可能性并不一定与现实相一致。总的来看，大专学历跨省通婚的可能性最大 16.7%，初中学历的人口通婚范围比较分散，高学历（大学本科）却没有表现出很明显的远距离婚，技校学历是以直接获取就业技能为目的的，大多倾向于就近工作和缔结婚姻，而未接受教育的人大多选择就近择偶（村内婚）。

3. 结婚年代与通婚范围交叉分析

本研究主要目的之一是考察 F 村的婚姻圈变迁状况。因此，以 189 名男性村民为样本，考察不同时期的通婚范围情况，如下表所示。

表 4-14 F 村 189 名已婚男性村民结婚年代与通婚情况交叉表

	跨省	省内跨市	市内跨区县	区内跨乡镇	镇内跨村	村内	合计
	人数（比重）	人数（比重）	人数（比重）	人数（比重）	人数（比重）	人数（比重）	人数（比重）
1965—1969	0 (0.0%)	0 (0.0%)	1 (33.3%)	0 (0.0%)	1 (33.3%)	1 (33.3%)	3 (100.0%)
1970—1979	0 (0.0%)	1 (4.2%)	4 (16.7%)	0 (0.0%)	11 (45.8%)	8 (33.3%)	24 (100.0%)
1980—1989	0 (0.0%)	2 (3.2%)	8 (12.9%)	3 (4.8%)	30 (48.4%)	19 (30.6%)	62 (100.0%)
1990—1999	4 (19.0%)	2 (9.5%)	2 (9.5%)	3 (14.3%)	4 (19%)	6 (28.6%)	21 (100.0%)
2000—2009	4 (8.9%)	9 (20.0%)	9 (20.0%)	7 (15.6%)	12 (26.7%)	4 (8.9%)	45 (100.0%)
2010—2014	3 (8.8%)	4 (11.8%)	8 (23.5%)	4 (11.8%)	14 (41.2%)	1 (2.9%)	34 (100.0%)
合　计	11 (5.8%)	18 (9.5%)	32 (16.9%)	17 (9.0%)	72 (38.1%)	39 (20.6%)	189 (100.0%)

Chi-Square＝50.377，P＝0.000＜0.05，亦即 α＝0.05 表明结婚年代不同的男性在婚姻圈分布上有显著性差异。

由上表可以看出，除了 20 世纪 90 年代 F 村内婚在各通婚类型中所占比重最高之外，镇内通婚在 F 各时代婚姻中的比重都是最高的；村内婚一直呈下降趋势；区内跨镇和省内跨市通婚从无到有，占有一定比重；市内跨区通婚一直以来占有一定比重；而跨省婚姻是 20 世纪 90 年代出现的，虽然不多但是也不鲜见。考虑到 DH 镇的集市圈的影响，F 的镇内通婚情况一直占较大比重，但是每个时代却有所不同，20 世纪 60 年代镇内通婚比重为 66.7%，1970—1979、1980—1989、1990—1999 年间，F 村民的镇内通婚比重分别为 79.1%、79%、47.6%、35.6%，而最近 5 年这一比重为 44.1%，镇内通婚比重从五分之四下降到不足二分之一。

4. 外出打工与通婚范围交叉分析

表 4-15　F 村 189 名已婚男性村民婚前是否外出务工与通婚情况交叉表

	跨省	省内跨市	市内跨区县	区内跨乡镇	镇内跨村	同村	合计
	人数（比重）	人数（比重）	人数（比重）	人数（比重）	人数（比重）	人数（比重）	人数（比重）
没有外出	6(5.8%)	7(6.7%)	19(18.3%)	8(7.7%)	41(39.4%)	23(22.1%)	104(100.0%)
外　　出	5(5.9%)	11(12.9%)	13(15.3%)	9(10.6%)	31(36.5%)	16(18.8%)	85(100.0%)
总　　计	11(5.8%)	18(9.5%)	32(16.9%)	17(9.0%)	72(38.1%)	39(20.6%)	189(100.0%)

Chi-Square＝3.337，P＝0.648＞0.05，亦即 $\alpha=0.05$ 表明是否外出打工的男性在婚姻圈分布上没有显著性差异。

根据表的双变量分析结果显示，F 村 189 名男性村中，没有外出打工的男性市内婚、镇内婚和村内婚的比重均高于外出打工的男性；而省内婚、区内婚的比重低于外出打工的男性；两者跨省通婚情况的比重几乎相同。总的来看，两者关系没有形成线性关系，即两个类别没有差别，也就是说是否外出打工对 F 村男性通婚范围没有影响。

表 4-16　F 村 85 名已婚男性村民婚前打工地点与通婚情况交叉表

	跨省	省内跨市	市内跨区	区内跨镇	镇内跨村	村内	合计
	人数（比重）	人数（比重）	人数（比重）	人数（比重）	人数（比重）	人数（比重）	人数（比重）
鹿泉区内	1(3.8%)	2(7.7%)	4(15.4%)	5(19.2%)	8(30.8%)	6(23.1%)	26(100.0%)
石家庄市内	3(7.0%)	7(16.3%)	7(16.3%)	3(7.0%)	16(37.2%)	7(16.3%)	43(100.0%)
河北省其他城市	0(0.0%)	2(25.0%)	0(0.0%)	1(12.5%)	4(50.0%)	1(12.5%)	8(100.0%)
河北省以外的地区	0(0.0%)	0(0.0%)	1(20.0%)	0(0.0%)	2(40.0%)	2(40.0%)	5(100.0%)
特大城市	1(33.3%)	0(0.0%)	1(33.3%)	0(0.0%)	1(33.3%)	0(0.0%)	3(100.0%)
总　　计	5(5.9%)	11(12.9%)	13(15.3%)	9(10.6%)	31(36.5%)	16(18.8%)	85(100.0%)

Chi-Square＝2.067，P＝0.723＞0.05，亦即 $\alpha=0.05$ 表明是否外出打工的男性在婚姻圈分布上没有显著性差异。

根据表的双变量分析结果显示,将打工地点分为鹿泉区内、石家庄市内、河北省其他城市、河北省以外的地区和特大城市(北京、上海、广州、深圳、天津)几类。其中外出打工地点为鹿泉区内、石家庄市内、河北省其他城市、河北省以外的地区的男性镇内婚比例都高于镇外婚比例,其中打工地点在河北省以外地区的村民镇内通婚比重最大(80%),只有外出地点为特大城市,镇外婚的比例高于镇内婚比例,但由于婚前在特大城市打工的男性只有 3 个,由于数量较少无法很好说明。总的来看,并没有呈现出打工地点越远通婚距离越远的规律,外出打工地点对 F 村男性的通婚距离没有呈现出显著影响。

5. 结识方式与婚姻圈交叉分析

根据相识方式是否是自己认识以及介绍人的熟悉程度,将选项划分为亲属媒人介绍、熟人圈介绍、学习工作中认识和休闲娱乐中认识。其中亲属媒人介绍和熟人圈介绍是属于别人介绍,而学习工作认识和休闲娱乐认识是属于自己认识。四类结识方式与通婚范围的关系,如下表所示。

表 4-17　F 村 189 名已婚男性村民与配偶结识方式与通婚情况交叉表

通婚范围 结识方式	跨省 人数 (比重)	省内跨市 人数 (比重)	市内 跨区县 人数 (比重)	区内 跨乡镇 人数 (比重)	镇内跨村 人数 (比重)	同村 人数 (比重)	合计 人数 (比重)
亲属媒人圈	4 (3.3%)	7 (5.7%)	20 (16.4%)	8 (6.6%)	52 (42.6%)	31 (25.4%)	122 (100.0%)
熟人圈	2 (5.7%)	3 (8.6%)	5 (14.3%)	6 (17.1%)	13 (37.1%)	6 (17.1%)	35 (100.0%)
学习工作 中认识	5 (20.8%)	6 (25.0%)	5 (20.8%)	2 (8.3%)	4 (16.7%)	2 (8.3%)	24 (100.0%)
休闲娱乐 中认识	0 (0.0%)	2 (25.0%)	2 (25.0%)	1 (12.5%)	3 (37.5%)	0 (0.0%)	8 (100.0%)
总　　计	11 (5.8%)	18 (9.5%)	32 (16.9%)	17 (9.0%)	72 (38.1%)	39 (20.6%)	189 (100.0%)

Chi-Square=11.216,P=0.341>0.05,亦即 α=0.05 表明婚前双方经济条件不同的男性在婚姻圈分布上没有显著性差异。

总的来看,由于亲属媒人的关系范围局限,亲属媒人介绍更多促成的是镇内通婚;熟人圈更多也是在镇内发挥作用,形成镇内的通婚;学习或工作中能够有更大可能性形成跨省和跨市区通婚;休闲娱乐活动中能够较多促成省内跨市和镇内跨村通婚。值得注意的是,由于村内关系较近,婚姻缔结并不受休闲娱乐关系影响,而跨省距离较远,上网等休闲娱乐方式无法起到促成通婚的作用。

6. 双方婚前经济状况与通婚范围交叉分析

表 4-18 F 村 189 名已婚男性村民与配偶家庭经济对比情况与通婚情况交叉表

	跨省	省内跨市	市内跨区县	区内跨乡镇	镇内跨村	同村	合计
	人数 (比重)	人数 (比重)	人数 (比重)	人数 (比重)	人数 (比重)	人数 (比重)	人数 (比重)
男方经济条件好	1 (4.8%)	4 (19.0%)	5 (23.8%)	3 (14.3%)	7 (33.3%)	1 (4.8%)	21 (100.0%)
双方经济一样	9 (6.9%)	10 (7.6%)	18 (13.7%)	10 (7.6%)	52 (39.7%)	32 (24.4%)	131 (100.0%)
女方经济条件好	1 (2.7%)	4 (10.8%)	9 (24.3%)	4 (10.8%)	13 (35.1%)	6 (16.2%)	37 (100.0%)
总 计	11 (5.8%)	18 (9.5%)	32 (16.9%)	17 (9.0%)	72 (38.1%)	39 (20.6%)	189 (100.0%)

Chi-Square=11.216,P=0.341>0.05,亦即 α=0.05 表明婚前双方经济条件不同的男性在婚姻圈分布上没有显著性差异。

根据表的双变量分析结果显示,将 F 村 189 名男性村民与配偶在婚前经济条件的比较分为双方经济差不多、双方经济相差一些和双方经济相差很多。男女双方经济条件差不多的情况下,镇内通婚、村内婚比重最高,此时,门当户对的婚姻在较近范围内就可以实现;男方经济条件好于女方的情况下,镇内婚、村内婚比重最低,这种情况下包括两种情形,一种是男方经济条件较好,本村较少存在可以与之匹配的对象,另一种是男方经济条件不好,村内较少有女性愿意与其匹配,前者会主动向外寻找配偶,后者是被迫向外寻找配偶,这两种情形下的通婚范围较大;女方经济条件好于男方的条件下,省外通婚的可能性最小,因为女性一般不会远嫁条件不如自己的配偶。总的来看,说明双方婚前经济条件对男性通婚距离有影响。

7. 婚前职业与婚姻圈交叉分析表

表 4-19　F 村 189 名已婚男性村民婚前职业与通婚情况交叉表

	跨省	省内跨市	市内跨区县	区内跨乡镇	镇内跨村	村内	合计
	人数(比重)	人数(比重)	人数(比重)	人数(比重)	人数(比重)	人数(比重)	人数(比重)
第一产业	2(3.9%)	4(7.8%)	11(21.6%)	1(2.0%)	18(35.3%)	15(29.4%)	51(100.0%)
第二产业	6(7.6%)	6(7.6%)	13(16.5%)	11(13.9%)	31(39.2%)	12(15.2%)	79(100.0%)
第三产业	3(5.1%)	8(13.6%)	8(13.6%)	5(8.5%)	23(39.0%)	12(20.3%)	59(100.0%)
总　计	11(5.8%)	18(9.5%)	32(16.9%)	17(9.0%)	72(38.1%)	39(20.6%)	189(100.0%)

Chi-Square=11.465,P=0.322>0.05,亦即 α=0.05 表明不同产业从业的男性在婚姻圈分布上没有显著性差异。

根据表的双变量分析结果显示,将 F 村 189 名男性村民的婚前职业分为第一产业、第二产业和第三产业。从事第一产业的村民村内婚比重最高,区内跨镇婚比重最低;从事第二产业的村民村内婚比重最低,区内跨镇婚比重最低;从事第三产业的省内跨市婚比重最高。由此可见,农业生产模式对通婚距离有一定的限制作用,第二、第三产业的行业特征使得这部分从业人员的通婚距离有着扩大的可能。

以上结果表明,从纵向的时间维度看,F 村的婚姻发生了巨大的变化,男女平等、婚姻自由思想逐步深入人心。在择偶上,早期 F 村一直延续传统的"父母之命、媒妁之言"的包办现象,以及众多父母为子女婚姻做主现象,择偶权仍然掌握在父母手里,婚姻当事人在择偶自主权问题上受到来自父母及长辈相应的束缚。而这种熟人社会或半熟人社会范围内进行择偶,使得 F 村男性村民的通婚范围通常在

10公里以内,大多数人的择偶范围只能在本村或以寨子为中心向邻村扩展。改革开放以来,随着社会经济的发展,F村男性村民的婚姻圈逐步发生了变化。随着人口的乡镇、县域之间的流动加强,人们思想观念的转变、自由恋爱的意识兴起,年轻一代人群婚姻圈呈现扩大趋势。

　　本项研究结果表明,从婚姻制度来看,一方面我们不难看出,F村在从1940—1994年的半个多世纪中,不论是人们的思想观念、价值取向,还是生活态度等都发生了比较明显的变化。而这些变化又都是与此期发生的急剧的社会变迁相适应的,特别是新中国的建立对促进这些变化起到十分积极的催化作用。反过来讲,F村民几十年间在婚姻价值观及婚姻选择方面的变化,正好作为一种标志表明了现代乡村社会与传统村社的区别,反映出了现代乡村社会的进步性。另一方面我们也更加清醒地从一个侧面了解到了F村这样的乡村社区的社会转型的任务仍很艰巨,这一点我们可以从本村狭小的婚姻圈中感受到。一定的婚姻制度既是社会变迁程度的反映,它的进步又能在一定程度上促进整个社会变迁过程的发展。针对F村的情况,通过引进市场机制、扩大市场空间,从而推动婚姻圈的扩展,突破传统的血缘与村缘,必将对F村的进一步发展与现代化产生积极的重大影响。

第四节　结　果　分　析
——F村男性婚姻圈影响因素模型分析

一、婚姻圈为二分变量

　　在控制变量(受教育程度、婚前职业、婚前收入、结婚时代和结婚时年龄)基础上,本研究分别检验了外出打工和结婚变量等自变量对婚姻圈的影响。

表 4-20　F 村 189 名男性村民通婚距离的二元 Logistic 回归分析

自变量	B	S.E.	Wald	自由度	显著性	Exp(B)
受教育程度	−0.002	0.112	0.000	1	0.988	0.998
结婚年代 A						
90 年代结婚	2.382	1.368	3.032	1	0.082	10.831
00 年代结婚	3.219	1.583	4.133	1	0.042	25.000
10 年代结婚	2.975	1.732	2.952	1	0.086	19.598
结婚时年龄	0.198	0.108	3.340	1	0.068	1.219
婚前收入	−0.155	0.274	0.320	1	0.572	0.856
婚前职业 B						
第二产业	−0.330	0.589	0.314	1	0.575	0.719
与配偶认识方式 C						
熟人介绍	0.861	0.737	1.363	1	0.043	2.365
工作学习中认识	2.147	0.827	6.747	1	0.009	8.559
休闲娱乐认识	1.025	1.285	0.637	1	0.425	2.788
婚前经济状况 D						
女方条件好	1.349	0.891	2.291	1	0.030	3.854
男方条件好	0.041	0.867	0.002	1	0.062	1.042
是否打工	−0.186	0.318	0.343	1	0.558	0.830
外出打工时间	−0.284	0.128	4.907	1	0.027	0.753
常量	−5.375	2.736	3.858	1	0.050	0.005

Cox and Snell R^2　0.352	Nagelkerke R^2　0.471	−2 对数似然　76.508

A 为参照组:70 年代及以前;B 为参照组:第一产业从业人员;C 为参照组:亲属媒人介绍;D 为参照组:双方一样。

由以上模型可以看出,外出打工与婚姻缔结因素对 F 村男性村民的通婚范围有一定影响,并呈现出了与前人不同的研究结论。

1. 外出打工变量对通婚范围的影响

外出打工变量对通婚范围的影响主要体现在两个方面。

一方面,是否外出打工对 F 村男性村民的通婚范围没有显著影响,即婚前是否外出打工对 F 村男性村民结婚对象的范围没有显著影响,这个结果与前人的研究结论有较大差异。前人的研究大多在农村社会变革之初,当时条件下,只有个别思想先进、能力出众的村民才走出了村庄,由此对这些个体的婚姻匹配产生了影响。然而,在经济发展和人口流动日益频繁的当代农村社会,婚龄阶段人口外出打工成为了一个普遍现象,并没有从本质上体现出个体之间的差异,很多外出人口仍然选择在回到本村居住,客观上使他们的通婚范围受到了限制。

另一方面,婚前外出打工持续时间在 $p=0.05$ 时呈现统计显著性,具体来讲,控制了其他变量之后,婚前外出打工时间每增加一个单位,F 村男性在 DH 镇以外地方选择配偶的可能性提升了 24.7%($1-\text{expB} \approx 0.247$)。也就是说,F 村婚前外出打工时间长的男性,通婚更有可能发生在镇外。这一结论比较好理解,外出务工时间长的村民,由于与外界社会关系有了长时间的接触,更可能形成亲密的婚姻关系,而外出务工时间较短的情况下,与异性之间的感情难以稳定或持久。由此可见,假设 3.1 没有得到数据的证明;相反,假设 3.2 得到数据的支持。

2. 结婚变量对通婚范围的影响

婚姻缔结因素对通婚范围的影响主要体现在两个方面。

一方面,与配偶结识方式对 F 村男性通婚范围有显著影响。具体来讲,与亲属媒人介绍的传统结识模式相比,熟人介绍方式对通婚范围有显著效应($p<0.1$),即通过熟人介绍结识的镇外婚夫妻是通过亲属媒人介绍结识的 2.365 倍;工作学习中认识对通婚范围的影响具有高度显著性($p<0.001$),即在工作学习中认识的镇外婚的可能性是亲属媒人介绍的 8.559 倍;而休闲娱乐中认识对通婚范围并未有显著影响。总的来看,结识方式反映了社会关系范围的影响,传统的亲属媒人属于近距离社会关系,虽然熟识度最高,成功率较高,但是却使通婚范围受到了限制。熟人介绍或工作学习中认识代表了

更为广泛的群体和社会关系范围,使得通婚范围有了扩大的可能。休闲娱乐的环境下,既包括与近距离社会关系下的接触,也可能发生在与远距离社会关系的基础情况,因此并未对通婚范围产生影响。由此可见,假设2.1得到了数据的证明。

另一方面,夫妻双方家庭经济条件变量对通婚范围的影响具有统计显著性($p<0.1$)。具体来看,无论是男方家庭条件好还是女方家庭条件好的情况下,都大于家境相同的情况F村男性村民的通婚范围,具体来讲,两者镇外通婚的可能性分别是双方家庭经济条件一样的3.854倍和1.042倍。由此可见,近距离婚姻缔结中还是较为严格遵循了匹配这一传统原则,远距离通婚受多种因素的影响,个体素质、地区经济、社会文化等都会添加到婚姻匹配原则中,成为了婚姻匹配中的砝码。总的来看,结婚变量是解释F村男性通婚范围变化的重要原因,传统婚姻匹配原则在婚姻缔结中的影响依然存在,只是添加了多种现代元素,变得十分复杂。由此可见,假设2.2得到了部分数据的证明。

3. 个人特质对通婚范围的影响

关于控制变量对通婚范围的影响,主要体现在两个方面。

一方面,结婚年代对婚姻圈扩大有统计显著性($p<0.001$),1990年代、2000年代和2010年代结婚的F村男性在镇外发生通婚缔结婚姻的可能性分别是20世纪70年代及以前结婚的F村男性的10.831倍、25.000倍和19.598倍。也就是说,结婚年代越晚,F村男性通婚范围扩大到镇外的可能性越大。这一趋势与农村社会在改革开放之后的发展相一致,农村居民受传统经济模式和户籍制度的限制越来越小,村庄非农化和人口流动的增加,都客观上为村庄婚姻圈扩大提供了基础。

另一方面,结婚时的年龄对通婚范围有高度统计显著性($p<0.001$),控制了其他变量后,结婚年龄每增加一个单位,在镇外发生

通婚的可能就增加 1.219 倍。说明 F 村男性村民结婚时年龄越大，通婚范围也越大。结婚时低龄的村民，离开村庄的机会和时间都较少，社会关系范围大多存在与本村较近，加之个体能力和各方面素养还没有很好的积累，客观上限制了其通婚范围。

二、婚姻圈为六类变量

将婚姻圈分为 6 个因变量时，即同村婚、都在 DH 镇但不同村、都在 LQ 区但不同乡镇、都在石家庄市但不同区县、都在河北省但不同城市、不同省份，并分别赋值为 1、2、3、4、5、6，运用定序 Logistic 方法建立模型。在通过平行线检验的基础上，将婚姻圈因变量作为多分类定序变量，并采用定序逻辑斯蒂模型（Logistic）进行拟合。在控制变量（受教育程度、婚前职业、婚前收入、结婚时代和结婚时年龄）基础上，本研究分别检验了外出打工和结婚变量等自变量对婚姻圈的影响。

表 4-21　F 村 189 名男性村民通婚距离的定序 Logistic 回归分析

		估算（E）	标准错误	Wald	df	显著性	95%的置信区间	
							下限值	上限
分域	［婚姻圈＝1.00］	3.568	1.905	3.506	1	0.061	−0.167	7.302
	［婚姻圈＝2.00］	5.671	1.956	8.405	1	0.004	1.837	9.505
	［婚姻圈＝3.00］	6.275	1.974	10.101	1	0.001	2.405	10.145
	［婚姻圈＝4.00］	7.354	2.012	13.364	1	0.000	3.411	11.297
	［婚姻圈＝5.00］	8.988	2.096	18.389	1	0.000	4.880	13.095
位置	受教育程度	0.014	0.081	0.029	1	0.866	−0.145	0.173
	结婚年代[A]							
	80 年代结婚	1.296	0.918	1.992	1	0.158	−0.503	3.095
	90 年代结婚	1.846	0.987	3.500	1	0.061	−0.088	3.781
	00 年代结婚	2.429	1.038	5.481	1	0.019	0.396	4.463
	10 年代结婚	2.797	1.184	5.578	1	0.018	0.476	5.117
	结婚时的年龄	0.179	0.062	8.327	1	0.004	0.057	0.300

（续表）

		估算(E)	标准错误	Wald	df	显著性	95%的置信区间	
							下限值	上限
位置	婚前收入	−0.251	0.201	1.554	1	0.213	−0.646	0.144
	婚前职业[B]							
	第二产业从业	−0.295	0.436	0.457	1	0.499	−1.150	0.560
	与配偶认识方式[C]							
	熟人介绍	0.517	0.594	0.757	1	0.384	−0.648	1.682
	工作学习中认识	1.993	0.615	10.504	1	0.001	0.788	3.198
	休闲娱乐认识	0.872	0.962	0.823	1	0.364	−1.012	2.757
	婚前经济状况[D]							
	女方条件好	0.474	0.628	0.570	1	0.450	−0.756	1.704
	男方条件好	−0.037	0.657	0.003	1	0.956	−1.325	1.252
	是否外出打工	0.100	0.593	0.028	1	0.866	−1.063	1.262
	外出打工时长	−0.166	0.072	5.259	1	0.022	−0.307	−0.024

Cox and Snell R^2	0.403	Nagelkerke R^2	0.418	McFadden R^2	0.156	−2 对数似然	267.767

A 为参照组：70 年代及以前；B 为参照组：第一产业从业人员；C 为参照组：亲属媒人介绍；D 为参照组：双方一样。

1. 外出打工变量对通婚范围的影响

由以上模型可以看出，是否外出打工对 F 村男性村民的通婚范围没有显著影响，只有外出打工时间对 F 村男性的通婚范围有影响。具体来讲，外出打工时间越长，F 村男性村民的通婚范围越大。同样是假设 3.1 没有得到数据的证明；相反，假设 3.2 得到数据的支持。这个结果与通婚范围为二分变量的情况相一致，同样表现出与前人研究结论存在一定差异。是否外出务工在前人结论与本研究结论中对于存在通婚范围的不同影响，也可以看出中国农村社会发展取得的成就，"先富"带动"后富"与实现"共富"的趋势。由此说明，在社会发展水平和时代特征下，外出务工等人口流动等因素对于村庄通婚范围的影响有所差异，相同行为在不同历史条件的意义也有所不同,对于前人结论,应该在当今社会背景下进行进一步的检验。

2. 结婚变量对通婚范围的影响

由以上模型可以看出,认识配偶方式和婚前双方家庭条件对 F 村男性通婚范围均有显著影响。一方面,与配偶结识方式对通婚范围有显著影响。具体来说,工作学习中认识对通婚范围的扩大具有高度显著性($p < 0.001$),即在工作学习中认识的 F 村男性的通婚范围大于亲属媒人介绍情况下的通婚范围,这个结果与通婚范围为二分变量的情况相一致。另一方面,双方家庭经济条件变量对婚姻圈扩大具有统计显著性($p < 0.1$),具体来讲,男方家庭经济条件好的 F 村男性村民的通婚范围大于双方家庭经济条件一样的通婚范围。也就是说,男方婚前家庭条件好的 F 村男性更可能在远的地方找结婚对象。在婚姻匹配中,传统观念中的男高女低还是有着明显体现。同时,家境相对殷实的情况下,社会关系范围相对较大,配偶的选择范围也大。同样是假设 2.1 得到数据的证明,而假设 2.2 得到部分数据的证明。

3. 个人特质对通婚范围的影响

关于控制变量对 F 村男性村民通婚范围的影响,受教育情况、婚前职业和婚前收入都对 F 村男性村民的通婚范围没有显著影响。而结婚年代对通婚范围扩大有统计显著性($p < 0.001$),具体来讲,1990 年代、2000 年代和 2010 年代结婚的 F 村男性的通婚范围大于 1970 年代及以前结婚的 F 村男性。也就是说,随着时代的向前发展,F 村男性村民的通婚范围呈扩大趋势。同时,结婚时的年龄对通婚范围具有统计显著性($p < 0.001$),具体来讲,男性村民结婚年龄越晚,通婚范围越大。以上结果与通婚范围为二分变量的情况相一致。

与前人结论存在较大差异的是,受教育情况、婚前职业、婚前收入并未对村庄通婚范围呈现显著影响。究其原因,可以从村庄发展水平角度进行解释。人口社会学认为,人口流动存在"趋利"的一般特点。因此,人口会自然向优势地域集中流动。在村庄发展初期,受教育程度较高、收入较高、从事非农产业的村民在婚姻对象选择时有着相对优势和能力,选择范围较大,相反,不具备这些条件的村民很难吸引外来媳妇。总的来看,目前F村的发展水平和建设情况良好,吸引了较多外来人口到此处打工,客观上扩大了整个村庄的通婚范围。

三、因变量为夫妻双方婚前老家距离

为了进一步验证打工变量和结婚变量对F村男性村民通婚范围的影响,本研究在此前将通婚范围设为定类、定序变量的基础上,将通婚范围这一因变量设置为定比变量(妻子老家所在村庄距F村的地理距离),运用OLS方法建立模型。在控制变量(受教育程度、结婚年代、结婚时年龄、婚前收入、婚前职业)基础上,分别检验了外出打工和结婚变量等自变量对F村男性村民通婚范围的影响。结果如下所示:

表 4-22　影响夫妻双方婚前老家距离的 OLS 回归分析模型

	非标准化系数		标准系数	t	显著性
	B	标准错误	贝塔		
(常量)	−6.555	350.777		−0.019	0.985
受教育程度	−4.743	15.867	−0.039	−0.299	0.766
结婚年代[A]					
80年代结婚	61.811	173.520	0.074	0.356	0.723
90年代结婚	200.061	186.712	0.190	1.071	0.288
00年代结婚	71.231	194.093	0.093	0.367	0.715
10年代结婚	115.529	223.049	0.141	0.518	0.606
结婚时年龄	3.135	11.111	0.041	0.282	0.779

（续表）

	非标准化系数		标准系数	t	显著性
	B	标准错误	贝塔		
您婚前的平均收入	−1.434	39.498	−0.006	−0.036	0.971
婚前职业B					
第二产业从业	−4.501	85.910	−0.006	−0.052	0.958
与配偶认识方式C					
熟人介绍	−91.157	116.915	−0.105	−0.780	0.438
工作学习中认识	−40.429	115.867	−0.046	−0.349	0.728
休闲娱乐认识	−108.501	189.569	−0.079	−0.572	0.569
婚前经济状况D					
女方条件好	343.932	124.808	0.327	2.756	0.007
男方条件好	45.975	129.215	0.047	0.356	0.723
是否外出打工	36.308	115.787	0.040	0.314	0.755
外出打工时长	−8.929	13.292	−0.098	−0.672	0.504

A 为参照组：70 年代及以前；B 为参照组：第一产业从业人员；C 为参照组：亲属媒人介绍；D 为参照组：双方一样。

1. 外出打工变量对通婚范围的影响

在打工变量中，只有外出打工持续时间对 F 村男性的通婚范围有影响。具体来讲，外出打工时间越长，F 村男性村民的通婚范围越大，正是长时间的打工经历使得这类村民有着与远距离媳妇缔结婚姻的可能。而是否外出打工对 F 村男性村民的通婚范围没有显著影响，这个结果与前文将通婚范围设为定类、定序变量的情况相一致，同样表现出与前人研究结论存在一定差异。同样是假设 3.1 没有得到数据的证明；相反，假设 3.2 得到数据的支持。

2. 结婚变量对通婚范围的影响

在结婚变量中，与配偶结识方式和婚前双方家庭条件对 F 村男性通婚范围有显著影响。具体来看，与亲属媒人介绍结识的情况相比，工作学习中结识配偶的情况下，有着较大的通婚范围，这个结果与通婚范围为定类、定序变量的情况相一致。同时，与夫妻双方家境不相上下的情况相比,外来媳妇家庭好于 F 村男性村民时,有着较大的通婚范围。虽然婚姻匹配一直以来是婚姻缔结的主线,但是现代社会的匹配要素具有多样化和复杂性,个人素质、能力、容貌、情感也加入到匹配的砝码中,而近距离通婚还是以家境为主要依据。同样是假设 2.1 得到数据的证明,而假设 2.2 得到部分数据的证明。

3. 控制变量对通婚范围的影响

在控制变量中,结婚年代对通婚范围有显著影响,具体来讲,1990 年代、2000 年代和 2010 年代结婚的 F 村男性村民的通婚范围大于 1970 年代及以前结婚的 F 村男性村民。由此可见,随着中国农村社会的发展进步,F 村男性村民的通婚范围呈扩大趋势。而村民受教育情况、婚前职业、婚前收入并未对 F 村男性村民的通婚范围产生显著影响。这一结果与通婚范围为定类、定序变量的情况相一致。

四、多元方差分析

(一)个人层面变量对通婚距离的影响

表 4-23　个人层面变量对通婚距离影响分析

源	Ⅲ类平方和	自由度	均方	F	显著性
校正的模型	3 564 357.760[a]	50	71 287.155	0.563	0.989
截距	60 073.948	1	60 073.948	0.474	0.492
受教育程度	303 032.556	6	50 505.426	0.399	0.879
结婚年代	109 748.893	4	27 437.223	0.217	0.929
婚前职业	63 870.396	2	31 935.198	0.252	0.777
受教育程度 * 结婚年代	539 966.554	11	49 087.869	0.388	0.959
受教育程度 * 婚前职业	359 878.319	6	59 979.720	0.474	0.827
结婚年代 * 婚前职业	874 266.241	8	109 283.280	0.863	0.549
受教育程度 * 结婚年代 * 婚前职业	337 441.589	10	33 744.159	0.266	0.987
错误	17 474 933.382	138	126 629.952		
总计	22 632 370.000	189			
校正后的总变异	21 039 291.143	188			

a. R 平方＝.169(调整后的 R 平方＝－.132)

为了详细考察各控制变量对 F 村村民通婚范围的影响，本研究对影响通婚范围的控制变量（受教育程度、结婚年代、婚前职业）进行了单独考察，并在此基础上设置了受教育程度 * 结婚年代、受教育程度 * 婚前职业、结婚年代 * 婚前职业、受教育程度 * 结婚年代 * 婚前职业四个交叉自变量，一并放入模型。如以上模型所示，控制变量中，只有结婚年代对 F 村男性村民通婚距离有显著影响，其他几个独立自变量和交叉自变量并不对 F 村男性村民的通婚范围发生作用。总的来看，个人因素对村庄通婚范围的影响极其有限，而不同时代的村庄婚姻圈有着明显差异。可见，通婚范围的变化并不是个体选择的结果，而是社会发展的必然。

（二）结婚择偶层面变量对通婚距离的影响

表 4-24　结婚层面变量对通婚距离影响分析

	Ⅲ类平方和	自由度	均方	F	显著性
校正的模型	1 980 916.599[a]	10	198 091.660	1.850	0.055
截距	617 658.241	1	617 658.241	5.769	0.017
认识配偶方式	847 954.151	3	282 651.384	2.640	0.051
婚前家庭条件	3 223.911	2	1 611.956	0.015	0.985
认识配偶方式 * 婚前家庭条件	232 941.456	5	46 588.291	0.435	0.824
错误	19 058 374.544	178	107 069.520		
总计	22 632 370.000	189			
校正后的总变异	21 039 291.143	188			

a. R 平方＝.094（调整后的 R 平方＝.043）

为了详细考察结婚变量对 F 村村民通婚范围的影响，本研究对影响通婚范围的结婚变量（认识配偶方式、婚前家庭条件）进行了单独考察，并在此基础上设置了"认识配偶方式 * 婚前家庭条件"这一交叉自变量，将三者共同放入模型。如以上模型所示，结婚变量中，仅有结识配偶方式对 F 村男性村民的通婚范围有显著影响。可见，在怎样的社会关系范围内选择配偶，对通婚范围有着显著影响，传统媒人、亲戚介绍的方式，对于通婚范围的扩大起到了限制作用，而上学中认识、工作中熟人介绍，是弱关系的纽带作用下，形成了新的强关系，弱关系极大的密切了社会群体之间的联接，有效扩大了村庄的婚姻圈。由此可见，假设 2.1 得到数据的证明。

（三）打工层面变量对通婚距离的影响

表 4-25   打工层面变量对通婚距离影响分析

	Ⅲ类平方和	自由度	均方	F	显著性
校正的模型	17 788.855ᵃ	2	8 894.427	0.069	0.934
截距	722 501.880	1	722 501.880	5.585	0.020
waichuganhuo	0.000	0	.	.	.
A13DD	17 788.855	2	8 894.427	0.069	0.934
waichuganhuo * A13DD	0.000	0	.	.	.
错误	10 607 898.157	82	129 364.612		
总计	11 530 132.000	85			
校正后的总变异	10 625 687.012	84			

a. R 平方 ＝.002(调整后的 R 平方 ＝－.023)

为了详细考察打工变量对 F 村村民通婚范围的影响，本研究对影响通婚范围的打工变量（是否外出打工、打工持续时间）进行了单独考察，并在此基础上设置了"是否外出打工 * 打工持续时间"这一交叉自变量，将三者共同放入模型。如以上模型所示，打工变量中，仅有打工时间通婚范围有显著影响。同样是假设 3.1 没有得到数据的证明；相反，假设 3.2 得到数据的支持。现代村庄，外出打工已经是一个普遍化的现象，F 村的绝大多数年轻人，都从事着非农产业，并有过外出打工经历。然而，夫妻这种强关系需要较长时间的互动才有可能形成。因此，是否外出打工，对 F 村男性村民的通婚范围并没有显著影响，但是打工持续时间越长，与打工地的社会关系联系就越紧密，就越可能形成亲密关系，从而扩大了通婚范围。

第五节　模型统计结果再讨论

通过上述统计模型的分析,可以看出,结婚变量是影响 F 村男性通婚范围的主要原因。除了彩礼变量外,其他结婚变量都对通婚范围有显著影响。但是教育程度、收入和职业等个人因素,在以往的研究中通常显示是影响婚姻圈的重要因素。首先,前人研究成果中,大多认可教育的重要意义,因为教育不仅影响了个人行为的自主性,而且在很大程度上决定了个人的收入和职业。但在本研究中,教育变量却不起作用。其次,一向被学者公认对婚姻圈具有重要影响的变量——外出打工变量在本研究中也没有呈现出对男性通婚范围的显著影响。最后,收入在前人研究中认为是体现主体个人素质和择偶能力的重要指标,但是在本研究中,以上变量却没有现实地对通婚范围产生影响。依照前文的描述,F 村有 44.4% 男性婚前有在鹿泉区以外打工的经历,占总人数的近半数,这一比重并不低,但是外出务工却没有带来他们通婚范围的扩大。那么,这些外出打工的 F 村男性,他们在选择配偶时,会依据什么样的标准,又受到哪些因素影响呢? F 村男性在择偶方面,有哪些因素限制他们的择偶范围,又有哪些力量使得他们寻找到远距离的配偶呢? 带着与前人研究结论不一致的疑问,也为了细致说明 F 村男性通婚范围的影响因素,笔者对 F 村几个典型男性关于当初选择结婚对象方面的问题进行了深度访谈。

一、找结婚对象时间效应影响

个案一:河北省内通婚

丈夫:WSJ,F 村人,1985 年生;妻子:WRL,邢台宁晋县人,1987 年出生。夫妻俩在 F 村共同经营一家私人诊所,丈夫同时在村民委员会工作。

两人的结识。当初两人都是石家庄医学院的学生,同班同学兼同桌,但是他们两个从恋爱到结婚还是颇费一番周折。"我和他(WSJ)是大学同学,当初(结婚前)我家条件比他家好很多,直到结婚时,我父母都在反对(我和他结婚)"看起来身材娇小,衣装得体,显露时尚气质的女性,她就是 WRL,在 F 村,样貌装扮算是出众。与婚姻缔结的一般情况有所不同,样貌相当的前提下,家庭条件"女高男低"的婚姻匹配模式较少出现,可见同学经历在 WSJ 和 WRL 两人婚姻中的意义十分重要。教育事业的繁荣,对社会流动起到的促进效应,从而使得不同地域和文化系统中的个体获得了接触和建立深厚情感的机会。

双方家庭经济境况的比较。WRL 家里是中医世家,在邢台宁晋县城里有一个中医诊所。WSJ 家里早年在石家庄南三条批发市场做买卖,后来由于 WSJ 母亲迷恋上赌博,把家里前些年赚的钱都败坏掉了,使得 WSJ 家里条件一落千丈。两人结婚时,WSJ 家还是土坯房。家庭境况的迥异,使得两人的婚路历程颇为艰辛。"当初我家里是不同意这门婚事的,主要是因为 WSJ 家里条件差,但我一门心思地跟着 WSJ 好,为此(WRL)家里还是以经济不支持为手段希望以此断了他们的关系。但是这些并没有吓到我。"(WRL 语)他们 2008 年从石家庄医学院毕业后,WRL 在石家庄社区医院工作,虽然包吃包住但是一个月工资才 400,即使这样少的收入,也支持 WSJ 在石家庄二院没有工资的实习,为以后自己开诊所做技术准备。后来两个人为结婚需要攒钱,就去饭店做服务员、也去医药公司推销药品,两个人收入会在 2 000 元左右。结婚的一切花费,大到请客白酒,小到一烟一糖都是他们自己赚的。

在家境相差比较悬殊的情况下,为什么 WRL 会违背父母毅然决然嫁给 WSJ,并离开父母嫁到村这边来? 通过访谈,可以归结为两个方面的原因。一方面缘于 WRL 的成长经历。刚出生就被送到外蒙古国,WRL 的成长可谓曲折艰辛,早年送养的经历使她认为自己是"被抛弃的"，比同龄人更早具有了很强的独立意识，由此产生了与父母无法填补的隔阂。虽然此后，家里把唯一的上学机会给了她而不是她姐姐，但是母亲和姐姐由此却形成了 WRL 欠她们的观念。甚至，她在大学期间取得的对于她来讲人生中最重要的一个职业资格证（助理医师证）被父母"送人情"给了别人，WRL 流着眼泪提起这件事。WRL 还提到她的姐姐由于长得好看，嫁给了富二代，因此"父母、姐姐瞧不起她"，这都加剧了她与长辈关系的紧张。分析可以看出，与本家关系的隔阂促成了 WRL 脱离本地，"下嫁"他乡，亲情的疏远促使她在丈夫身上寻求新的依赖。另一方面，缘于 WRL 对 WSJ 个人素养的欣赏。WRL 当初在学校碰见 WSJ，觉得"WSJ 是这个世界对她最好的人，无论他什么样条件都愿意和他在一起"。在交谈过程中，WRL 引以为豪的是丈夫的能力，她的丈夫 WSJ，在这个村里也被称为"有为青年"，在村委会有一份正式工作。同时，夫妻两人在村里中心位置租了处三室一厨的平房，合开了一间小诊所，WSJ 除了每周一天的上班时间和处理村务杂事之余，就回到自家小诊所里打理生意，一年大概有十万左右的收入，其中诊所所收入的 80% 靠男方赚取。这表明，在跨境甚至跨阶层婚姻中，婚姻匹配的法则依然显著，在家庭条件、地域因素等客观条件之外，夫妻双方的个人素质成为了匹配的重要砝码。关于与 WRL 和 WSJ 的婚姻，总的来看，也许是在外求学这一社会流动事件是两者婚姻关系缔结的前提，但婚姻匹配法则仍然在一定程度上发挥着作用。

为什么 WSJ 没有在本村择偶，而是选择了 WRL。在深度访谈中，了解到虽然 WSJ 家里条件并不好，但由于他自己本身比较优秀，村里还是有不少姑娘看上他的。询问他当初为什么没有选择家里附近的女孩子，而选择外面的妻子，他说道："当初在村里头小学、初中时到是有女生喜欢我，但那时岁数小也没有谈恋爱。后来去石家庄上医专就碰见了她（WRL），同桌五年，彼此都是初恋，感情深，也就结婚了,在我眼中她是最好的。"

个案二:石家庄市内通婚

丈夫:ZS,F村人,1987年出生;妻子:LM,石家庄市区人,1987年出生。

两人目前都在石家庄工作。ZS于2007年参加高考,考上河北省重点大学河北大学(在保定),在大学期间找了一个石家庄的女朋友,同校同专业的。毕业后,两人一起回到石家庄工作。男方家里出钱在石家庄买了房子,但只是负了首付,剩下的贷款由夫妻俩负担。ZS基本半个月分别回一次本家和岳父母家,一个周末夫妻俩回到F村看望男方父母,下一个周末夫妻俩回石家庄市内居住的岳父母家居住。"当初我俩在一个学校,家都是石家庄这边的,一起坐火车认识的,一来二去就在一起了。双方家里对他们的结合都没有意见。"(ZS语)

以上两个案例中,F村的男性,都是80后,在同代人和整个村庄中属于学历较高的,都是在学校中认识的自己现在的配偶,而且学校都超出了鹿泉区的范围(一个在石家庄,一个在保定)。从家庭条件来看,两人的家境都不算富裕,与妻子家相比有一定差距,但是最终经济因素没有阻隔两人的婚姻。此外,虽然两人通过求学走出了村庄,但是婚姻对象并不是漫无目的的选择,既没有选择本村镇的对象,也没有选择远距离通婚。从个人素养来看,这两个人在F村都算是优秀的,而附近本村镇中较少与之可以进行匹配的,同时,无论是本省还是本市的同学,都有一定的地域基础,案例一WSJ与WRL两人家庭相隔仅有两小时车程,案例二中ZS与LM两人家都属于石家庄市的,求学的经历、学历的匹配、能力上的匹配、双方家庭距离的适中、性格感情上的日渐浓厚,使得这两对婚姻成为了现实。这两则案例从另一方面证明,个人变量中的教育程度、学历等因素并不是影响通婚范围的显著条件。

个案三:DH 镇内通婚

丈夫:ADT，F 村人，1980 年出生;妻子:WSL，DT 村人(F 村的隔壁村)。

ADT 目前准备创业,他的妻子在 F 村小学当老师。ADT 当初是在石家庄读的三本学校,在学校时有一个女朋友,女朋友是浙江人,毕业后人家回到浙江了,ADT 是家里的唯一的儿子,他不可能跟着去浙江,所以只好与她分手。后来通过亲戚介绍认识了现在妻子,发现妻子居然是自己的初中同学,双方感觉条件差不多,就结婚了,第二年儿子出生,今年(2014 年)都上小学二年级了(在妻子的小学)。

这个案例中,ADT 虽然读了大学,在大学里也交了女朋友,但是后来由于地域的阻隔,两人没有在一起。而最终的结婚对象来自 DH 镇,结识方式是通过传统的亲属介绍找寻的。由此可见,不同生命周期中婚恋对象的选择是存在较大差异的。虽然走出了村庄,有了较高的学历,并有了恋爱对象,但是此时的恋爱关系是否能发展成为夫妻关系,还受诸多因素的影响。在大学校园中恋爱,接触的人多数是来自全国各地的同龄人,此时的恋爱心理还是比较感性的。可是当毕业后选择结婚对象时,理性考虑就多了,外地的女朋友受到原地域的吸引,本地男性又受着家庭和传统伦理的限制,择偶范围就局限在了 F 村附近,并且还得考虑是与他个人条件相匹配。这时的选择范围其实是比恋爱期的范围小了很多。实际上,ADT 在 F 村也是高学历人群,但是他的通婚距离小于前两个案例中的 WSJ 和 ZS,原因是他没有把恋爱时期的对象成功变成结婚对象,如果他当初读书时女朋友最后也是他的结婚对象,那么他的通婚距离将扩大。所以,受教育程度并不会对婚姻圈产生直接影响,是通过影响恋爱圈起的间接作用。

个案四:DH 镇内通婚

丈夫:YW，F 村人,1982 年出生;妻子:TMX，DH 镇小河村人。

"两个人是初中同学,曾在DH镇中学共同读书,后来又一起考到石家庄分别读中专和技校。虽然就读的是不同学校,但是因为之前是同学,平时经常一起上学回家,一来二去就走到一起了。两家条件也差不多,双方父母也都没啥意见。两人也感觉找个家近边的,干什么都比较方便,在一起也有话说,很多事情不需要适应。"

这类婚姻缔结方式具有一定代表性,虽然双方都走出了村庄,学历也不低,都掌握了一定工作技能,但是却不约而同寻找了在DH镇内通婚。这一方面是由于他与妻子此前一直保持着同学这一熟识关系,另一方面他们的择偶观念比较传统,即在结婚时选择配偶尽量满足地域文化一致性的要求。关于夫妻俩的结识方式,一般来看,高学历人群与配偶结识方式多发生在学习或共同活动中,但是本案例中的夫妻俩,他们在选择配偶时,却找了一个既熟识又相距不远的对象。由此可见,传统婚姻匹配中的同乡观念对通婚范围有着重要影响,同乡观念,代表了人们对不同地理距离所形成的个人观念,促使人们对自己的乡亲一种本能的亲密和信任的感觉。这种观念对村庄通婚圈的影响主要表现在选择配偶时优先考虑结婚对象是相近地方的人。用老人们的俗语说就是媳妇还是老家的好,出于养老和适应方面的考虑,就近择偶可以说是被相当多的人信奉且切合实际的选择。

个案五:村内婚

丈夫:GLF,F村人,1985年出生;妻子:LYY,F村人,1988年出生。

"我是初中毕业后去在鹿泉区和石家庄市打工,后来为了多赚钱就一直跑运输。打工的时候,没什么机会认识其他人,再加上我不太爱说话,也不会主动认识人,一直也没有谈(对象)。而且我这工作变动很大,谈(对象)也不方便,就算谈了能不能在一起还很难说。后来经同学介绍的现在的老婆,当初一听说名字就知道是谁了,跟我都是同一个小学、初中,知根知底的,没多想就同意了。"

在此前的统计模型中,可以看出,外出打工变量对 F 村男性通婚范围并没有显著影响。由上述案例可以对此进行这样的解释,外出打工变量与受教育程度变量相似,对婚姻圈影响并不起直接作用,而是需要其他条件,如果婚前外出打工的 F 村男性村民在打工时期谈恋爱并且结婚,那么打工变量就会对其婚姻圈扩大产生影响。但是如果打工的时候没有遇到合适的结婚对象,或受工作特征或个人性格原因影响,在结婚时选择配偶时,加上要面临养老、婚后居住地的考虑,通常会选择离家附近的,一是熟悉,知根知底,婚后风险小,二是方便照顾父母和家人。同时家人一般也认为找个远距离媳妇会有很多问题。出于多种因素的理性思考,即使婚前有过外出打工经历的人,其通婚范围未必表现为扩大。

个案六:省内通婚

丈夫:LQ, F 村人,1981 年出生;妻子:GY, 1985 年出生,河北省保定人。

"我妻子老家是保定的,我妹妹和她是在石家庄夜大的同学,后来经过妹妹介绍认识她的。谈了两年多恋爱才结婚的,我现在没有上班(没有正式工作),就在桥头劳务市场打工,她只是在家里带孩子。"(LQ 语)

"我家有个姐姐,有个哥哥,都在保定。父母不愿意我嫁得这么远。保定和这边还是有差异,很多名称和叫法都不一样,没有办法勤问着点呗。刚嫁过来时在超市干过一段时间。生孩子之后才不干……我姐嫁在(老家)本村,哥哥也在本地……丈夫的妹妹嫁到市区,与这边车程半个小时,有时间就回来了,生了孩子是那边婆婆管,跟婆婆住在一起,这边普遍都是婆婆管。我俩平时不交婆婆钱,丈夫赚钱不交给我。家里大事小情都是丈夫和公公做主……我家条件比老公家好一点。"(GY 语)

案例六中的省内通婚也具有一定的特殊性,对于 LQ 来讲,是由直系亲属介绍,对于 GY 来讲,是靠熟人介绍,均属于传统结识方式。两人老家相距不算近,家庭条件是女高男低,女方家长持反对态度,而且还存在地域文化差异。但是这些阻碍因素都没有真实发挥对这段婚姻的作用。可见,通婚范围并不受很多习以为常因素的影响,而是与择偶时期的选择范围密切相关。虽然老家相距较远,但处于婚龄时期的 LQ 和 GY,在同一社会领域和社会关系范畴中有了交集(男方的妹妹),最终成就了这对省内通婚。

从以上分析得知,受教育程度和外出打工都不是影响婚姻圈扩大的直接原因。他们对婚姻圈扩大产生影响,需要一定条件,即找结婚对象的地点发生在校园或打工地点,并且最后真的结婚了。如果不是在校园或者打工地点找对象,而回到 F 村找,那影响婚姻圈扩大的主要因素就不是受教育程度和外出打工。而此时,F 村男性村民想要找对象,肯定是在 F 村或者 F 村子临近的村子里找结婚对象。因此,这里部分证实了假设 1,如果村庄的年轻人在当地找对象,那么村庄的婚姻圈可能与市场圈重合。但是,即使在 F 村的男性村民在 F 村子时找结婚对象,也有很多人选择与婚前老家是外地的女子结婚,这又是出于怎样的原因,什么因素在起着作用和影响。

二、非农化作用——当地吸引外来人口的能力

根据婚姻市场理论,找对象都在一定地域范围内去找寻,当人们回到 F 村里找对象,那找寻对象的地域范围就发生在 F 村以及 F 村临近的村。此时,婚姻圈的远近与 F 村中人口异质性有很大关系,即 F 村可以吸引多少外来人员直接影响 F 村婚姻圈扩大与否。而 F 村是否可以吸引外来人员,其中很重要的因素,是 F 村非农化的水平。村庄可以是否有一些非农化设施,比如工厂、服务设施等,这样才能吸引外来人员就业。下面对 F 村子的经济发展情况作一下介绍。

（一）F 村经济发展情况介绍

1. 基本经济生产方式

F 村的主要农作物是麦子和玉米。由于 F 村民人均耕地面积（俗称口粮地）不到 1 亩。在这边地里多数种植小麦与玉米，除了自己家里吃的，一年种植粮食收入约为每亩地 1 600 元。由于农业机械化的普及，极大地解放了农业生产力，使得村民们在土地耕作的时间大大减少。空闲出的时间又不想白白浪费，此外由于地理距离石家庄近，城市对于农村的经济拉动力十分强，使得他们易于在城市谋求一份工作。所以，对于村民来说选择小农生产加外出打工的生计模式生活，这是一种理性利益最大化的选择。当地也认同"温饱靠土地，小康靠打工"这一理念。为了减少收入波动性，如果一些劳动力能够外出打工，实行劳动力转移，不仅在家务农的劳动力可使农业收入变化不大，而且打工者可获得较稳定且高于在家务农时的收入。

村庄里年长的一辈（年龄以 40 周岁作为区分，年龄在 40 周岁以上为年长一代，40 周岁以下的为年轻一代）由于年龄、学历、技术等方面的限制，只能去劳务市场做零工、散工，其中一个重要的原因是时间灵活，因为他们一般还要负责家里口粮地的种植，在农忙时节，他们就在家里收麦子、玉米或者是干浇地、喷农药的活，这样的活不会持续几天，所以其余不用干农活的时候，就可以出来到劳务市场打工。

村里的年轻一代没有口粮地种植的负担，他们多数从事的职业不会选择在劳务市场的体力工资，他们一般会选择服装厂、药厂、锅炉厂或者当地宾馆等地方。他们在选择的工作时，更看重工作稳定有保障、环境卫生条件的等因素，即使工资收入没有在劳务市场打工多，他们也不愿意从事劳务市场的工作。所以非农职业选择上存在代际差异。

F 村共有四个合作社。一个是养殖合作社，主要是养猪；第二个是种葡萄的合作社，叫做"宜丰"合作社；第三个是养鱼的合作社，这个合作社现在已经停止运转了；第四个是土地托管专业合作社，作用不大，也没有什么流转地可以管理。

2. 村庄其他产业

F村现有大小商铺5家，饭店4家，修车点2个，油坊1个，个体卫生所3家，蛋糕店1家，申通快递1家，洗浴1家。通过走访，了解到村庄中这些店铺大多是从20世纪90年代中期开始兴起的，这与中国城市化进程是同步的。城市市场经济的优胜劣汰效应在村庄发挥着相同的效力，这些店铺的经营极不稳定，随着经营效益的好坏，经常有店铺的倒闭或更迭。

在村庄中，除了固定店铺为居民提供特定需求品之外，还有零星几个室外货品销售摊位，一般在村委会附近、交叉路口或村庄人流相对较多的中心地带，主要经营衣物鞋袜、蔬菜水果、简单小吃，但是这些摊位并不是全天营业，随着光顾人数的变化或现或隐，一般在早晨七点左右出摊，晚饭前撤摊，其中正午到下午三点的时间，天气炎热，人们多数睡午觉的时候，蔬菜水果小吃摊位会撤离，待人流多的时候再重新布摊。

F村有若干家废品收购站，回收附近农户生产生活的废弃物品，并卖给需要的工厂。走访的1家废品收购站，由河南人创办，带着全家来此从事此项行业，并租住村庄房屋，问其原因，是由于河南当地不容易赚钱。值得注意的是从事废品收购服务的都是外地人。经走访分析，由于本地村民都有一定数量土地，或基于传统观念，即使不依靠土地谋生，也怕被家人朋友看不起，宁肯选择开店铺、外出务工等方式，也不愿从事废品收购行业。

关于村庄店铺的运营情况，以饭店为例进行说明。走访中了解到饭店的变动较大，经常出现倒闭情况。对于路边小吃摊，由于反应比较灵活，可以根据人流量和大众口味随时调整，存活能力较强，但是由于村庄地域的消费能力有限,以及同行间竞争,利润较低,摊主收入有限。对于饺子、面条、份餐、烧烤、糕点等专营店,可以满足一部分人群的特定需求,因此也有一定的生存空间。对于普通的小饭店,由于菜品种类较少且缺乏特色,与其他饭店相比没有价格优势,装修布置也十分简单,而且没有抗风险能力,十分容易倒闭。对于一些稍大的饭店,除了接待散客还可以接待较大群体,有的稍大饭店与住宿同体,有接待外来人口的优势,尤其拥有较大场地的饭店,可以承接婚礼、满月酒等酒席,有着较好的发展前景。

在走访中了解到多数家庭很少选择外出吃饭,每个月也就有两次左右会选择到饭店吃饭,多数是家庭或朋友聚会,大多还是因为亲戚或朋友的到来,而且村庄人口本身并不多,使得饭店在村庄的存在和发展较为艰难。同时,村庄的饭店提供饭菜样式比较普通,不过会出现一些新的饭店经营周围没有的饮食,这些饮食大多是店主在城市中学得并且引入,但是这种创新不一定显示出生命力,由于价格和消费人数因素,村庄没有城市中某些饭店满座和排队等候的场景。同时,交通工具的便利使得外出吃饭的人越来越多,有的年轻人本来在村庄工作,但下班后会开车到石家庄市里的饭店或夜市摊位吃饭。总的来说,村庄饭店基本表现为本小利微,发展步履维艰。

关于村庄饭店的发展,如果仅立足本村,那么空间极其有限。F村附近的 SJ 村(缘于唐伯虎赶考曾路过此地,并留有墨宝真迹,故以得名),有一家农家生态园式饭庄,该饭庄占地较大,除了餐饮空间,还有露天菜园、果园采摘园和养殖园。很多蔬菜为自产自销,家禽类也有饲养提供餐饮肉食。依靠农家特色吸引顾客的饭店并不少,但是这家饭庄在餐饮环境上布置较为用心,即在树木草丛小溪的环绕下布置用餐地点,以此吸引顾客。同时,这家饭庄在餐饮用品上很注意对外宣传,且停车场比较宽阔,方便城市人口到这用餐。这家饭庄的经验表明,如果村庄餐饮业要想获得长足的发展,必须立足特色、发挥优势、规模经营、贯通城乡。

此外,F村有两个幼儿园,村里办了一个幼儿园,个人办了一个幼儿园。小一点的小孩主要送到个人幼儿园,等孩子稍微大一点再送到村幼儿园上学。但是,一些家里条件相对较好的年轻村民,会把孩子送到临近市区的幼儿园,在较好的环境下学习成长,接受更好的教育。

3. 村头劳务市场

桥头劳务市场位于F村路口,地处F村与J村的交界处,2007年左右伴随着石家庄地区经济飞速发展而逐渐形成。集聚了F村和临近各村庄谋求零工、散工的求职村民。该劳务市场处交叉路口,地理位置便利,向东石家庄,向南鹿泉,两地的用工单位常在此招人。该劳务市场的存在为F村及附近各村非固定工作人员提供了工作机会,也将他们的足迹带入了鹿泉和石家庄市区,使他们具有接触到其他地区的打工人群。

桥头劳务市场每天早晨5点半开始有人到场,7点半待雇人员开始减少,8点左右就几乎没有人待雇了。高峰期大概有500人,几乎都是自带工具。每个待雇者都骑一台电瓶车,占地范围较大,影响交通;且无公共卫生间,待雇人员多选择随地大小便,影响环境。人员基本来自10里范围内村庄,也有外地租住本地房子人。以40—60岁为主,男性劳力占绝大多数,女性仅有三、四十人左右,男性多为建筑工程、泥瓦匠、装修等体力工作,多为建筑后续清理等边缘性工作。女性待雇者少的原因分析是女性要照顾家庭,或孙辈牵涉精力,体力也不如男性,雇主倾向招男性。男性工资一般每天可达110—120元,技术工工资可达到200,女性80—100元。工作中不签订劳动合同,权益没有得到完善的保障。

劳务市场的工作自由,村民可以农忙时从事农业生产,农闲时散工赚钱。人际关系在工作机会获得中有较大影响,用工单位会联系一个雇工,让他介绍一些人前去务工,有时介绍工作的人会要 10 元左右中介费。总的来讲,这种劳务用工方式,村民受整体经济发展情况影响较大。近一两年石家庄楼市并不景气,很多在建楼盘相继停工,也使得用工需求大幅减少,村民做零工、散工的机会大幅降低,直接影响其家庭收入。

4. 关于 F 附近集市的简介

距离 F 村 3 千米,是 DH 镇唯一的集市,F 村和附近各村居民时常在开集日到此赶集。早期学者在中国村庄婚姻圈研究中,曾提出集市圈与婚姻圈的重合这一观点。在城市化和现代化的影响下,集市本身发生了转变,集市对于临近村庄居民的意义也发生了变,集市对于婚姻圈的影响也必然有所变化。因此,有必要对 F 村与外界互动频繁的这一领域进行介绍。

F 村附近的 DH 镇集市,隶属 DH 镇 DH 村境内(由于 DH 村在 DH 镇的居民人数最多,商铺最多,位置也居于各村中心。当然,集市的存在也确立了 DH 村中心的地位。可以说,集市与 DH 村的发展是互相促进、相得益彰),集市的摊位集中分布在 DH 路、富强大街两旁,每逢农历初二、初七、十二、十七、二十二、二十七开市,是 DH 镇唯一的集市。大河镇内各村庄的部分居民,或步行或骑电车、农用车在这几日赶集,购买所需物品。

关于集市的商品种类。早期集市都是销售自家剩余农产品,或者手工制品。现在集市中的绝大多数商品是从市区批发市场进货,很少由农户自家出产,因此所包含的商品种类十分丰富,具体包括,蔬菜、水果、土产日杂、衣服、鞋、床单、被罩、背包、儿童玩具、各类熟食、饼摊、蛋糕、零食、冰淇淋、微型家电。这些商品使得集市看起来像一个露天的大型超市,可以满足村庄居民的几乎所有需求。通过比对,发现集市各种商品的价格与平时价格相同,只是蔬菜水果比商店超市中略微新鲜。

集市与集市路边的各类商铺交相辉映，照相馆，童车城，移动联通电信，宽带上网，银行信贷，眼镜店，药房，五金店，日用百货，打字复印店，灯饰城，烟酒商店，家具家居，服装，饰品店，电瓶车销售修理，空调电器，美发屋，超市，投资咨询公司，洗车行，文化办公用品店，小旅馆，小饭店，这些店铺整日开店，与集市相得益彰。此外，集市附近还有驾校，牙科医院，机车配件，机车修理，电瓶车店，电动机、水泵修炼厂，物流公司，各类农业合作社，农业银行，大河镇中学（初中三个年级），鹿泉市第五医院，工商局。这些商铺在平时也吸引了F村及附近各村庄居民的到来。

DH镇集市与传统农村集市的一个明显不同，就是不存在家禽牲畜鸡蛋鱼肉买卖。对于其中原因可以进行这样的分析，村庄走访观察中发现附近农户极少饲养鸡鸭鹅猪羊等家禽家畜，后了解到20世纪90年代中期开始，农户普遍感到饲养禽畜味道较大，而且人口增多使得家户之间相隔很近，禽畜味道容易互相影响，为了整体的居住环境，村民个体饲养禽畜现象逐渐消失。而有专门的养殖户从事禽畜饲养，满足村民的这一类需求。同时，考虑到如果从集市外运送贩卖禽畜肉蛋，则不便捷，且与周边商铺冲突且无价格优势。从蔬菜瓜果类农产品来看，有人总结为"产的不卖，卖的不产"，集市表现出了与城市一样的商品流通和买卖方式。从服装鞋帽类来看，档次普通，样式较少，多为普通地摊货，缺乏品牌。因此，很多年轻人会利用闲暇时间到市内商场购买较精致的品牌类服装及其他生活用品。

关于集市销售人员。卖服装鞋帽的部分是女性年轻人，其他项目经营者年龄较大，无性别区分。由于年轻一代村民不会依靠种植业收入，更多选择打工赚钱，而村庄附近工厂的吸纳能力极其有限，部分女性为了照顾家庭孩子，选择了在集市及周围商铺工作。集市和附近店铺的商家收入并不高，大约每月纯收入2 000余元，低于外出劳务打工的收入。关于赶集村民。买东西群众包含各种年龄，但是会有时间差别,如果集市在工作日开放,则傍晚是工作人群购买高峰,如果距离较远,会骑电动车,集市很少有带小孩。附近居民并没有一次性购买很多货品,仅是购买两三样平时急需的商品。由此可见,集市对于当代村庄的意义,不仅是与附近村庄互动的领域,同时也是部分村民谋生的领域。不过集市已不能满足更多村民尤其是年轻一代村民的需求,表现为村民活动领域的进一步扩大。

由以上对于 F 村经济发展可以看出,无论是 F 村本身,还是 F 村所属的 DH 镇,经济发展速度较快,创造的就业岗位较多,吸引外来人口能力较强。而 F 村的村民由于非农化的影响,也不再是传统意义上农民,他们从事的职业不再是务农,而是全年以打工获取收入。所以,F 村的村民不论是思想观念、价值取向,还是生活态度等都发生了比较明显的变化。这些也直接影响到 F 村民几十年间在婚姻圈的变化。在改革开放以前,F 村经济没有像现在这样,几乎没有外来人口,F 村的婚姻圈非常狭小,集中在本村和邻近的几个村子里。但是改革开放以后,经济发展起来了,吸引外来劳动者能力增强,F 村新进了很多外来人口,这些外来人口大大地增加 F 村男性村民通婚范围的增大。

案例:省外婚

F 村有一个锅炉厂、医疗器械厂。石家庄市昌鑫锅炉厂于 2002 年 5 月 20 日在河北石家庄 DH 镇 F 村南,主要生产销售小型常压热水锅炉加工、销售。这是一个面向全国招聘的工厂,自然吸引了外来人员的进入打工,锅炉厂虽然每天有班车接送往返石家庄,但也有工人嫌麻烦直接在 F 村里租村民房子住。这样外来的人员工作定在 F 村,找对象时候自然会选择 F 村的人。一个河南濮阳的女性,1982 年的,锅炉厂刚建厂那会就来厂里打工,工作时认识同厂 F 村的人,两个人就结婚了。结婚之后,两个人从工厂辞职,在村里经营小卖店,现在已经干成小超市。后来她又把自己妹妹介绍过来 F 村打工,也嫁入附近村子。

案例：省外婚

女方是 F 村人，1972 年出生，男方是黑龙江省肇东市下面的农村的，当初男方哥哥先来到 DH 镇上食品厂打工，后来又叫弟弟过来这边打工，因为这边确实比东北老家能赚钱，男的就想留在这边（定居），后来经人介绍认识了 F 村的女方，他们结婚之后和女方父母住在一起，因为女方还有一个哥哥，所以以当地习俗来讲他不算是严格意义倒插门女方的家里（后文有解释）。

从上面案例可以看出，村庄整体吸引外来人员能力是影响婚姻圈扩大的原因之一。F 村的男性婚姻圈之所以扩大，是因为 F 村吸引外来人员的能力增强，进而使得村里外来人员增多，致使 F 村人选择配偶时不仅可以选择村里面的人，也可以选择外面来的人。前面的分析得知，F 村男性婚前是否外出与其通婚范围扩大没有影响。那就是说，男子有可能在外出打工时没有找结婚对象，而是回到 F 村后找的结婚对象，或者是结婚之后才出去打工。笔者为了控制这一现象，在问卷中设计外出打工的问题是婚前是否外出打工，把时间限定在婚前了。所以，打工变量不显著的只可能是 F 村的男性外出打工时没有寻找结婚对象意愿，或者是有找结婚对象的意愿，但在打工时候找的是村里的或临近村的。但是前文无论是 F 村村民的社会医疗保险（台账）和笔者自己收集的 200 对夫妻显示，F 村男性按出生年代或者结婚年代来分类，婚姻圈都呈现扩大趋势。所以既然 F 村男性外出打工对其通婚范围不产生影响，那么证明 F 村男性找结婚对象的地域是在 F 村，那么就应该从 F 村男性的配偶方面寻找原因，那些 F 村通婚范围扩大的男性的配偶都是从外面来的媳妇，她们与 F 村男性结婚的可能是她们走出自己的家乡来到 F 村附近打工，才有机会认识 F 的男性。这样也就从另一方面解释 F 村婚姻圈扩大的原因。正如刚才案例中提到的那位河南女性，正是因为她离开家乡河南濮阳来到 F 村里面的工厂打工才有机会认识自己丈夫，最后嫁入 F 村。而本身她老家是河南濮阳的，扩大了 F 村的婚姻圈。

（二）外来女性打工与 F 村婚姻圈

笔者通过妻子婚前是否外出与 F 男性通婚范围交叉表来证明妻子婚前外出对婚姻圈扩大的影响。

表 4-26　F 村 189 名已婚男性的妻子是否外出务工与通婚情况交叉表

通婚情况 是否外出打工	镇内婚 人数（比重）	镇外婚 人数（比重）	合计 人数（比重）
外　出	32（39.0%）	50（61.0%）	82（100.0%）
没有外出	79（74.5%）	27（25.5%）	106（100.0%）
缺　失	0（0.0%）	1（100.0%）	1（100.0%）
总　计	111（58.7%）	78（41.3%）	189（100.0%）

Chi-Square＝24.475，P＝0.000＜0.05,亦即 α＝0.05 表明妻子是否外出打工对 F 村男性在婚姻圈分布上有显著性差异。

根据表的双变量分析结果显示,妻子婚前外出打工的镇外婚有 50 人,镇内婚有 32 人,分别占比为 39.0%和 61.0%。镇外婚的比例远远大于镇内婚的比例。而婚前没有外出打工经历的妻子镇内婚的有 79 人,镇外婚有 27 人,分别占比为 74.5%和 25.5%。镇内婚的比例远高于镇外婚的比例。并且双变量交叉分析通婚卡方检验。

表 4-27　F 村 189 名已婚男性村民的妻子婚前是否外出务工与通婚情况交叉表

	跨省 人数 （比重）	省内跨市 人数 （比重）	市内 跨区县 人数 （比重）	区内 跨乡镇 人数 （比重）	镇内跨村 人数 （比重）	同村 人数 （比重）	合计 人数 （比重）
外　出	9 （11.0%）	15 （18.3%）	16 （19.5%）	10 （12.2%）	26 （31.7%）	6 （7.3%）	82 （100%）
没有外出	2 （1.9%）	3 （2.8%）	15 （14.2%）	7 （6.6%）	46 （43.4%）	33 （31.1%）	106 （100%）
缺　失	0 （0.0%）	0 （0.0%）	1 （100.0%）	0 （0.0%）	0 （0.0%）	0 （0.0%）	1 （100.0%）
总　计	11 （5.8%）	18 （9.5%）	32 （16.9%）	17 （9.0%）	72 （38.1%）	39 （20.6%）	189 （100%）

Chi-Square＝39.859，P＝0.000＜0.05,亦即 α＝0.05 表明妻子婚前是否外出打工的对 F 男性在婚姻圈分布上有显著性差异。

　　根据表的双变量分析结果显示,婚前外出打工的妻子村内婚的比例仅为 7.3％、镇内村的比例也只是 31.7％,而区内婚、市内婚、省内婚和外省婚比例相加超过 60％。而婚前没有外出打工的妻子村内婚和镇内婚比例达到 74.5％,区内婚、市内婚、省内婚和外省婚分别占比 6.6％、14.2％、2.8％和 1.9％。这样的结果说明妻子婚前外出打工对 F 村男性通婚范围有显著影响。

表 4-28　F 村 85 名已婚男性村民的妻子外出打工地点与通婚情况交叉表

通婚情况 外出打工地点	镇内婚 人数(比重)	镇外婚 人数(比重)	合计 人数(比重)
鹿泉区内	8(34.8％)	15(65.2％)	23(100.0％)
鹿泉区外	103(62.0％)	63(38.0％)	166(100.0％)
总　　计	111(58.7％)	78(41.3％)	85(100.0％)

　　Chi-Square＝6.196,P＝0.013＜0.05,亦即 α＝0.05 表明妻子是否外出打工的男性在婚姻圈分布上有显著性差异。

　　笔者又进一步分析妻子外出打工地点为鹿泉区内时,对 F 婚姻圈的影响,根据表的双变量分析结果显示,将 F 村 189 名男子的妻子婚前外出打工地点分为鹿泉区内和其他地方两类。其中,在鹿泉区内打工的妻子镇外婚比重为 65.2％明显高于镇内婚比重 34.8％,相反,不在鹿泉区内打工的妻子的镇内婚比重为 62.0％远高于镇外婚比重 38.0％。从这个结果可以证明外来女性来到鹿泉区内打工时有助于 F 村婚姻圈的扩大。

表 4-29　F 村 85 名已婚男性村民的妻子婚前打工地点与通婚情况交叉表

	跨省 人数 (比重)	省内跨市 人数 (比重)	市内跨区 人数 (比重)	区内跨镇 人数 (比重)	镇内跨村 人数 (比重)	村内 人数 (比重)	合计 人数 (比重)
鹿泉区内	3 (13.0％)	4 (17.4％)	1 (4.3％)	7 (30.4％)	7 (30.4％)	1 (4.3％)	23 (100.0％)
鹿泉区外	8 (4.8％)	14 (8.4％)	31 (18.7％)	10 (6.0％)	65 (39.2％)	38 (22.9％)	166 (100.0％)
总　　计	11 (5.8％)	18 (9.5％)	32 (16.9％)	17 (9.0％)	72 (38.1％)	39 (20.6％)	189 (100.0％)

　　Chi-Square＝2.067,P＝0.000＜0.05,亦即 α＝0.05 表明是否外出打工的男性在婚姻圈分布上有显著性差异。

笔者又进一步分析妻子外出打工地点为鹿泉区内时，对 F 村婚姻圈的影响，根据表的双变量分析结果显示，将 F 村 189 名男子的妻子婚前外出打工地点分为鹿泉区内和其他地方两类。其中，在鹿泉区内打工的妻子村内婚、镇内婚、区内婚、市内婚、省内婚和外省婚比重分别为鹿泉区内 4.3％、30.4％、30.4％、4.3％、17.4％和 13.0％。这同样进一步证明外来女性来到鹿泉区内打工时有助于 F 村婚姻圈的扩大。

以上数据分析说明，外来妻子是否来到鹿泉区内打工与 F 村男性村民的通婚范围有大的关系。这也证实了 F 村以及 F 村附近地区吸引外来人口的能力较强，正是由于这里吸引外来人口能力，就会有很多外地女子来到这里，客观上增加本地男性村民通婚范围的变大。但是笔者又提出一个问题，那就是什么因素导致 F 村的人愿意选择外来的媳妇，而不选择本地媳妇呢？究竟是什么因素起着作用呢？

三、同类婚的影响作用分析

前文中婚姻交换理论提到，婚姻交换理论将婚姻的缔结视为一种等价交换，强调个人特征和资源同自身择偶偏好之间的匹配关系，认为在婚姻市场上，人们的择偶遵循着等价交换的原则，婚姻的形成对双方当事人而言是一种公平的交换，夫妻双方评估个人自身特征和资源，并审视潜在配偶的资源和特征，最终达成关于双方带进婚姻的资源和特征的价格的协议，并力图在这场交易中实现自身利益的最大化（Edwards，1969；South，1991）。这些交换的资源既包括物质资源，也包括感情、兴趣、性格、相貌等非物质因素。这里主要从年龄、受教育程度、职业和收入的角度分析夫妻双方个人条件上是否是同类婚。

表 4-30　夫妻年龄比较与通婚范围交叉表

	跨省	省内跨市	市内跨区	区内跨镇	镇内跨村	村内	合计
	人数 (比重)	人数 (比重)	人数 (比重)	人数 (比重)	人数 (比重)	人数 (比重)	人数 (比重)
妻比夫大	2 (4.9%)	1 (2.4%)	8 (19.5%)	4 (9.8%)	13 (31.7%)	13 (31.7%)	41 (100.0%)
同岁	3 (6.3%)	5 (10.4%)	5 (10.4%)	2 (4.2%)	21 (43.8%)	12 (25.0%)	48 (100.0%)
夫比妻大1岁	1 (2.3%)	5 (11.4%)	7 (15.9%)	4 (9.1%)	19 (43.2%)	8 (18.2%)	44 (100.0%)
夫比妻大2岁	4 (16.7%)	2 (8.3%)	3 (12.5%)	4 (16.7%)	8 (33.8%)	3 (12.5%)	24 (100.0%)
夫比妻大 3—4岁	0 (0.0%)	4 (21.1%)	4 (21.1%)	3 (15.8%)	6 (31.6%)	2 (10.5%)	19 (100.0%)
夫比妻大5岁	1 (7.7%)	1 (7.7%)	5 (38.5%)	0 (0.0%)	5 (38.5%)	1 (7.7%)	13 (100.0%)
总　　计	11 (5.8%)	18 (9.5%)	32 (16.9%)	17 (9.0%)	72 (38.1%)	39 (20.6%)	189 (100.0%)

Chi-Square＝29.830，P＝0.231＞0.05，亦即 α＝0.05 表明是夫妻年龄差对 F 婚姻圈分布上没有显著性差异。

根据表的双变量分析结果显示,将夫妻年龄差分为丈夫比妻子小、丈夫妻子同龄、丈夫比妻子大 1 岁、丈夫比妻子大 2 岁、丈夫比妻子大 3 至 4 岁和丈夫比妻子大 5 岁。从表中结果显示来看,丈夫比妻子大 3 至 4 岁的夫妻省内婚、市内婚和区内婚比重分别为 21.1%、21.1%和 15.8%,比重大于镇内婚 31.6%和村内婚比重 10.5%。丈夫比妻子大 5 岁的夫妻市内婚的比重(38.5%)最高,其省外婚、省内婚和市内婚比重相加也大于镇内婚和村内婚比重。相反,妻子比丈夫、夫妻同龄、丈夫比妻子大 1 岁和丈夫比妻子大 2 岁的夫妻,镇内婚和村内婚比重相加都接近 60%或超过 60%,其他婚姻圈比重较小。所以,可以证明当丈夫与妻子年龄一样或者相差不多时,婚姻圈范围较小,当丈夫与妻子年龄相差较大时,婚姻圈范围较大。

表 4-31　夫妻教育比较与通婚范围交叉表

	跨省	省内跨市	市内跨区	区内跨镇	镇内跨村	村内	合计
	人数（比重）	人数（比重）	人数（比重）	人数（比重）	人数（比重）	人数（比重）	人数（比重）
妻子比丈夫大三级	0（0.0%）	1（50.0%）	0（0.0%）	1（50.0%）	0（0.0%）	0（0.0%）	2（100.0%）
妻子比丈夫大二级	0（0.0%）	2（10.0%）	5（25.0%）	1（5.0%）	10（50.0%）	2（10.0%）	20（100.0%）
妻子比丈夫大一级	0（0.0%）	2（8.0%）	7（28.0%）	3（12.0%）	8（32.0%）	5（20.0%）	25（100.0%）
夫妻相同	6（6.9%）	9（10.3%）	10（11.5%）	6（6.9%）	33（37.9%）	23（26.4%）	87（100.0%）
丈夫比妻子大一级	3（7.9%）	1（2.6%）	4（10.5%）	5（13.2%）	17（44.7%）	8（21.1%）	38（100.0%）
丈夫比妻子大二级	2（13.3%）	3（20.0%）	6（40.0%）	1（6.7%）	3（20.0%）	0（0.0%）	15（100.0%）
丈夫比妻子大三级	0（0.0%）	0（0.0%）	0（0.0%）	0（0.0%）	1（50.0%）	1（50.0%）	2（100.0%）
总　　计	11（5.8%）	18（9.5%）	32（16.9%）	17（9.0%）	72（38.1%）	39（20.6%）	189（100.0%）

Chi-Square＝38.747，P＝0.131＞0.05，亦即 $\alpha=0.05$ 表明是夫妻教育差对 F 婚姻圈分布上没有显著性差异。

　　根据上表的双变量分析结果显示，将夫妻教育差分为妻子比丈夫大三级、妻子比丈夫大二级、妻子比丈夫大一级、夫妻相同、丈夫比妻子大一级、丈夫比妻子大二级和丈夫比妻子大三级。从表中结果显示来看，当妻子教育程度比丈夫高包括大三级、大二级、大一级三种情况，省外婚、省内婚、市内婚和区内婚的比重都远高于镇内婚与村内婚的比重，可见妻子比丈夫教育程度高时，婚姻圈较大；当夫妻教育程度相同或者丈夫教育程度比妻子大一级的时候，镇内婚和村内婚比重相对较高，也就是说此时婚姻圈较小；而当丈夫教育程度比妻子大二级，没有村内婚，婚姻圈又是呈现扩大趋势；而当丈夫教育程度比妻子大三级时候，只有两对夫妻是这种情况，这两对夫妻一对是村内婚，一对是镇内婚。从这个结果还是可以看出，当丈夫和妻子教育程度差不多，或者丈夫比妻子只高一级的时候，婚姻圈比较小，当妻子教育程度比丈夫高,或者丈夫教育程度比妻子高两级的时候婚姻圈较大。进一步证明,当夫妻教育程度差不多时候,婚姻圈较小,而夫妻双方教育程度相差较大时候,婚姻圈较大。

表 4-32　夫妻婚前职业比较与通婚范围交叉表

	跨省	省内跨市	市内跨区	区内跨镇	镇内跨村	村内	合计
	人数（比重）	人数（比重）	人数（比重）	人数（比重）	人数（比重）	人数（比重）	人数（比重）
妻子比丈夫大二级	0 (0.0%)	1 (25.0%)	2 (50.0%)	0 (0.0%)	1 (25.0%)	0 (0.0%)	4 (100.0%)
妻子比丈夫大一级	2 (6.7%)	4 (13.3%)	5 (16.7%)	4 (13.3%)	13 (43.3%)	2 (6.7%)	30 (100.0%)
夫妻相同	2 (4.3%)	6 (6.4%)	18 (19.1%)	12 (12.8%)	31 (33.0%)	20 (21.3%)	94 (100.0%)
丈夫比妻子大一级	2 (4.3%)	6 (12.8%)	6 (12.8%)	1 (2.1%)	22 (46.8%)	10 (21.3%)	47 (100.0%)
丈夫比妻子大二级	0 (0.0%)	1 (7.1%)	1 (7.1%)	0 (0.0%)	5 (35.7%)	7 (50.0%)	14 (100.0%)
总　　计	11 (5.8%)	18 (9.5%)	32 (16.9%)	17 (9.0%)	72 (38.1%)	39 (20.6%)	189 (100.0%)

Chi-Square＝26.618，P＝0.146＞0.05，亦即 α＝0.05 表明是夫妻婚前职业差对 F 婚姻圈分布上没有显著性差异。

根据上表的双变量分析结果显示,将夫妻婚前职业差分为:妻子比丈夫大二级、妻子比丈夫大一级、夫妻相同、丈夫比妻子大一级和丈夫比妻子大二级。从表中结果显示来看,当妻子的婚前职业比丈夫高时(包括高一级高两级),省外婚、省内婚、市内婚和区内婚的比重之和都大于镇内婚和村内婚的比重之和。而当丈夫和妻子婚前职业一样时,或者丈夫婚前职业比妻子高时(包括高一级和高二级两种情况),省外婚、省内婚、市内婚和区内婚的比重之和都小于镇内婚和村内婚的比重之和。也就是说,妻子的婚前职业比丈夫高时,婚姻圈较大,丈夫与妻子一样或者丈夫的婚前职业比妻子高时,婚姻圈较小。

表 4-33　夫妻婚前收入差与通婚姻范围交叉表

	跨省	省内跨市	市内跨区	区内跨镇	镇内跨村	村内	合计
	人数 （比重）	人数 （比重）	人数 （比重）	人数 （比重）	人数 （比重）	人数 （比重）	人数 （比重）
妻子比丈夫 收入高	0 （0.0%）	1 （50.0%）	0 （0.0%）	1 （50.0%）	0 （0.0%）	0 （0.0%）	2 （100.0%）
夫妻相同	6 （6.9%）	9 （10.3%）	10 （11.5%）	6 （6.9%）	33 （37.9%）	23 （26.4%）	87 （100.0%）
丈夫比妻子 收入高	3 （7.9%）	1 （2.6%）	4 （10.5%）	5 （13.2%）	17 （44.7%）	8 （21.1%）	38 （100.0%）
总　　计	11 （5.8%）	18 （9.5%）	32 （16.9%）	17 （9.0%）	72 （38.1%）	39 （20.6%）	189 （100%）

Chi-Square=26.618，P=0.146>0.05，亦即 α=0.05 表明是夫妻婚前职业差对 F 婚姻圈分布上没有显著性差异。

根据上表的双变量分析结果显示，将夫妻婚前收入差分为妻子比丈夫高、夫妻相同、丈夫比妻子收入高。从表中结果显示来看，当妻子比丈夫收入高的时候，省内婚和区内婚各有一个，夫妻婚前收入相同和丈夫婚前收入比妻子高时，则村内婚和镇内婚比例远高于区内婚、市内婚、省内婚和省外婚的比重。由此可以看出，妻子比丈夫收入高的时候，婚姻圈较大，而夫妻婚前收入相同和丈夫婚前收入比妻子高时，婚姻圈较大。

由此可以看出，当丈夫与妻子年龄一样或者相差不多时，婚姻圈较小，当丈夫与妻子年龄相差较大时，婚姻圈较大；当夫妻教育程度差不多时候，婚姻圈较小，而夫妻双方教育程度相差较多时候，婚姻圈较大；妻子的婚前职业比丈夫高时，婚姻圈较大，丈夫与妻子一样或者丈夫的婚前职业比妻子高时，婚姻圈较小；妻子比丈夫收入高的时候，婚姻圈较大，而夫妻婚前收入相同和丈夫婚前收入比妻子高时，婚姻圈较大。当夫妻双方年龄、受教育程度、职业和收入相同时，通婚范围较小，反之则很大。

第六节　本 章 小 结

本章从结婚择偶、外出打工层面和个人层次等方面讨论对 F 村男性村民通婚范围的影响。数据结果表明,结婚择偶层面变量显著地影响通婚范围,而外出打工变量则对其没有影响。个人层面变量中教育、收入和职业都对个人通婚范围不产生影响。但是结婚时代和结婚年龄却对男性个人通婚范围有影响。

这样的结果和以往的研究有很大的出入。笔者又通过分析找结婚对象的时间点和 F 村吸引外来人口的能力,这说明受教育程度和外出打工都不是影响婚姻圈扩大的直接原因。他们对婚姻圈扩大产生影响,需要一定条件,即找结婚对象的地点发生在校园或打工地点,并且最后真的结婚了。如果不是在校园或者打工地点找对象,而回到 F 村找,那影响婚姻圈扩大的主要因素就不是受教育程度和外出打工。

另一方面说明,F 村是一个非农化发展较快的村庄,经济发展水平较高,创造就业岗位较多,由于人口众多,这里也充满着无限商机,吸引着大量外来人口来到这里就业、谋生。外来人口的到来客观上增加 F 村男性村民通婚范围变大的可能性。但是最终使得本地男性与外地女性的结合还是受到婚姻交换理论的影响。夫妻双方将婚姻的缔结视为一种等价交换,强调个人特征和资源同自身择偶偏好之间的匹配关系,认为在婚姻市场上,人们的择偶遵循着等价交换的原则,婚姻的形成对双方当事人而言是一种公平的交换,夫妻双方评估个人自身特征和资源,并审视潜在配偶的资源和特征,最终达成关于双方带进婚姻的资源和特征的价格的协议,并力图在这场交易中实现自身利益的最大化。当丈夫与妻子年龄一样或者相差不多时,婚姻圈较小,当丈夫与妻子年龄相差较大时,婚姻圈较大;当夫妻教育程度差不多时候,婚姻圈较小,而夫妻双方教育程度相差较多时候,婚姻圈较大;妻子的婚前职业比丈夫高时,婚姻圈较大,丈夫与妻子一样或者丈夫的婚前职业比妻子高时,婚姻圈较小;妻子比丈夫收入高的时候,婚姻圈较大,而夫妻婚前收入相同和丈夫婚前收入比妻子高时,婚姻圈较大。当夫妻双方年龄、受教育程度、职业和收入相同时,通婚范围较小,反之则很大。

所以,本章进一步证实找对象的时间效应会影响婚姻圈的变大,非农化即吸引外来人口的能力,导致村庄的异质性,也会影响到村庄婚姻圈的变大。但是这最终起到决定作用的是婚姻交换理论。

第五章　上门女婿的婚姻圈考察

第一节　上门女婿家庭的整体情况

传统中国农村一直严格维持着父系家族制度,即只有儿子才能在婚后住在家里,延续家族姓氏,照顾老年父母并继承家庭财产。因此,为了保证家族的完整和延续,上门女婿这一现象古已有之。但是,在中国各个历史时期下的家庭、家族和社区中,外来女婿被称为入赘,在家庭中的地位较低,很少得到尊重。实际上,在高生育率时代没有儿子的家庭比例很低,招赘婚姻在中国的历史和现实中都很少见。在 F 村中,历来有招赘婚姻的传统,据 F 村老人的描述,本村很早就有上门女婿的存在了,各家各户也接受这个事情。现在由于计划生育政策带来 F 村中的双女户和三女户家庭较多,外来女婿在村庄与外界通婚中也占有一定比例。从 F 村民户籍册和村民卫生医疗保障登记表(台账)可以发现,20 世纪 60 年代出生的 F 女性村民中,就有找到外地男性入赘到家中的情况。在走访中,了解到对于 F 村的上门女婿有一些约定俗成的规定,一般是在只有女孩的家庭里(又称为纯女户)才会发生,可以说,招婿婚姻已经成为一种民俗,村民们也已经接受了这样的安排。一般来讲,如果一个家庭有两个或两个以上女儿,只能有一个女儿招婿。通常是大女儿招婿,因为老大为家里付出,大姐、大姐夫赚钱养活妹妹和老人是天经地义的事情。但是也有例外,如果大女儿通过升学、招工等方式取得城市户口了,留在了外地,这项任务就由其他女儿完成招婿的责任。但 F 村有不成文的规定,即家中有儿子的,女儿不能招婿。

在调查中发现,F 的招婿婚包括了两种情形:一种是家内没有儿子,只有女儿,基于传统传宗接代、养老、劳动力需求等方面的考虑,需要招上门女婿。另一种情况是家内虽然有儿子,但是由于女儿的配偶经济条件较差,就投奔到了女方家。前者是招婿婚的主要原因,在招婿婚中占主要地位,在所调查的 F 村 11 对招婿婚中,有 10 对夫妻为这种情况。后者是基于夫妻双方家境比较之后的招婿婚,虽然女方家中没有养老或传宗接代等方面的需求,但是在对比中女方的强势使得男方最终依靠与女方生活。

在所调查的 F 村 200 对夫妻中,有 11 名 F 村的女性村民招来了外地女婿上门(通过访谈,了解到这 11 名男性与城市中从妻居住的情况不同,属于传统意义的上门女婿,不仅在形式上脱离了本家,在经济上也受到女方家庭的限制,还明确了为女方家养老等本应由儿子承担的责任)。由于上门女婿的情况与主流的"男婚女嫁"婚配模式存在根本差别,在考察 F 村婚姻圈的时候,将这 11 对夫妻的个案拿出单独进行分析。总的来讲,上门女婿与 F 女性村民的婚配模式也构成了 F 村婚姻的冰山一角,从另一个角度反映了 F 村的婚姻特征,本章就是对这 11 对夫妻进行研究,他们的基本情况如下表所示。

表 5-1 上门女婿夫妻个人情况表

调查项目	分　类	男性 (上门女婿)	女性 (F 村)
出生年代 人数(百分比)	1960—1969 1970—1979 1980—1989 1990—1999	1(9.1%) 2(18.2%) 8(72.7%) 0	0 2(18.2%) 8(72.7%) 1(9.1%)
教育程度 人数(百分比)	小学 初中 高中 中专 大学专科	2(18.2%) 6(54.5%) 2(18.2%) 0(0.0%) 1(9.1%)	0 8(72.7%) 1(9.1%) 2(18.2%)

(续表)

调查项目	分　类	男性 (上门女婿)	女性 (F村)
兄弟 人数(百分比)	0	0	10(90.9%)
	1	3(27.3%)	1(9.1%)
	2	2(18.2%)	0
	3	4(36.4%)	0
	4	1(9.1%)	0
	5	1(9.1%)	0
姐妹人数 人数(百分比)	0	5(45.5%)	0
	1	2(18.2%)	6(54.5%)
	2	4(36.4%)	2(18.2%)
	3	0	2(18.2%)
	4	0	1(9.1%)
兄弟姐妹排行 人数(百分比)	1	4(36.4%)	6(54.5%)
	2	5(45.5%)	4(36.4%)
	3	2(18.2%)	1(9.1%)
婚前是否外出打工 人数(百分比)	出去过	10(90.9%)	6(54.5%)
	没有	1(9.1%)	5(45.5%)
外出打工地点 人数(百分比)	鹿泉区内	0	2(18.2%)
	石家庄市内	3(27.3%)	2(18.2%)
	河北省其他城市	1(9.1%)	0
	河北省以外的城市	2(18.2%)	0
	北、上、广、深	4(36.4%)	2(18.2%)
婚前职业 人数(百分比)	务农	1(9.1%)	0
	零工普通工	4(36.4%)	3(27.3%)
	商业、餐饮业和居民服务业从业人员	1(9.1%)	1(9.1%)
	运输从业人员	2(18.2%)	0
	工厂工人	2(18.2%)	6(54.5%)
	行政办事人员、专业技术和管理人员	1(9.1%)	0
	其他(开幼儿园)	0	1(9.1%)
结婚年代 对数(百分比)	1990—1999	3(27.3%)	3(27.3%)
	2000—2009	7(63.6%)	7(63.6%)
	2010—2015	1(9.1%)	1(9.1%)
夫妻婚前家庭 对数(百分比)	在不同省份 (河南信阳、郑州、陕西宝鸡,云南昆明)	4(36.4%)	4(36.4%)
	都在河北省但不同城市 (保定、邢台、3个张家口)	5(45.5%)	5(45.5%)
	都在石家庄但不同区县 (平山县、石家庄新华区)	2(18.2%)	2(18.2%)

(续表)

调查项目	分　类	男性 (上门女婿)	女性 (F村)
恋爱时间 对数(百分比)	六个月以内 六个月到一年 一年到两年 两年到五年	2(18.2%) 6(54.5%) 2(18.2%) 1(9.1%)	2(18.2%) 6(54.5%) 2(18.2%) 1(9.1%)
夫妻结识方式 人数(百分比)	亲戚介绍 媒人介绍 朋友介绍 同学介绍 工作中认识 休闲娱乐时认识	2(18.2%) 1(9.1%) 4(36.4%) 1(9.1%) 2(18.2%) 1(9.1%)	2(18.2%) 1(9.1%) 4(36.4%) 1(9.1%) 2(18.2%) 1(9.1%)
夫妻双方家境 对数(百分比)	双方差不多 女方比男方好些 女方比男方好很多	8(72.7%) 2(18.2%) 1(9.1%)	6(54.6%) 4(36.4%) 1(9.1%)
居住方式 对数(百分比)	独立门户 和丈夫父母一起居住 和妻子父母一起居住	3(27.3%) 1(9.1%) 7(63.6%)	2(18.2%) 1(9.1%) 8(72.8%)
共同居住人口 对数(百分比)	3 4 5 6 7	2(18.2%) 1(9.1%) 2(18.2%) 5(45.5%) 1(9.1%)	2(18.2%) 1(9.1%) 2(18.2%) 5(45.5%) 1(9.1%)

关于所调查的11对上门女婿夫妻,3对在20世纪90年代结婚,7对在21世纪前10年结婚,近5年结婚的1对。关于夫妻年龄对比,有2对夫妻是丈夫年龄小于妻子,其余9对夫妻中妻子的年龄小于丈夫,符合夫妻年龄上的男大女小这一规律。关于通婚范围,2对夫妻的通婚范围在石家庄其他区县,5对夫妻的通婚范围在河北省内,2对夫妻的通婚范围扩展到了省外。由此可见,招婿婚的外来女婿大多来自较远的地区,通婚距离相对较大。近距离的招婿婚较少的缘于F村整体经济状况的提升,就算是家庭条件不好的男方家庭由于养老等需求也不会接受招婿(而是选择向外寻找配偶),加之上门女婿的地位和身份在本地人们思想认识中并不光彩,因此来自附近地区的上门女婿极少。关于恋爱时间,8对夫妻在1年之内,2对

夫妻的恋爱时间在 1 年至 2 年之间,超过 2 年恋爱的夫妻只有 1 对。关于夫妻结识方式,仅有 3 对夫妻是由亲戚或媒人介绍,说明传统的介绍方式对于远距离通婚并不是最为有效的,5 对夫妻为朋友或同学介绍,所占比重最高,由熟人中的一般社会关系成为远距离招婿通婚中更常见的一种方式,3 对夫妻是工作中或上网娱乐时认识,对于较年轻的夫妻来讲,这是自我结识配偶的方式,在 F 村的招婿婚中,也有一定的体现。关于男方与女方家庭境况的对比,F 村的招婿婚中不存在男方条件优于女方的情况。上门女婿家庭的特征和功能使得这类家庭有着独特的居住方式,F 村的 11 户上门女婿家庭中,不存在与男方父母居住的,夫妻独立居住的情况也很少,多数是与妻子父母共同居住,这种居住模式反映了上门女婿需要承担的养老功能。在家庭结构上,这 11 个上门女婿家庭以 5 口之家为主,72.7%的家庭是包含了祖辈、父辈、子辈三个代际的主干家庭。

关于女方的基本情况。女方均为 F 村人,出生年份都在 1970 年以后,其中 1970 年至 1979 年出生的有 2 个人,1980 年至 1989 年出生的有 8 个,1991 年出生有 1 人,分别占比 18.2%、72.7%和 9.1%。11 名 F 村女性村民中,8 人是初中学历,2 人为中专学历,1 人具有高中学历;9 人没有兄弟,仅有 1 人有 1 个哥哥,但是都有姐妹,在兄弟姐妹中排行老大的有 5 人;6 人婚前有外出打工经历,其中在鹿泉区内、石家庄市内和北京上海广州深圳等特大城市打工的各有 2 人,5 名女性婚前没有外出打工经历;关于婚前职业,11 名女性没有以务农为职业的,6 人为工厂正式工人,所占比重最高,3 人为零工普通工,1 人经营服务业,1 人开办幼儿园。

关于 11 名上门女婿的基本情况。男方均来自鹿泉区外,出生年份在 1960 年以后,其中 1960 年至 1970 年出生的有 1 人,1970 年至 1979 年出生的有 2 个人,1980 年至 1989 年出生的有 8 个,分别占比 9.1%、18.2%和 72.7%。11 名 F 村外来女婿中,2 人为小学学历,6

人是初中学历,2人为高中学历,1人拥有大学专业学历;11人均有兄弟,甚至有的上门女婿家庭有5个兄弟,可以看出成为外来女婿的前提是本家的人口结构状况,本家并不存在养老压力,却出现了男孩过多难以完成婚姻的可能,由此使用"外出婚配"的方法解决家庭儿子过多所产生的问题。这11名外来女婿的原生家庭,多数没有姐妹或姐妹数量很少,他们在兄弟姐妹中排行老大的有4人,排行第二的有5人,排行第三的有2人;正是由于本家经济条件不好,这11名外来女婿中仅1人婚前没有外出打工经历,10人婚前有外出打工经历,打工地点均超出了鹿泉区,具体来讲,在石家庄市内、河北省、河北省外和北京上海广州深圳等特大城市打工的分别有3人、1人、2人、4人;关于婚前职业,仅1名未外出打工的外来女婿以务农为职业,4人为零工普通工,所占比重最高,2人为工厂正式工人,2人从事运输业,1人从事服务业,1人为专业技术人员。

第二节　F村上门女婿原因分析

一、女性方面因素

通过与本村女性(外来女婿的妻子)的访谈。可以从中得出一些关于这类婚姻基本特征的认识。与男性在择偶中的影响因素不同,女性家庭在选择上门女婿时重点考虑的问题并不是家庭距离的远近、条件上的匹配或是地域文化的适应,而更多是考虑这种婚姻形式是否能实现的问题。下面两个案例首先从女性方面进行解答。

案例1:YBJ,女,F村人,1983年出生

"我家有三个女孩,我是家里的老大,自然被要求留在家里……当初谈恋爱的时候,有个家里条件好的男的想和我好,但是没办法,考虑到人家条件好,不可能(倒插门)到我家来,就放弃了。"

案例2：WZL，女，F村人，1986年出生。

"父母只生了我和我姐两个女孩，我比我姐小两岁。我姐曾在沈阳上大学，并结识了姐夫。他（姐夫）是东北人，家在辽宁丹东，并且是家里的独生子，家里条件还比较不错，因此不可能过来（成为上门女婿）。而且，我姐姐、姐夫都是接受过高等教育的（人），属于比较有能力的，他们注定要在城市工作，不可能留在村庄的。所以我就必须得留家了。我当初在石家庄上学学习酒店管理和高尔夫球，毕业后学校把我分配到深圳工作，我还在深圳工作两年，觉得不太适应南方那边生活，当时我姐姐不是在沈阳上大学么，我就去沈阳打工了。在沈阳的饭店打工，也在商场卖过衣服，还是觉得离家比较远，我父母老了没人照看不行。……我上中专之后一直就没有在村里待过，也没有想过在村里找（对象），主要是我得找一个可以留我家的，（F村附）近的都不愿意。我和我丈夫是在沈阳打工时认识的，他是河南信阳人，1987年出生，他有两个兄弟，家里条件不太好，也同意倒插门来我家了。"

从上述两个案例中，大致可以解答一个问题，就是"家庭中选择谁来完成与上门女婿匹配并承担一系列家庭责任"。这与传统社会家族香火延续是一脉相承的，在纯女户的家庭里，被选为招上门女婿的女孩，要像男孩一样扛起家庭的责任，为家族应尽的义务——"娶妻生子"。为此，招上门女婿的女孩有时要牺牲自己的爱情和幸福，才能完成这样的任务。因为现实生活中，无论是个人条件好的还是家庭条件好的男性都不会选择做别人家的上门女婿的。她们迫于家庭的压力和现实的无奈也只能接受这一情况，找一个条件不好的男人结婚，来完成家族的使命。

在此前的调查可以看出，F村实行招婿婚的一般是三女户、两女户家庭，通常家里会默认安排老大招上门女婿，家里的大女儿也必须扛起这份责任，轻易不能推脱。案例中的YBJ之所以放弃"条件较好"的恋爱对象,是因为缘于她意识到自己是家庭中的老大,有着对未来家庭责任的预期。在这一想法面前,任何其他的婚姻目标可能都会弱化。但是,老大作为上门女婿的责任主体这一思维惯性并不是一成不变的,毕竟社会在发展,村庄的思想也在进步,传统的某些习惯性观念也有了松动。因此,在家庭中的大女儿因为某种原因不能或不愿成为家庭的责任主体时,替代的方式出现了,就是由家庭中排行靠后的女儿完成这一任务。案例二中的 WZL 就属于这类人。她的大姐通过教育水平的提升具有了向外发展的条件,并且寻找到了相互匹配的对象,但是问题在于一方面她的大姐本身已经不适合村庄的生活工作方式,另一方面她的姐夫也不具有成为上门女婿可能。那么,这一家庭重任就自然而然地向下传递,由她来承担。可见,女性是否真实的招到上门女婿,受到男女双方两方面因素的影响。其中女性自身的主客观因素起到了基础性作用。

二、男性方面因素

招婿婚是否能成为现实,还受到男方因素的影响。在访谈中,许多村民表示,女性招上门女婿和男性娶妻不一样,附近村镇的男性都不愿意做上门女婿。当与 WZL 交谈中,曾询问她有没有想过在村内寻找结婚对象。她表示现实中很多 F 村独女户在找上门女婿时,结果很少找到附近村庄的男性。通过考察上门女婿的来源范围,也发现他们都来自鹿泉区外的地方。用 F 村村民的话说来说明,上门女婿大多来自于偏远地区和比较贫穷的家庭。这一现象表明,一方面说明本地的经济社会发展水平有了整体提升,可以吸引外地的男子来做上门女婿;另一方面也说明本地男性仍然对这种婚姻形式抱有一定的反感情绪,他们可以接受他人做上门女婿,但自身及其家庭却不能接受自己成为一个上门女婿,毕竟大多数情况下,外来女婿会遭受到一些歧视的眼光。

关于 F 村独女户与外来女婿的通婚,前文解释了独女户家庭中承担招婿责任的女性的选择，紧接下来还面临的另一个问题，就是什么样的男性会成为上门女婿，与之进行婚配呢？在调研中，笔者访问到一位外来女婿，在与他的交谈中大致可以代表多数上门女婿形成缘由。

案例 3：TJC，1968 年出生，陕西人。

当初我来石家庄这边当兵……家里兄弟比较多，无法承担（我们兄弟几个的）结婚费用……（退伍之后）通过别人介绍来到了 F 村（当了上门女婿）。

在与 TJC 这名上门女婿交谈的时候，深刻感受到了他的沉默，在填答问卷和结构式访谈中，对于本研究所涉及的问题，他往往用简短的言词予以回应，面容一直保持着冰冷的状态，但是对于基本问题都给予了回答。由于他不怎么愿意多说话，与其访谈持续的时间相对较短。由于与上门女婿的访谈过程同其他对象相比有较大不同，就这种现象，在后续询问了其他访谈对象，甚至有被访者好心提醒我："不要去访问上门女婿本人，那是人家的伤疤，不到迫不得已谁也不愿意来别人家做上门女婿的……你就是没有生活经验，其实都不用问，上门女婿的家庭条件一定都是不好的，而且都是家里兄弟挺多的，（如果）不选择上门女婿这条道，他们都得打光棍，（所以）人家都不会愿意让别人问这件事。"

从 TJC 的案例和其他被访者的侧面描述，大致可以推论出，外来女婿的形成主要受自身家庭条件的影响，而且都出现在家庭兄弟众多的情况之下。在中国传统村庄中，男娶女嫁的婚姻模式包含着迎娶妻子的含义，迎娶是要有一定物质基础的，婚姻匹配中的男高女低和基本持平是基本现象，但是那些家里条件不好的男性，就失去了迎娶媳妇的条件，在迎娶无望的情况下，实现婚姻的方式就只能选择到别处做上门女婿。同时，由于这些家庭的儿子数量比较多，并不存在养老压力，只要集中全部家庭力量为一个儿子娶妻并承担养老功能就可以了。从上述案例中，还可以看出上门女婿的社会地位处于较低水平，不仅社会整体对上门女婿是这样的认识，上门女婿对自身也有类似的看法。这一点在与上门女婿的访谈中深有感受，上门女婿本人在村里的感受中包含着自卑，甚至有些抬不起头，也会为自己的身份尴尬，并不愿意让别人提起或者问起这方面的事情。虽然 F 村对上门女婿这类现象是接受的，但是村民心中都明白只有自身条件不好的或者家里条件不好的人才会选择做上门女婿，内心深处还是对其具有歧视心理。此外，案例中还反映了促成上门女婿这桩婚姻的客观因素。TJC 由于在 F 村附近当兵，才进入了本地的婚姻选择关系范围，最终成就了他在 F 村的上门婚姻。但即使 TJC 不在附近当兵，最终的可能是成为其他地域的上门女婿，而他现在的妻子招到了其他的上门女婿。

三、婚后家庭状况

关于上门女婿所处家庭的特征。调查中了解到，F 村的招婿婚家庭中，家务事情上一般由女性做主，YBJ 这样说"家务事上，一般都是我说了算，父母的事儿我也都得管，我就相当于处于一家之主的位置"。在招婿婚家庭中，家中的经济财权一般由女方掌控，有的家庭在早期时，外来女婿会把赚的钱交给丈母娘，一般不会让外地女婿触碰金钱，这实际上出于对外来女婿的防备，据 WZL 说，她丈夫在北京打工，除了自己吃饭等必要开销（一般在 300—500 元之间），剩下的收入都要寄回来，交给她保管。也有招婿家庭中夫妻双方是 AA 制，各管各自赚得的收入。通过了解 F 村上门女婿所处家庭的基本模式，可以了解到这类家庭中夫妻关系的总体特征，表现出的"女娶男"颠倒了传统中国村庄的嫁娶模式，妇女担任起了男性的性别角色及权利义务，而男子则成了这类家庭的从属角色，可以说招婿婚姻中妻子是"丈夫"的角色，而丈夫成了"妻子"的角色。但是，由于男女的性别及生理差异，男性和女性在生产生活中的作用又是不同的。因此招婿婚中丈夫与妻子的生理角色和社会角色是相互混淆的,打破了特定的界限。总的来看,夫妻权力关系发生了逆转,招婿婚中的女性要管理家中大大小小的事情,并成了家中的"顶梁柱",承担起属于儿子的责任和义务。在走访中,了解到了这类家庭中妻子的内心想法,"还是嫁出去的女儿快活一些,而留在家里的女儿很累,性格也不一样",招婿的妻子 XZ 这样说,"我变得像一个男人,不温柔,不像女人!"由于招婿女性在家和本村中的地位,她们的性格就被磨炼得像男人一样。她们"没有撒娇的权利,不像嫁出去的媳妇可以向丈夫撒娇"。实际上,招婿的女性内心深处对出嫁做媳妇有着很高的期待和向往,这也是一个女人本应扮演的社会角色,而这种大众认可的性别角色规范在招婿家庭被颠倒,女性要遵循另外一套行为规范,即在家庭中要扮演着男性的角色。招婿家庭相对来讲更为和谐,这是缘于女婿不管家务事,一般家庭中的婆媳矛盾大多是由家务事引起的,招婿家庭中母女两人因为家务事发生了冲突,也不会对家庭关系构成根本影响,而婆媳之间一旦撕破了脸,再想恢复关系就比较困难了。此外,农村家庭招上门女婿,还是为了延续香火,使本家姓氏得以保留。但是关于孩子姓氏问题,F 村没有特别规定,但就调研的情况来看,孩子多数跟女方姓,也有的家庭让一个男孩与女方姓,其他的孩子可以随男方姓。

第三节　外来女婿适应问题

一、外来女婿适应状况

由于 F 村的外来女婿人数不多,所在不同通婚范围的分布比较分散,为了方便研究,本研究将外来女婿的通婚范围划分为省外婚、省内婚、市内婚三类,并对其在饮食、居住、气候、语言、风俗习惯、人际关系等几个方面的适应情况进行了比较分析。

1. 饮食方面

表 5-2　不同婚姻圈饮食方面的适应

	非常适应	比较适应	一般	不太适应	总计
省外婚	1(25.0%)	1(25.0%)	1(25.0%)	1(25.0%)	4(100.0%)
省内婚	3(60.0%)	1(20.0%)	1(20.0%)	0(0.0%)	5(100.0%)
市内婚	0(0.0%)	2(100.0%)	0(0.0%)	0(0.0%)	2(100.0%)
总　计	4(36.4%)	4(36.4%)	2(18.2%)	1(9.1%)	11(100.0%)

Chi-Square＝6.600，P＝0.359＞0.05，亦即 α＝0.05 表明不同婚姻圈的 F 村外来女婿饮食吃饭分布上没有显著性差异。

由上表可以看出，不同通婚范围的外来女婿在饮食适应性方面未呈现出显著差异。具体来看，F 村 11 名外来女婿饮食方面的适应情况良好，选择"非常适应"和"比较适应"的有 8 人，占总人数的72.8%，只有 1 人不太适应，占总人数的 9.1%。来自不同通婚范围的外来女婿在饮食适应性方面有一定差异。其中，省外通婚情况下，外来女婿选择"非常适应"、"比较适应"、"一般"适应和"不太适应"的各有 1 人。省内通婚情况下，外来女婿中选择"非常适应"和"比较适应"占总人数的 80.0%，并不存在对 F 村饮食"不适应"的情况。市内通婚情况下，外来女婿对 F 村的饮食全部为"比较适应"。总的来看，通婚范围较远情况下的外来女婿，对 F 村饮食更有可能"不适应"。

2. 居住方面

表 5-3　不同婚姻圈居住方面的适应

	非常适应	比较适应	一般	不太适应	总计
省外婚	0(0.0%)	1(25.0%)	2(50.0%)	1(25.0%)	4(100.0%)
省内婚	3(60.0%)	1(20.0%)	1(20.0%)	0(0.0%)	5(100.0%)
市内婚	0(0.0%)	2(100.0%)	0(0.0%)	0(0.0%)	2(100.0%)
总　计	3(27.3%)	4(36.4%)	3(27.3%)	1(9.1%)	11(100.0%)

Chi-Square＝9.487，P＝0.148＞0.05，亦即 α＝0.05 表明不同婚姻圈的 F 村外来女婿婚后住房分布上没有显著性差异。

由上表可以看出，不同通婚范围的外来女婿在居住适应性方面未呈现出显著差异。具体来看，F村11名外来女婿居住方面的适应情况良好，选择"非常适应"和"比较适应"的有7人，占总人数的63.7%，只有1人不太适应，占总人数的9.1%。来自不同通婚范围的外来女婿在居住适应性方面有一定差异。其中，省外通婚情况下，外来女婿没有选择对居住"非常适应"，选择"一般"适应的比重最大，占50%，选择"不太适应"的有1人，占25%。省内通婚和市内通婚情况下，外来女婿对于F村的居住集中在"非常适应"和"比较适应"，不存在"不适应"的情况。总的来看，通婚范围较远情况下的外来女婿，对F村居住更有可能"不适应"。

3. 气候方面

表5-4　不同婚姻圈气候方面的适应

	非常适应	比较适应	一般	不太适应	非常不适应	总计
省外婚	0(0.0%)	2(50.0%)	0(0.0%)	1(25.0%)	1(25.0%)	4(100.0%)
省内婚	2(40.0%)	1(20.0%)	2(40.0%)	0(0.0%)	0(0.0%)	5(100.0%)
市内婚	0(0.0%)	1(50.0%)	1(50.0%)	0(0.0%)	0(0.0%)	2(100.0%)
总　计	2(18.2%)	4(36.4%)	3(27.3%)	1(9.1%)	1(9.1%)	11(100.0%)

Chi-Square=8.342，P=0.401>0.05，亦即 $\alpha=0.05$ 表明不同婚姻圈的F村外来女婿气候适应分布上没有显著性差异。

由上表可以看出，不同通婚范围的外来女婿在气候适应性方面未呈现出显著差异。具体来看，F村11名外来女婿饮食方面的适应情况良好，选择"非常适应"、"比较适应"、"一般"适应、"不太适应"、"非常不适应"分别为2人、4人、3人、1人、1人。具体来看，来自不同通婚范围的外来女婿在气候适应性方面有一定差异。其中，省外通婚情况下，外来女婿选择"不太适应"和"非常不适应"的各有1人，分别占总人数的25%。省内通婚和市内通婚情况下，外来女婿对F村的气候全部为"非常适应"和"比较适应"。总的来看，通婚范围较远情况下的外来女婿，对F村气候更有可能"不适应"。

4.语言方面

表 5-5　不同婚姻圈语言方面的适应

	非常适应	比较适应	一般	不太适应	非常不适应	总计
省外婚	0(0.0%)	0(0.0%)	2(50.0%)	1(25.0%)	1(25.0%)	4(100.0%)
省内婚	2(40.0%)	1(20.0%)	1(20.0%)	1(20.0%)	0(0.0%)	5(100.0%)
市内婚	0(0.0%)	0(0.0%)	1(50.0%)	1(50.0%)	0(0.0%)	2(100.0%)
总　计	2(18.2%)	1(9.1%)	4(36.4%)	3(27.3%)	1(9.1%)	11(100.0%)

Chi-Square＝6.508，P＝0.590＞0.05，亦即 α＝0.05 表明不同婚姻圈的 F 村外来女婿婚后语言适应分布上没有显著性差异。

由上表可以看出,不同通婚范围的外来女婿在语言适应性方面未呈现出显著差异。F 村 11 个外来女婿婚后语言上的适应情况,选择"非常适应"、"比较适应"、"一般"适应、"不太适应"和"非常不适应"分别占 18.2%、9.1%、36.4%、27.3% 和 9.1%。非常适应和比较适应所占比例还不到一半,说明大部分女婿会出现语言的适应问题。具体来讲,省外通婚的外来女婿没有人非常适应和比较适应 F 村的语言。省内通婚情况下的外来女婿中有 1 人对于 F 的语言"不太适应",占总人数的 20%。市内通婚情况下的外来女婿没有选择对F 村语言"非常适应"、"比较适应"和"非常不适应"。总的来看,选择"非常不适应"都是省外通婚的外来女婿,选择"不太适应"包含省外通婚、省内通婚和市内通婚情况,经询问得知,即使是在石家庄一个城市中,各地的方言也存在差异,因此近距离通婚也会出现语言适应问题。

5.风俗习惯方面

表 5-6　不同婚姻圈语言方面的适应

	非常适应	比较适应	一般	不太适应	非常不适应	总计
省外婚	0(0.0%)	0(0.0%)	2(50.0%)	1(25.0%)	1(25.0%)	4(100.0%)
省内婚	1(20.0%)	2(40.0%)	1(20.0%)	1(20.0%)	0(0.0%)	5(100.0%)
市内婚	0(0.0%)	0(0.0%)	1(50.0%)	1(50.0%)	0(0.0%)	2(100.0%)
总　计	1(9.1%)	2(18.2%)	4(36.4%)	3(27.3%)	1(9.1%)	11(100.0%)

Chi-Square＝6.508，P＝0.590＞0.05，亦即 α＝0.05 表明不同婚姻圈的 F 村外来女婿婚后风俗习惯分布上没有显著性差异。

　　由上表可以看出,不同通婚范围的外来女婿在风俗习惯适应性方面未呈现出显著差异。11 个外来女婿风俗习惯上的适应情况,选择"非常适应"、"比较适应"、"一般"适应、"不太适应"和"非常不适应"分别占 9.1％、18.2％、36.4％、27.3％和 9.1％。具体来看,省外通婚的外来女婿不存在对 F 村风俗习惯"非常适应"和"比较适应",而有 1 人对此"非常不适应"。省内通婚情况下的外来女婿中选择对 F 村风俗习惯"比较适应"的人数最多,占比 60.0％。市内通婚中的外来女婿也存在"不太适应"的情况,这一点与语言适应性相似。

二、社会关系满意度

1. 与配偶家人的关系

表 5-7　不同婚姻圈上门女婿与配偶家庭关系

	非常满意	比较满意	一般	总计
省外婚	1(25.0％)	1(25.0％)	2(50.0％)	4(100.0％)
省内婚	3(60.0％)	1(20.0％)	1(20.0％)	5(100.0％)
市内婚	0(0.0％)	1(50.0％)	1(50.0％)	2(100.0％)
总　　计	4(36.4％)	3(27.3％)	4(36.4％)	11(100.0％)

　　Chi-Square＝2.796,P＝0.593＞0.05,亦即 α＝0.05 表明不同婚姻圈的 F 村外来女婿与 F 村人关系分布上没有显著性差异。

　　由上表可以看出,不同通婚范围的外来女婿在对配偶家人关系满意度方面未呈现出显著差异。具体来讲,省外通婚情况下,外来女婿与配偶家人关系呈现多样性,关系一般所占比重最大。省内通婚情况下,外来女婿对配偶家人关系的满意度相对更高。市内通婚情况下,外来女婿对配偶家人不存在"非常满意"的情况。可见,具体适中,有利于外来女婿与配偶家人之间的关系。

2. 与邻里的关系

表 5-8　不同婚姻圈上门女婿与邻里家庭关系

	非常满意	比较满意	一般	总计
省外婚	2(50.0%)	0(0.0%)	2(50.0%)	4(100.0%)
省内婚	4(80.0%)	0(0.0%)	1(20.0%)	5(100.0%)
市内婚	0(0.0%)	1(50.0%)	1(50.0%)	2(100.0%)
总　计	6(54.5%)	1(9.1%)	4(36.4%)	11(100.0%)

Chi-Square=6.875，P=0.143>0.05，亦即 α =0.05 表明不同婚姻圈的 F 村外来女婿与 F 村人关系分布上没有显著性差异。

由上表可以看出,不同通婚范围的外来女婿在对 F 村邻里关系满意度方面未呈现出显著差异。具体来讲,省外通婚情况下,外来女婿与邻里关系呈现两级性,关系"非常满意"和"一般"所占比重最大。省内通婚情况下,外来女婿对邻里关系的满意度相对更高。市内通婚情况下,外来女婿对配偶家人不存在"非常满意"的情况。可见,具体适中,有利于外来女婿与邻里之间的关系和谐。

3. 与 F 村村民的关系

表 5-9　不同婚姻圈上门女婿与 F 村村民关系

	非常满意	比较满意	一般	总计
省外婚	1(25.0%)	0(0.0%)	3(75.0%)	4(100.0%)
省内婚	4(80.0%)	0(0.0%)	1(20.0%)	5(100.0%)
市内婚	0(0.0%)	1(50.0%)	1(50.0%)	2(100.0%)
总　计	5(45.5%)	1(9.1%)	5(45.5%)	11(100.0%)

Chi-Square=8.580，P=0.072>0.05，亦即 α =0.05 表明不同婚姻圈的 F 村外来女婿与 F 村人关系分布上没有显著性差异。

由上表可以看出,不同通婚范围的外来女婿在对 F 村村民关系满意度方面未呈现出显著差异。具体来讲,省外通婚情况下,外来女婿与 F 村村民关系"一般"所占比重最大,占 75%。省内通婚情况下,外来女婿对 F 村村民关系的满意度相对更高,选择对 F 村村民

"非常满意"的占 80%。市内通婚情况下,外来女婿对 F 村村民不存在"非常满意"的情况,关系相对较差。可见,具体适中,有利于外来女婿与 F 村村民之间的关系。

三、典型案例分析

关于外来女婿的适应性问题。外来女婿在 F 村的适应性存在较大问题,既包含外来人员的一般性适应问题,还包括家庭和社会身份所带来的压力问题,上门女婿融入 F 村需要依靠女方来实现。在走访中了解到,很多来自远距离的上门女婿对 F 村的生活方式表示不适应。QB 这样表述:"我老公是河南的,习俗跟这差不多少,生活方式、生活习惯都差不了多少。我邻居家(女儿)的老公是贵州的,跟这边有差异,那边吃米饭,这边吃面食。而且他们家一顿要做好几个菜,我们家这边一顿只做一个菜。我老公和我父母住在一起也会觉得别扭,反正不是自己父母吗,不得劲,不舒服。"这里,既反映出远距离通婚的上门女婿在生活习惯上的不适应,又可以看出外来女婿在妻子家中居住的心境。由于生活中饮食习惯、风俗习惯的不同,让很多外来女婿感到不适应,他们也有自己的方式逃避这种不适应。通常的方式就是选择去外地打工,QB 的丈夫常年就在北京打工,她自己镇上的宾馆做保洁,孩子由自己的父母照看,一直和丈夫两地分居。这种外出打工的方式可能是逃避生活不适应的一种方式。

关于上门女婿的养老功能。传统农村社会一直以来对于子嗣的注重反映了养儿防老的传统观念,一般情况下,女儿出嫁后无须为父母养老送终,但是儿子一定要承担养老送终的责任。F 村有这样的规定:有一个儿子的单独负责养老;有两个及以上儿子的轮流养老;女儿中招上门女婿的养老,其他女儿不养老。老人将女儿留在家中招上门女婿,主要是为了给自己养老送终。因此,上门女婿来女方家里后,必须为女方父母养老送终,对自己的父母则几乎没有赡养责任。ZH 这样表述,"他(她的丈夫)将来给我父母养老,他父母那边我们不用照顾,(因为)有他兄弟照顾。现在我父母身体尚可,能活动,不用她们(姐妹们)管,等以后我姐也能管。如果住院什么的,能拿点钱。但是大头还是我们出……我和丈夫在孩子小时候回去(男方父母家)过,后来一直没有回,打算今年(2015)过年回去,不过因为他是倒插门,这边风俗是过年必须在我家过"。上门女婿主要要承担妻子父母养老,一般不可以给自己父母钱,几年回一次家,有的甚至一直不回家了,断了与自己父母的联系。倒插门的女婿对自己父母给的钱少,基本没有照顾。

招婿家庭在现代社会有了一种新的表现形式。为了照顾到男方的面子,也为了保障养老等家庭功能,上门女婿不一定要到本地。在一对被认为是招婿婚的家庭中,男方老家是保定的,女方是 F 村人,男的对上门女婿身份有比较明显的抵触,不愿意在 F 村内倒插门"看别人脸色",就在离 F 村不远的地方(怀鹿,大概二十分钟车程),但实际上也要承担女方家养老的责任,这种招婿模式的条件至少包括经济上的富足,同时也是夫妻双方博弈的结果。

以往对于招婿婚姻的研究,着眼点往往是这种婚姻形式的目的、实现形式、社会功能等等方面,但很少关注这类婚姻的文化意蕴。伴随着社会的现代化,传统的宗法制度逐渐式微,限制招婿婚姻的意识形态因素已经不复存在。同时,传统的"男婚女嫁"社会心理也有所松动,对于上门女婿的社会歧视已经大大减弱。但是,任何一种社会进程都不可能是一蹴而就的,招婿婚姻的发展也不例外。通过以上对 F 村上门女婿家庭的分析,可以发现招婿婚姻的特点。一方面,招婿婚姻表现为婚后丈夫到妻子家与妻子的父母共同居住,常因女方家庭没有儿子,为确保家族延续和养老保障。除此之外,因经济原因发生在有儿子的家庭,如家庭缺少劳动力、招赘婚姻费用低、富裕家庭的女儿不愿外嫁,以及外来上门女婿赚钱能力强等原因,也会形成"从妻居"的招婿家庭。另一方面,招婿的女性具有独特的社会角色,她们要继承娘家的香火和财产，她们的孩子要随外祖父的姓氏（这一点在多子女家庭有所松动），她们也要为自己的父母养老送终。而且，上门女婿一般要和妻子的家族达成协议，对孩子的姓氏、家产的处理甚至与女婿原有家庭的关系等做出安排。因此，招婿女和出嫁女的礼俗地位是完全不同的，招婿婚姻中的传统心理认识目前还未打破。

第六章　婚姻圈扩大后对夫妻关系影响

在第二章中,通过对 F 村全村居民户籍身份资料以及问卷调研数据的分析,可以看出,F 村的婚姻圈呈扩大趋势。那么,婚姻圈扩大给家庭关系带来了哪些影响,夫妻关系是否随着婚姻圈的扩大发生了变化,不同通婚范围的夫妻关系是否呈现出不同,作为外来媳妇,是否呈现出了适应问题。这是本章主要讨论的问题。

家庭社会学理论认为,夫妻关系是家庭关系的基础和起点,是各种家庭关系中最核心的关系(风笑天,2012)。[①]作为家庭的枢纽,一切家庭关系都是以夫妻关系为中心而展开的(刘英,1991)。[②]具体来看,夫妻关系可以由夫妻双方的沟通与交流、家务分担、性别角色认知、婚姻家庭观以及家庭生活满意感等方面反映出来。夫妻关系不仅关乎夫妻两人的个体感受,还直接影响着其他家庭关系和家庭未来的发展趋势。本章重点关注婚姻圈变迁对夫妻关系的影响。

第一节　婚姻圈与夫妻关系的文献回顾与研究假设

一、婚姻圈与夫妻关系文献回顾

1. 国内夫妻关系的研究现状

关于夫妻关系的研究,国内研究并不是很多。现有的这几项经

---

① 风笑天:《青年婚配类型与夫妻关系——全国五大城市 1 216 名已婚青年的调查分析》社会科学 2012 年第 1 期,第 87—94 页。

② 刘英:《今日城市的夫妻关系——与日本的比较》,《社会学研究》1991 年第 3 期,第 48—54 页。

验研究结果基本上都是以城市中各个年龄段的普通居民，或者是以女性、老年人和青少年等特殊群体为研究对象。比如，学者刘英利用1989年中国社会科学院社会学所与日本学者合作完成的北京420户家庭（840位夫妻）问卷调查数据，从夫妻间的交流与沟通、家务分担、夫妻价值观、夫妻对婚姻生活重要性的看法、夫妻对家庭生活的满意感等几个方面，描述和分析了夫妻关系的现状，并与日本的调查结果进行了对比，该研究的主要贡献在于进行夫妻间的比较以及中日被调查对象之间的比较，其分析方法主要为基本的百分比描述（刘英，1991）。①学者刘娟利用北京市政府、北京经济学院人口所与美国密执安大学1991年对北京市2 170户居民家庭中的2 170位妻子、1 985位丈夫进行问卷调查的数据，从夫妻感情交流、家务分工、家庭决策权三方面对夫妻关系进行了描述，并通过交互分析得出了"夫妻之间的交流和感情沟通与婚姻满意程度和夫妻关系有着密切关系，其作用也越来越重要"等结论。但是，由于研究者在研究中是将婚姻满意度直接等同于夫妻关系，因而其有关夫妻交流、家庭分工、夫妻权力的讨论。所涉及的主要是对婚姻满意度的影响，而不是对夫妻关系的影响。②学者吴本雪（1992）通过对成都市如是庵街道504个家庭、561位妇女的追踪调查结果，对成都市家庭的家庭结构、婚姻关系等进行了探讨。研究者虽然从四方面对夫妻关系进行了测量，但研究报告中所给出的只是对这四个方面的最简单的百分比描述，而没有涉及与夫妻关系相关的因素的内容。③另一位学者崔丽娟则是利用对上海市三个区134位老年人的问卷调查结果，分析了老年人夫妻关系状况及其影响因素。结果表明，夫妻之间的性格、兴趣爱

---

① 刘英：《今日城市的夫妻关系——与日本的比较》，《社会学研究》1991年第3期，第48—54页。

② 刘娟：《北京市夫妻关系研究》，《人口与经济》1994年第3期，第38—47页。

③ 吴本雪：《成都市婚姻家庭追踪调查综述》，社会学研究1995年第2期，第111—116页。

好、性生活、家庭经济支配权、家务劳动分担五个方面因素对老年人夫妻关系具有影响。但从报告来看，或许是受调查对象特点的局限，该研究不仅调查样本过小，研究者对夫妻关系的测量也显得过于简单，对结果的统计分析方法也有一定局限。①风笑天 2008 年在北京、上海、南京、武汉、成都五大中心城市所进行的已婚青年抽样调查。按照青年夫妻的年龄和身份，分别抽取"双独夫妻"、"男独女非夫妻"、"男非女独夫妻"以及"双非夫妻"各 20 对。每个城市总计抽取320 对夫妻，五个城市总计抽取 1 600 对夫妻。②对青年夫妻关系进行研究，主要集中在夫妻婚姻匹配与夫妻关系的讨论上。马春华等人以中国社会科学院社会学所 2008 年在广州、杭州、郑州、兰州、哈尔滨五个城市 4 016 位城市居民的大规模调查数据为基础，分析了近十几年来中国城市家庭的变迁趋势。其中关于夫妻关系的研究内容主要体现在两个方面：一是对比 1983 年五城市调查和 1993 年七城市调查的结果，描述了城市居民夫妻关系的变迁状况，得出"夫妻关系更为平等，虽然家务劳动还是以妻子为主，但是家庭中夫妻共享实权比例明显上升"的结论；二是通过分析得出"女性就业率明显下降，在一定程度上影响着夫妻关系"的结论。由于夫妻关系只是该研究众多主题中的一个很小的方面，同时其对夫妻关系的测量也仅采用了"谁承担家务劳动更多"和"家庭中谁掌握实权"两个单独的指标，因而该研究对夫妻关系的探讨显得还不够充分。③

　　上述几项关于夫妻关系的实证研究，从夫妻关系不同方面入手，有的仅仅是运用百分比描述的客观测量，有的是对夫妻关系满意程度的

---

　　①　崔丽娟：《老年人夫妻关系及影响因素的研究》，《心理科学》1995 年第 4 期，第221—224 页。

　　②　风笑天：《青年婚配类型与夫妻关系——全国五大城市 1 216 名已婚青年的调查分析》社会科学 2012 年第 1 期，第 87—94 页。

　　③　马春华、石金群、李银河、王震宇、唐灿：《中国城市家庭变迁的趋势和最新发现》，《社会学研究》2011 年第 2 期，第 182—216 页。

主观测量。但现有的研究还存在以下几个方面的不足：一是研究的焦点较多地集中在对夫妻关系状况的描述上，较少去探讨与夫妻关系有关的因素；二是少数探讨与夫妻关系相关因素的研究在方法上又存在测量指标过于简单、统计分析；三是研究时间过早，社会变迁影响下不再适合解释当前的夫妻关系。国内现有的几项有关夫妻关系的经验研究基本上都发表于 20 世纪 90 年代，而近五年的研究中涉及夫妻关系的经验研究则仅有一项；四是国内研究学者过多地关注特殊群体，尤其是农民工、老年人和失独老人的夫妻关系研究。而对当前中国农村地区的夫妻关系状况及其相关的因素的研究几乎是一片空白。

2. 婚姻圈与夫妻关系的研究

跨地域通婚对婚姻家庭生活的影响如何，国内学术界仍然少有研究。已有社会学和人类学研究多考虑影响婚姻圈的结构性因素，而忽视了婚姻圈类型对婚姻家庭生活的影响。而对于婚姻圈与夫妻关系的研究中，部分学者已经发现这两者有直接的关系。比如学者雷洁琼和周皓等人指出通婚距离对家庭微观研究的重要性，尤其是夫妻双方之间关系的影响颇深，但却没有指出具体有哪些方面的影响，仅仅是笼统地提了一下（雷洁琼，1994；周皓、李丁，2009）。[1]而学者周旅军和左际平则具体指出通婚距离远近对家庭的客观影响，他们对婚姻圈与城市人口结构以及阶层流动、家庭变迁的研究结果表明，跨社会阶层交往与通婚距离的增长有着强烈的关系，通婚距离与家庭结构、避孕和生育也具有相关性（周旅军，2013；左际平，2002）。[2][3]有的学者研究发现通婚距离的远近对家庭幸福感主观感

---

① 雷洁琼、王思斌：《改革以来中国农村婚姻家庭的新变化》，北京大学出版社 1994 年版，第 178 页。

② 周旅军：《中国城镇在业夫妻家务劳动参与的影响因素分析——来自第三期中国妇女社会地位调查的发现》，《妇女研究论丛》2013 年第 5 期，第 90—101 页。

③ 左际平：《从多元视角分析中国城市的夫妻不平等》，《妇女研究论丛》2002 年第 1 期，第 12—17 页。

受的影响,比如李后建(2013)认为通婚结构实质反映了中国社会交往结构,由于同一地域的关系配偶之间的某些因素的同质性,这种同质性与主观幸福感之间具有较强的关联性。[①]随着中国地区间差距大幅度拉开,区域间人口流动加快,远距离通婚具备了更多可能性。对跨地区通婚在文化层面所带来的婚姻观念、家庭模式、家庭关系的变化等一系列问题应该重视和深入研究。所以笔者认为从婚姻圈的角度来分析夫妻关系可以更好地把握夫妻关系问题的实质。

二、研究假设的提出

跨地域婚姻潜在的差异性包括文化背景、家庭观念、认知态度等。两个来自不同地域的人结为夫妇组成家庭后,不同地域文化会造成夫妻双方在家庭这个场域中为各种各样的事情产生纷争和冲突。正如学者徐安琪(2012)认为,文化环境较大地形塑人们对家庭和社会的认知情况。夫妻之间的认知趋同程度,或者说是文化差异会显著影响离婚率。[②]因此,具有文化差异的两个人组成自己的家庭后,他们的生活如何、夫妻感情如何等问题都值得关注和研究。

如上文所述,远距离的通婚会发生在双方婚前经济条件差异大的男女中。当这样两个人结合时,通常是经济条件好的一方轻视经济条件不好的另一方,比如谭琳等人(2003)也关注女性婚姻与移民夫人城市生活情况,发现外来媳妇的丈夫认同"习惯看不起来自苏北或其他贫困地区的外地人"的城市文化。[③]也有学者的研究发现,婚后两个来自不同地域文化的两个人会出现冲突和矛盾,如果想要家庭的稳定和谐,通常是经济条件不好的一方(一般是女性)要采取忍

---

① 李后建:《门当户对的婚姻会更幸福吗?——基于婚姻匹配结构与主观幸福感的实证研究》,《人口与发展》2013年第2期,第56—65页。

② 徐安琪:《离婚风险的影响机制——一个综合解释模型探讨》,《社会学研究》2012年第2期,第109—125页。

③ 谭琳、苏珊·萧特、刘惠:《"双重外来者"的生活——女性婚姻移民的生活经历分析》,《社会学研究》2003年第2期,第75—83页。

气吞声、息事宁人的态度接受这些。正如学者邓晓梅（2011）关注外来媳妇在江苏农村的婚后社会适应生活，发现她们必须改变自己迎合丈夫家庭，才可以维系婚姻稳定性。如果外来媳妇想要在城市中有稳定婚姻生活，她们必须改变自己迎合夫家，才能维系婚姻以获得安稳的生活。①

从研究方法角度分析，学者杨善华和沈崇麟（2000）指出在空间文化，现有研究缺乏在家庭或者个体层次更为微观且细致的检查，也缺较为精确的对文化差异性的操作化测量。②所以，与以往研究家庭分工和婚姻质量使用文化规范和地区差异的研究有所不同，本研究将宏观因素转变为微观因素，并放置到家庭这一单位中讨论。对于夫妻关系满意度不应该简单地讨论夫妻个体层面对夫妻关系的影响，而是需要将其置于更为复杂的社会文化情境中考察，因为夫妻关系很可能受到夫妻文化背景的影响（郑丹丹、杨善华，2003），即夫妻两人在文化上的差异，如地区差异、城乡分野会极大地影响家庭生活。③

基于上述文献分析，本研究将通婚范围视为空间文化要素，来分析当代中国农村婚姻生活情况，将社会情境和文化差异放到以家庭为单位的微观层面，根据通婚范围类型着重考察夫妻婚前空间文化上的差异对两者关系的影响。具体而言，本章主要关注婚姻圈类型是如何影响夫妻关系的好坏。而夫妻关系的内容不应该局限于主观评价，还应该包括客观的测量如夫妻交流与沟通、夫妻间家务劳动分配、家庭事务决定权和夫妻价值观。国外相关研究中，夫妻之间的差异性除了体现

---

① 邓晓梅：《农村婚姻移民的社会适应研究》，南京大学博士学位论文 2011 年，第 36 页。

② 杨善华、沈崇麟：《城乡家庭：市场经济与非农化背景下的变迁》，浙江人民出版社 2000 年版，第 156 页。

③ 郑丹丹、杨善华：《夫妻关系"定势"与权力策略》，《社会学研究》2003 年第 4 期，第 96—105 页。

在社会地位(教育、职业、收入等)方面之外,还体现在种族(族裔)文化方面。然而,中国家庭的文化差异更多地表现在不同文化圈或不同地域之间。现有研究对夫妻关系的研究都加入文化规范方面的相关指标或变量,诸如地区差异、是否跨省市、具体省市、城乡差异等指标。这些在某种程度上是空间文化要素的差异性体现。地区差异会极大地影响夫妻关系,夫妻双方的生活习惯与文化差异会影响夫妻关系,他们不仅需要对当地生活进行再适应,还要与配偶进行深度磨合。

依据上述观点,本章提出论证的核心假设:不同婚姻圈类型会显著影响夫妻关系的满意度。

第二节　变量与方法

一、变量

(一)因变量

1.夫妻关系满意度

问卷中测量婚姻圈类型的问题是"您对您的夫妻关系的满意程度?"答案是(1)非常不满意;(2)比较不满意;(3)一般;(4)比较满意;(5)非常满意。本研究在检测夫妻关系满意度时,将"非常满意"和"比较满意"合并为满意,将"非常不满意"和"比较不满意"合并为不满意。

表 6-1　夫妻关系满意度情况

	男　性		女　性	
	频数	百分比(%)	频数	百分比(%)
非常满意	63	33.3	51	27.0
比较满意	81	42.9	86	45.5
一般	30	15.9	34	18.0
比较不满意	8	4.2	13	6.9
非常不满意	7	3.7	5	2.6

2. 夫妻间交流与沟通频率

本研究将夫妻间交流与沟通分为几个方面：关于孩子的事，赚钱、花钱的事，自己工作的事，配偶工作的事，社会新闻事件，外出吃饭、游玩、逛街等休闲娱乐活动和未来家庭生活规划。问卷中是以询问以上问题频率的形式提出，答案设置为"几乎每天"、"一周至少一次"、"一月至少一次"、"一年几次"和"从不"。

3. 夫妻之间一致性

本研究将夫妻之间一致性分为几个方面：兴趣爱好、生活习惯、性格脾气、消费观念、人际交往观念和子女养育观念。问卷中的问题为"您与配偶在以下方面的一致程度？"，答案设置为"完全一致"、"比较一致"、"一般"、"不太一致"和"完全不一致"。

4. 家庭事务决策权

本研究将夫妻之间一致性分为几个方面：买房建房、投资或贷款、孩子的升学/就业/婚姻、家庭日常开支、购买贵重商品和生育。问卷中的问题"家庭事务是由您还是您配偶决定负责？"。答案设置为"总是我"、"经常是我"、"共同决定"、"经常是配偶"、"总是配偶"和"其他家人"。

5. 家务劳动

问卷中的问题是"家务劳动是您还是您配偶做？"答案设置为"总是我"、"经常是我"、"共同决定"、"经常是配偶"、"总是配偶"和"其他家人"。

6. 吵架频率

问卷中的问题是"近一年来，与配偶有没有发生争吵？"，答案设置为"总是"、"经常"、"有时"和"从不"。

（二）自变量

1. 核心自变量：家庭的婚姻圈类型

本研究的主要分析对象是 F 村 189 对夫妻，共计 378 人。问卷中测量婚姻圈类型的题器是"您与配偶老家所在地?"答案分别为(1)在不同省份;(2)都在河北省但不同城市;(3)都在石家庄市但不同区县;(4)都在鹿泉区但不同镇;(5)都在DH镇但不同村;(6)都在F村。依据答案不同可以将婚姻圈分为省外婚、省内婚、市内婚、区内婚、镇内婚与村内婚。配偶婚前的老家所在地,在某种程度上反映了受访者文化和认知的地域属性。婚姻圈的测量、通婚结构的测量,都是指具体婚姻单元中夫妇两人的空间距离或由此形成的类型。老家的所在地可以代表配偶双方的不同地域所隐含的文化背景、生活习惯和价值标准。

（三）控制变量

因为夫妻关系会受到很多因素影响,本研究在模型中加入了控制变量年龄差、教育差、职业匹配程度等。

二、方法

（一）双变量交互分析

本部分首先采用常用的单变量描述统计和双变量交叉分析,并在前人婚姻圈研究成果和双变量交叉分析的基础之上,建立关于通婚距离的回归模型,以此进行推断统计。双变量交叉分析利用交叉表来分析两个分类（定性）变量之间的关系。交叉表分析易于理解,便于解释,操作简单,并可以解释比较复杂的现象。

（二）二元 Logistic

在因变量为二分变量,即镇内婚与镇外婚两个取值时,采用的模型是二分因变量的 Logistic 模型（binary logistic regression model）,二分因变量的 Logistic 模型是最早的离散选择模型,也是目前应用最广的模型,它与一般线性回归直线针对观测变量进行分析不同,在对二分因变量进行统计分析时,所观测到的某一事件是否发生,即 Y_i $=1$ 或 $Y_i=0$,而统计模型中的因变量却是发生某一事件的概率。

第三节　夫妻关系双变量交互结果分析

为了解读不同通婚距离的夫妻关系是否存在差异，本节通过对 F 村 189 对夫妻调查数据的分析来完成。189 对"男婚女嫁"模式的夫妻中，其中跨省通婚 11 对、省内通婚 18 对、市内通婚 32 对、县内通婚 17 对、镇内通婚 72 对和村内通婚 39 对。下面从对不同通婚范围中夫妻关系的比较分析（主要采用了卡方检验方法），来对这一问题进行回答。

一、夫妻间交流与沟通频率

在对夫妻沟通与交流频率考察时，本研究分别询问了夫妻在子女话题、家庭经济状况、本人工作、配偶工作、社会新闻事件、休闲娱乐活动、未来规划等方面与配偶所进行沟通的情况。用来表示沟通与交流频率的选项分为"几乎每天"、"一周至少一次"、"一月至少一次"、"一年几次"和"从不"。

（一）丈夫与妻子的沟通交流情况

1. 子女话题的交流情况

表 6-2　夫妻间关于子女话题的交流与通婚范围交叉表

	几乎每天	一周至少一次	一月至少一次	一年几次	从不	总计
省外婚	7(63.6%)	3(27.3%)	1(9.1%)	0(0.0%)	0(0.0%)	11(100.0%)
省内婚	10(55.6%)	6(33.3%)	1(5.6%)	1(5.6%)	0(0.0%)	18(100.0%)
市内婚	14(43.8%)	12(37.5%)	1(3.1%)	3(9.4%)	2(6.3%)	32(100.0%)
县内婚	14(82.4%)	2(11.8%)	1(5.9%)	0(0.0%)	0(0.0%)	17(100.0%)
镇内婚	41(56.9%)	20(27.8%)	5(6.9%)	4(5.6%)	2(6.3%)	72(100.0%)
村内婚	16(41.0%)	12(30.8%)	8(20.5%)	1(2.6%)	2(6.3%)	39(100.0%)
总　计	102(54.0%)	55(29.1%)	17(9.0%)	9(4.8%)	6(3.2%)	189(100%)

Chi-Square＝21.351，P＝0.377＞0.05，亦即 α＝0.05 表明不同婚姻圈的 F 村男性在孩子交流上分布上没有显著性差异。

对于丈夫来讲,在与不同通婚距离妻子交流孩子问题的时候,并没有呈现出差别。具体来看,无论何种通婚距离,与妻子"几乎每天"就孩子方面沟通交流所占比重都是最高的,其中,除了村内通婚和市内通婚情况下丈夫几乎每天与妻子交流子女问题的比重低于50%,其他通婚情况下丈夫几乎每天与妻子交流子女问题的比重都超过了50%,其中县内通婚情况下丈夫几乎每天与妻子交流子女问题的比重最高(82.4%)。

2. 家庭经济状况的交流情况

表6-3　夫妻间关于家庭经济状况的交流与通婚范围交叉表

	几乎每天	一周至少一次	一月至少一次	一年几次	从不	总计
省外婚	7(63.6%)	3(27.3%)	0(0.0%)	1(9.1%)	0(0.0%)	11(100.0%)
省内婚	3(16.7%)	5(27.8%)	7(38.9%)	0(0.0%)	3(16.7%)	18(100.0%)
市内婚	10(31.3%)	12(37.5%)	4(12.5%)	5(15.6%)	1(3.1%)	32(100.0%)
县内婚	7(41.2%)	6(35.3%)	3(17.6%)	0(0.0%)	1(5.9%)	17(100.0%)
镇内婚	27(37.5%)	21(29.2%)	12(16.7%)	5(6.9%)	7(9.7%)	72(100.0%)
村内婚	9(23.1%)	14(35.9%)	8(20.5%)	6(15.4%)	2(5.1%)	39(100.0%)
总　计	63(33.3%)	61(32.3%)	34(18.0%)	17(9.0%)	14(7.4%)	189(100%)

Chi-Square=25.834,P=0.171>0.05,亦即 $\alpha=0.05$ 表明不同婚姻圈的 F 村男性在家庭经济交流分布上没有显著性差异。

对于丈夫来讲,与不同通婚距离的妻子在家庭经济交流状况的交流方面有较大差异。其中,省外通婚情况下,丈夫与妻子在家庭经济状况方面的沟通交流频率最高,63.6%的丈夫选择几乎每天与妻子交流,27.3%的丈夫选择一周至少一次。妻子来自不同文化系统下,对于家庭的经济状况,需要丈夫更多向妻子进行说明,这种现象缘于远距离的通婚所包含的地区差异性较大。而市内通婚、县内通婚、镇内通婚和村内通婚情况下,丈夫与妻子在家庭经济状况的沟通交流的频率虽然相对较少，但"几乎每天"和"一周至少一次"进行沟通交流的比重之和都超过 50%。只有省内通婚情况下，丈夫与妻子关于家庭经济交流频率较少，"一个月至少一次"的占比重最高，为 38.9%。

3. 关于自己工作情况与妻子的沟通交流

表 6-4 丈夫在工作情况方面与妻子的交流与通婚范围交叉表

	几乎每天	一周至少一次	一月至少一次	一年几次	从不	总计
省外婚	5(45.5%)	2(18.2%)	2(18.2%)	1(9.1%)	1(9.1%)	11(100.0%)
省内婚	7(38.9%)	2(11.1%)	7(38.9%)	1(5.6%)	1(5.6%)	18(100.0%)
市内婚	8(25.0%)	10(31.3%)	5(15.6%)	7(21.9%)	2(6.3%)	32(100.0%)
县内婚	7(41.2%)	5(29.4%)	2(11.8%)	0(0.0%)	3(17.6%)	17(100.0%)
镇内婚	29(40.3%)	16(22.2%)	11(15.3%)	4(5.6%)	12(16.7%)	72(100.0%)
村内婚	4(10.3%)	14(35.9%)	12(30.8%)	4(10.3%)	5(12.8%)	39(100.0%)
总 计	60(31.7%)	49(25.9%)	39(20.6%)	17(9.0%)	24(12.7%)	189(100%)

Chi-Square=31.992，P=0.043<0.05，亦即 α=0.05 表明不同婚姻圈的 F 村男性在自己工作讨论上分布上有显著性差异。

对于丈夫来讲，不同通婚情况下，丈夫在自己工作情况方面与妻子的沟通交流上有显著差别。其中，省外通婚情况下，丈夫与妻子每天在工作情况上的沟通交流所占比重最高，为 45.5%，这与丈夫在家庭经济状况方面同妻子的沟通交流比重最高相同。而村内通婚情况下，丈夫与妻子在自己工作方面所进行的沟通频率较低，选择"几乎每天"的比重仅占 10.3%。其他通婚情况下，丈夫在工作方面与妻子几乎每天进行沟通交流比重，由高到低排列依次为县内通婚（41.2%）、镇内通婚（40.3%）、省内通婚（38.9%）和市内通婚（25.0%）。市内通婚和村内通婚情况下，丈夫关于自己工作方面与妻子交流频率占比重最高的都是"一周至少一次"，分别为 31.3% 和 35.9%。

4. 关于配偶工作情况与妻子的沟通交流

表6-5　丈夫在配偶工作情况方面与妻子的交流与通婚范围交叉表

	几乎每天	一周至少一次	一月至少一次	一年几次	从不	总计
省外婚	3(27.3%)	5(45.5%)	2(18.2%)	0(0.0%)	1(9.1%)	11(100.0%)
省内婚	6(33.3%)	3(16.7%)	6(33.3%)	0(0.0%)	3(16.7%)	18(100.0%)
市内婚	6(18.8%)	11(34.4%)	5(15.6%)	6(18.8%)	4(12.5%)	32(100.0%)
县内婚	7(41.2%)	3(17.6%)	3(17.6%)	1(5.9%)	3(17.6%)	17(100.0%)
镇内婚	20(27.8%)	26(36.1%)	9(12.5%)	8(11.1%)	9(12.5%)	72(100.0%)
村内婚	5(12.8%)	13(33.3%)	11(28.2%)	6(15.4%)	4(10.3%)	39(100.0%)
总　计	47(24.9%)	61(32.3%)	36(19.0%)	17(11.1%)	24(12.7%)	189(100%)

Chi-Square＝21.126，P＝0.390＞0.05,亦即 α＝0.05 表明不同婚姻圈的 F 村男性在配偶工作事情交流分布上没有显著性差异。

在不同通婚情况下，丈夫在配偶工作方面与妻子进行的沟通和交流相比在本人工作方面进行的沟通交流较少，总的来看，选择"一周之上一次"的比重最高。其中，省外通婚、市内通婚、镇内通婚和村内通婚情况下，丈夫"一周至少一次"与妻子讨论配偶工作的事情占比最高，分别为45.5%，34.4%、36.1%和33.3%。省内通婚情况下，丈夫与妻子讨论配偶工作情况的沟通交流，选择"几乎每天"和"一个月至少一次"所占比重最大，均为 33.3%。只有县内通婚情况下，丈夫与妻子讨论配偶工作事情的沟通交流频率最高，选择"几乎每天"的占比重达到41.2%。

5. 在社会新闻事件方面的沟通交流

表6-6　夫妻双方在社会新闻事件方面的交流与通婚范围交叉表

	几乎每天	一周至少一次	一月至少一次	一年几次	从不	总计
省外婚	5(45.5%)	3(27.3%)	1(9.1%)	1(9.1%)	1(9.1%)	11(100.0%)
省内婚	6(33.3%)	3(16.7%)	3(16.7%)	2(11.1%)	4(22.2%)	18(100.0%)
市内婚	7(21.9%)	14(43.8%)	3(9.4%)	5(15.6%)	3(9.4%)	32(100.0%)
县内婚	7(41.2%)	6(35.3%)	1(5.9%)	0(0.0%)	3(17.6%)	17(100.0%)

	几乎每天	一周至少一次	一月至少一次	一年几次	从不	总计
镇内婚	26(36.1%)	21(29.2%)	11(15.3%)	7(9.7%)	7(9.7%)	72(100.0%)
村内婚	13(33.3%)	12(30.8%)	8(20.5%)	2(5.1%)	4(10.3%)	39(100.0%)
总　计	64(33.9%)	59(31.2%)	27(14.3%)	17(9.0%)	22(11.6%)	189(100%)

Chi-Square＝14.645，P＝0.796＞0.05,亦即 α＝0.05 表明不同婚姻圈的 F 村男性在社会新闻事情上交流分布上没有显著性差异。

不同通婚情况下,丈夫与社会新闻事件方面与妻子进行的沟通交流频率并不相同。省外通婚、县内通婚、镇内通婚、省内通婚和村内通婚情况下,丈夫选择"几乎每天"所占比重最高,分别为 45.5%、33.3%、41.2%、36.1%、33.3%和 33.3%。而市内通婚情况下,丈夫与妻子在社会新闻事件方面的沟通相对较少,选择"一周至少一次"的丈夫所占比最大,为 43.8%。

6. 在休闲娱乐活动方面的沟通交流

表 6-7　夫妻双方在休闲娱乐方面的交流与通婚范围交叉表

	几乎每天	一周至少一次	一月至少一次	一年几次	从不	总计
省外婚	0(0.0%)	2(18.2%)	2(18.2%)	4(36.4%)	3(27.3%)	11(100.0%)
省内婚	1(5.6%)	5(27.8%)	8(44.4%)	4(22.2%)	0(0.0%)	18(100.0%)
市内婚	1(3.1%)	4(12.5%)	8(25.0%)	12(37.5%)	7(21.9%)	32(100.0%)
县内婚	2(11.8%)	4(23.5%)	6(35.3%)	5(29.4%)	0(0.0%)	17(100.0%)
镇内婚	2(2.8%)	7(9.7%)	21(29.2%)	32(44.4%)	10(13.9%)	72(100.0%)
村内婚	1(2.6%)	5(12.8%)	7(17.9%)	21(53.8%)	5(12.8%)	39(100.0%)
总　计	8(3.7%)	27(14.3%)	52(27.5%)	78(41.3%)	25(13.2%)	189(100%)

Chi-Square＝26.650，P＝0.215＞0.05,亦即 α＝0.05 表明不同婚姻圈的 F 村男性在休闲娱乐交流上分布上没有显著性差异。

总的来看,丈夫与妻子在休闲娱乐方面的沟通交流较少,选择"一月至少一次"和"一年几次"所占比重较高,不同通婚婚姻情况下,丈夫与妻子的休闲娱乐交流并没有呈现显著区别。由此可见,F 村居民家庭内部的休闲娱乐文化活动并不丰富，多数家庭中丈夫与妻子在这一领域的交流较少，传统生活方式还有显著表现。

7. 关于未来生活规划方面的沟通交流

表 6-8　夫妻双方在未来生活规范方面的交流与通婚范围交叉表

	几乎每天	一周至少一次	一月至少一次	一年几次	从不	总计
省外婚	2(18.2%)	3(27.3%)	3(27.3%)	3(27.3%)	0(0.0%)	11(100.0%)
省内婚	1(5.6%)	0(0.0%)	2(11.1%)	12(66.7%)	3(16.7%)	18(100.0%)
市内婚	2(6.3%)	1(3.1%)	5(15.6%)	15(46.9%)	9(28.1%)	32(100.0%)
县内婚	1(5.9%)	5(29.4%)	3(17.6%)	6(35.3%)	2(11.8%)	17(100.0%)
镇内婚	8(11.1%)	3(4.2%)	11(15.3%)	28(38.9%)	22(30.6%)	72(100.0%)
村内婚	3(7.7%)	3(7.7%)	5(12.8%)	18(46.2%)	10(25.6%)	39(100.0%)
总　　计	17(9.0%)	15(7.9%)	29(15.3%)	82(43.4%)	46(24.3%)	189(100%)

Chi-Square=31.553，P=0.048<0.05，亦即 α=0.05 表明不同婚姻圈的 F 村男性在未来生活规划分布上有显著性差异。

不同通婚情况下，丈夫在未来生活规划方面与妻子的沟通交流呈现显著差异。其中，省外通婚情况下，丈夫与妻子进行未来生活规划方面的交流相对较高，沟通交流频率低于"一年几次"的比重仅占27.3%。省内通婚、市内通婚、镇内通婚和村内通婚情况下，丈夫集中选择了"一年几次"和"从不"两个选项，这两个选项之和的比重都超过70%。县内通婚情况下，丈夫在未来生活规范方面与妻子的沟通频率介于两者之间，选择"一周至少一次"和"一年几次"两个选项的比重较高。

（二）妻子与丈夫的沟通交流情况

1. 关于孩子话题的沟通交流

表 6-9　夫妻双方在子女话题方面的交流与通婚范围交叉表

	几乎每天	一周至少一次	一月至少一次	一年几次	从不	总计
省外婚	7(63.6%)	4(36.4%)	0(0.0%)	0(0.0%)	0(0.0%)	11(100.0%)
省内婚	9(50.0%)	5(27.8%)	3(16.7%)	1(5.6%)	0(0.0%)	18(100.0%)
市内婚	19(59.4%)	7(21.9%)	2(6.3%)	2(6.3%)	2(6.3%)	32(100.0%)

	几乎每天	一周至少一次	一月至少一次	一年几次	从不	总计
县内婚	11(64.7%)	4(23.5%)	2(11.8%)	0(0.0%)	0(0.0%)	17(100.0%)
镇内婚	43(59.7%)	15(20.8%)	6(8.3%)	6(8.3%)	2(2.8%)	72(100.0%)
村内婚	22(56.4%)	6(15.4%)	8(20.5%)	2(5.1%)	2(6.3%)	39(100.0%)
总　计	111(58.7%)	41(21.7%)	21(11.1%)	11(5.8%)	5(2.6%)	189(100%)

Chi-Square＝13.859，P＝0.838＞0.05，亦即 α＝0.05 表明不同婚姻圈的 F 村女性在孩子交流上分布上没有显著性差异。

总的来看，不同通婚情况下，妻子在孩子话题上与丈夫进行的沟通交流并没有呈现出显著差别，选择"几乎每天"与丈夫沟通交通孩子话题的比重都是最高的，均超过 50%。在省外通婚情况下，妻子"几乎每天"和"一周至少一次"与丈夫谈论孩子话题的比重达到了100%。省内通婚、市内通婚、县内通婚、镇内通婚、村内通婚情况下，妻子"几乎每天"和"一周至少一次"与丈夫谈论孩子话题所占比重也很高，依次为 77.8%、80.3%、68.2%、80.5% 和 71.8%。与丈夫相比，妻子在孩子话题与配偶交流的频率明显高于丈夫。

2. 关于家庭经济状况的沟通交流

表 6-10　夫妻双方在家庭经济方面的交流与通婚范围交叉表

	几乎每天	一周至少一次	一月至少一次	一年几次	从不	总计
省外婚	8(72.7%)	2(18.2%)	0(0.0%)	1(9.1%)	0(0.0%)	11(100.0%)
省内婚	3(16.7%)	4(22.2%)	9(50.0%)	1(5.6%)	1(5.6%)	18(100.0%)
市内婚	13(40.6%)	11(34.4%)	5(15.6%)	2(6.3%)	1(3.1%)	32(100.0%)
县内婚	5(29.4%)	8(47.1%)	3(17.6%)	0(0.0%)	1(5.9%)	17(100.0%)
镇内婚	24(33.3%)	24(33.3%)	14(19.4%)	6(8.3%)	4(5.6%)	72(100.0%)
村内婚	14(35.9%)	9(23.1%)	9(23.1%)	6(15.4%)	1(2.6%)	39(100.0%)
总　计	67(35.4%)	58(30.7%)	40(21.2%)	16(8.5%)	8(4.2%)	189(100%)

Chi-Square＝25.565，P＝0.181＞0.05，亦即 α＝0.05 表明不同婚姻圈的 F 村女性在家庭经济交流分布上没有显著性差异。

总的来看，不同通婚范围情况下，妻子关于家庭经济状况与丈夫的沟通交流存在一定差异。其中,来自外省的妻子在家庭经济状况方面与丈夫的交流频率最高,72.7%的妻子选择了"几乎每天",18.2%的妻子选择"一周至少一次"。市内通婚、县内通婚、镇内通婚和村内通婚情况下,妻子关于家庭经济状况与丈夫的沟通交流频率相对较低,但是选择"几乎每天"和"一周至少一次"与丈夫沟通交流家庭经济状况的比重之和都超过50%。只有省内通婚情况下,妻子关于家庭经济状况与丈夫的沟通交流频率较低,选择"一个月至少一次"与丈夫沟通交流家庭经济状况的比重最高,达到了50%。

3. 关于自己工作情况与丈夫的沟通交流

表 6-11 妻子在工作方面与丈夫的交流与通婚范围交叉表

	几乎每天	一周至少一次	一月至少一次	一年几次	从不	总计
省外婚	7(63.6%)	2(18.2%)	1(9.1%)	1(9.1%)	0(0.0%)	11(100.0%)
省内婚	7(38.9%)	1(5.6%)	4(22.2%)	1(5.6%)	5(27.8%)	18(100.0%)
市内婚	6(18.8%)	11(34.4%)	8(25.0%)	3(9.4%)	4(12.5%)	32(100.0%)
县内婚	6(35.3%)	6(35.3%)	4(23.5%)	0(0.0%)	1(5.9%)	17(100.0%)
镇内婚	21(29.2%)	19(26.4%)	17(23.6%)	7(9.7%)	8(11.1%)	72(100.0%)
村内婚	7(17.9%)	10(25.6%)	11(28.2%)	6(15.4%)	5(12.8%)	39(100.0%)
总　计	54(28.6%)	49(25.9%)	45(23.8%)	18(9.5%)	23(12.2%)	189(100%)

Chi-Square=23.165,P=0.281>0.05,亦即 α=0.05 表明不同婚姻圈的 F 村女性在自己工作讨论上分布上没有显著性差异。

从总体上看,妻子"几乎每天"、"一周至少一次"、"一月至少一次"、"一年几次"和"从不"与丈夫谈论自己工作情况的比重分别为28.6%、25.9%、23.8%、9.5%和12.2%,但是不同通婚情况下的沟通交流频率有所差别。省外通婚情况下,妻子"几乎每天"与丈夫谈论自己工作情况频率最高,所占比重达到了63.6%。而市内通婚和村内通婚情况下,妻子关于自己工作情况方面与丈夫的交流频率较低,选择"几乎每天"交流的所占比重分别为18.8%和17.9%。其他通婚情况下,妻子在自己工作方面与丈夫的沟通交流没有显著差异。

4. 关于丈夫工作情况与丈夫的沟通交流

表 6-12 妻子在配偶工作方面与丈夫的交流与通婚范围交叉表

	几乎每天	一周至少一次	一月至少一次	一年几次	从不	总计
省外婚	5(45.5%)	4(36.4%)	1(9.1%)	0(0.0%)	1(9.1%)	11(100.0%)
省内婚	6(33.3%)	3(16.7%)	6(33.3%)	2(11.1%)	1(5.6%)	18(100.0%)
市内婚	5(15.6%)	10(31.3%)	9(28.1%)	4(12.5%)	4(12.5%)	32(100.0%)
县内婚	5(29.4%)	6(35.3%)	3(17.6%)	2(11.8%)	1(5.9%)	17(100.0%)
镇内婚	28(38.9%)	15(20.8%)	11(15.3%)	10(13.9%)	8(11.1%)	72(100.0%)
村内婚	6(15.4%)	10(25.6%)	11(28.2%)	7(17.9%)	5(12.8%)	39(100.0%)
总　计	55(29.1%)	48(25.4%)	41(21.7%)	25(13.2%)	20(10.6%)	189(100%)

Chi-Square=18.907，P=0.528>0.05，亦即 α=0.05 表明不同婚姻圈的 F 村女性在配偶工作事情交流分布上没有显著性差异。

从总体上看，不同通婚情况下，妻子在丈夫工作情况上与其进行的交流并未体现出显著差异。总的来看，选择"几乎每天"、"一周至少一次"、"一月至少一次"、"一年几次"和"从不"与丈夫交流其工作情况的所占比重分别为 29.1%、25.4%、21.7%、13.2%和 10.6%。具体来讲，不同通婚情况下，妻子与丈夫在交流其工作情况上有所差别，其中省外通婚情况下，妻子"几乎每天"与丈夫交流其工作情况的所占比重最高，为 45.5%。而市内通婚和村内通婚情况下，妻子与丈夫交流其工作情况所占比重最低，分别为 15.6%、15.4%。

5. 关于社会新闻事件的沟通交流情况

表 6-13 夫妻双方在社会新闻事件方面的交流与通婚范围交叉表

	几乎每天	一周至少一次	一月至少一次	一年几次	从不	总计
省外婚	6(54.5%)	1(9.1%)	0(0.0%)	2(18.2%)	2(18.2%)	11(100.0%)
省内婚	8(44.4%)	6(33.3%)	1(5.6%)	1(5.6%)	2(11.1%)	18(100.0%)
市内婚	6(18.8%)	11(34.4%)	7(21.9%)	4(12.5%)	4(12.5%)	32(100.0%)
县内婚	7(41.2%)	5(29.4%)	2(11.8%)	3(17.6%)	0(0.0%)	17(100.0%)
镇内婚	21(29.2%)	24(33.3%)	15(20.8%)	6(8.3%)	6(8.3%)	72(100.0%)

	几乎每天	一周至少一次	一月至少一次	一年几次	从不	总计
村内婚	7(17.9%)	20(51.3%)	8(20.5%)	4(10.3%)	0(0.0%)	39(100.0%)
总　计	55(29.1%)	67(35.4%)	33(17.5%)	20(10.6%)	14(7.4%)	189(100%)

Chi-Square=27.245，P=0.129＞0.05，亦即 α=0.05 表明不同婚姻圈的 F 村女性在社会新闻事情上交流分布上没有显著性差异。

从总体上看，妻子在社会新闻事件方面与丈夫的沟通交流频率，选择"几乎每天"、"一周至少一次"、"一月至少一次"、"一年几次"和"从不"的选项所占比重分别为 29.1%、35.4%、17.5%、10.6%和7.4%。在不同通婚情况下，妻子在社会新闻事件方面与丈夫进行"一周至少一次"以上的交流比重均超过了 50%。与丈夫同妻子在社会新闻事件方面的沟通情况相比，妻子更愿意与丈夫进行此类交流。

6. 休闲娱乐活动的沟通交流情况

表 6-14　夫妻双方在休闲娱乐方面的交流与通婚范围交叉表

	几乎每天	一周至少一次	一月至少一次	一年几次	从不	总计
省外婚	0(0.0%)	2(18.2%)	2(18.2%)	5(45.5%)	2(18.2%)	11(100.0%)
省内婚	0(0.0%)	5(27.8%)	6(33.3%)	7(38.9%)	0(0.0%)	18(100.0%)
市内婚	1(3.1%)	4(12.5%)	7(21.9%)	11(34.4%)	9(28.1%)	32(100.0%)
县内婚	1(5.9%)	5(29.4%)	5(29.4%)	6(35.3%)	0(0.0%)	17(100.0%)
镇内婚	1(1.4%)	11(15.3%)	21(29.2%)	31(43.1%)	8(11.1%)	72(100.0%)
村内婚	2(5.1%)	4(10.3%)	4(10.3%)	21(53.8%)	8(20.5%)	39(100.0%)
总　计	5(2.6%)	31(16.4%)	45(23.8%)	81(42.9%)	27(14.3%)	189(100%)

Chi-Square=25.157，P=0.196＞0.05，亦即 α=0.05 表明不同婚姻圈的 F 村女性在休闲娱乐交流上分布上没有显著性差异。

从总体上看，妻子在休闲娱乐活动上与丈夫的交流频率不高，选项"几乎每天"、"一周至少一次"、"一月至少一次"、"一年几次"和"从不"的比重分别为 2.6%、16.4%、23.8%、42.9%和14.3%。不同婚姻通婚情况下，妻子与丈夫在休闲娱乐活动上的沟通交流并没有显著差别。

7. 关于未来生活规划的沟通交流

表6-15　夫妻双方在未来生活方面的交流与通婚范围交叉表

	几乎每天	一周至少一次	一月至少一次	一年几次	从不	总计
省外婚	2(18.2%)	2(18.2%)	3(27.3%)	3(27.3%)	1(9.1%)	11(100.0%)
省内婚	0(0.0%)	0(0.0%)	3(16.7%)	11(61.1%)	4(22.2%)	18(100.0%)
市内婚	0(0.0%)	3(9.4%)	6(18.8%)	9(28.2%)	14(43.8%)	32(100.0%)
县内婚	0(0.0%)	4(23.5%)	4(23.5%)	7(41.2%)	2(11.8%)	17(100.0%)
镇内婚	4(5.6%)	7(9.7%)	8(11.1%)	33(45.8%)	20(27.8%)	72(100.0%)
村内婚	2(5.1%)	3(7.7%)	2(5.1%)	19(48.7%)	13(33.3%)	39(100.0%)
总　计	8(4.2%)	19(10.1%)	26(13.8%)	82(43.4%)	54(28.6%)	189(100%)

Chi-Square＝30.270，P＝0.066＞0.05，亦即 α＝0.05 表明不同婚姻圈的 F 村女性在未来生活规划分布上没有显著性差异。

从总体上看,妻子在家庭未来生活规划方面与丈夫的沟通交流较少,选项"几乎每天"、"一周至少一次"、"一月至少一次"、"一年几次"和"从不"的所占比重分别为 4.2%、10.1%、13.8%、43.4%和28.6%。不同通婚情况下,妻子在家庭未来规范方面与丈夫进行的沟通交流并没有显著差别。

二、夫妻间一致性的比较

（一）丈夫对于夫妻一致性的认识

1. 兴趣爱好层面

表6-16　丈夫对于兴趣爱好一致性与通婚范围交叉表

	完全一致	比较一致	一般	不太一致	完全不一致	总计
省外婚	0(0.0%)	5(45.5%)	2(18.2%)	4(36.4%)	0(0.0%)	11(100.0%)
省内婚	2(11.1%)	6(33.3%)	4(22.2%)	3(16.7%)	3(16.7%)	18(100.0%)
市内婚	3(9.4%)	12(37.5%)	7(21.9%)	4(12.5%)	6(18.8%)	32(100.0%)
县内婚	1(5.9%)	10(58.8%)	3(17.6%)	2(11.8%)	1(5.9%)	17(100.0%)
镇内婚	6(8.3%)	33(45.8%)	16(22.2%)	12(16.7%)	5(6.9%)	72(100.0%)
村内婚	4(10.3%)	21(53.8%)	5(12.8%)	7(17.9%)	2(5.1%)	39(100.0%)
总　计	16(8.5%)	87(46.0%)	37(19.6%)	32(16.9%)	17(9.0%)	189(100%)

Chi-Square＝14.856，P＝0.785＞0.05,亦即 α＝0.05 表明不同婚姻圈的 F 村男性在兴趣爱好分布上没有显著性差异。

　　总的来看,不同通婚情况下,丈夫在兴趣爱好层面与妻子一致性没有显著差异,选择"比较一致"的所占比重最大。其中,省外通婚情况下,丈夫认为夫妻间的兴趣爱好不存在"完全一致",认为"不太一致"的比重达到了36.4%,但是认为"比较一致"的比重最高,达到了45.5%。由此可见,虽然远距离通婚造成了夫妻间的兴趣爱好的差异,但是相似性还是促成婚姻的主要因素。相对而言,近距离通婚情况下,夫妻间兴趣爱好的相似性更趋向一致。

　　2. 生活习惯层面

表 6-17　丈夫对于生活习惯一致性与通婚范围交叉表

	完全一致	比较一致	一般	不太一致	完全不一致	总计
省外婚	1(9.1%)	4(36.4%)	6(54.5%)	0(0.0%)	0(0.0%)	11(100.0%)
省内婚	2(11.1%)	5(27.8%)	8(44.4%)	3(16.7%)	0(0.0%)	18(100.0%)
市内婚	1(3.1%)	13(40.6%)	10(31.3%)	4(12.5%)	4(12.5%)	32(100.0%)
县内婚	1(5.9%)	12(70.6%)	4(23.5%)	0(0.0%)	0(0.0%)	17(100.0%)
镇内婚	10(13.9%)	40(55.6%)	18(25.0%)	4(5.6%)	0(0.0%)	72(100.0%)
村内婚	6(15.4%)	17(43.6%)	11(28.2%)	3(7.7%)	2(5.1%)	39(100.0%)
总　计	21(11.1%)	91(48.1%)	57(30.2%)	14(7.4%)	6(3.2%)	189(100%)

　　Chi-Square=31.376, P=0.049<0.05,亦即 α=0.05 表明不同婚姻圈的 F 村男性在生活习惯分布上有显著性差异。

　　总的来看,通婚情况对夫妻之间的生活习惯有显著影响。其中,省外通婚、省内通婚情况下,丈夫选择夫妻生活习惯"一般"的所占比重最大,市内通婚、县内通婚、镇内通婚和村内通婚情况下,丈夫选择夫妻生活习惯"比较一致"的所占比重最大。由此可见,随着通婚范围的扩大,生活习惯的一致程度降低,通婚范围越小的夫妻,生活习惯一致程度更趋向一致。同时,也可以看出,通婚范围较大的夫妻,当初在选择结婚对象时,也是考虑到双方生活习惯的一致性,否则婚姻缔结也会存在障碍。

3. 性格脾气层面

表 6-18　丈夫对于性格脾气一致性与通婚范围交叉表

	完全一致	比较一致	一般	不太一致	完全不一致	总计
省外婚	0(0.0%)	0(0.0%)	8(72.7%)	3(27.3%)	0(0.0%)	11(100.0%)
省内婚	3(16.7%)	2(11.1%)	7(38.9%)	5(27.8%)	1(5.6%)	18(100.0%)
市内婚	1(3.1%)	10(31.3%)	8(25.0%)	9(28.1%)	4(12.5%)	32(100.0%)
县内婚	0(0.0%)	8(47.1%)	4(23.5%)	3(17.6%)	2(11.8%)	17(100.0%)
镇内婚	5(6.9%)	26(36.1%)	17(23.6%)	21(29.2%)	3(4.2%)	72(100.0%)
村内婚	5(12.8%)	11(28.2%)	11(28.2%)	11(28.2%)	1(2.6%)	39(100.0%)
总　计	14(7.4%)	57(30.2%)	55(29.1%)	52(27.5%)	11(5.8%)	189(100%)

Chi-Square=29.285，P=0.082>0.05,亦即 α=0.05 表明不同婚姻圈的 F 村男性在性格脾气分布上没有显著性差异。

总的来看,不同通婚情况对夫妻间性格脾气的一致性并没有显著影响。其中,省外通婚情况下,夫妻间性格脾气的一致性较低,丈夫选择"一般"这一选项的比重最高。而在市内通婚、县内通婚、镇内通婚、村内通婚的情况下,选择"比较一致"的比重最多。反映了地区文化对于社会成员性格脾气的影响,但是这种影响并未从根本上影响婚姻缔结。

4. 消费观念层面

表 6-19　丈夫对于消费观念一致性与通婚范围交叉表

	完全一致	比较一致	一般	不太一致	完全不一致	总计
省外婚	0(0.0%)	3(27.3%)	7(63.6%)	0(0.0%)	1(9.1%)	11(100.0%)
省内婚	2(11.1%)	4(22.2%)	7(38.9%)	5(27.8%)	0(0.0%)	18(100.0%)
市内婚	2(6.3%)	5(15.6%)	9(28.1%)	13(40.6%)	3(9.4%)	32(100.0%)
县内婚	2(11.8%)	10(58.8%)	2(11.8%)	2(11.8%)	1(5.9%)	17(100.0%)
镇内婚	11(15.3%)	20(27.8%)	27(37.5%)	14(19.4%)	0(0.0%)	72(100.0%)
村内婚	3(7.7%)	11(28.2%)	16(41.0%)	6(15.4%)	3(7.7%)	39(100.0%)
总　计	20(10.6%)	53(28.0%)	68(36.0%)	40(21.2%)	8(4.2%)	189(100%)

Chi-Square=34.801，P=0.021<0.05,亦即 α=0.05 表明不同婚姻圈的 F 村男性在消费习惯分布上有显著性差异。

　　总的来看,不同通婚情况下,夫妻间消费观念有显著差异。其中省外通婚、省内通婚、镇内通婚、村内通婚情况下,夫妻间消费观念大多是"一般"一致;市内通婚情况下,夫妻间消费观念大多是"不太一致";县内通婚情况下,夫妻间消费观念大多是"比较一致"。

　　5.人际交往层面

表 6-20　丈夫对于人际交往一致性与通婚范围交叉表

	完全一致	比较一致	一般	不太一致	完全不一致	总计
省外婚	1(9.1%)	1(9.1%)	5(45.5%)	3(27.3%)	1(9.1%)	11(100.0%)
省内婚	4(22.2%)	5(27.8%)	7(38.9%)	1(5.6%)	1(5.6%)	18(100.0%)
市内婚	0(0.0%)	6(18.8%)	11(34.4%)	9(28.1%)	6(18.8%)	32(100.0%)
县内婚	0(0.0%)	8(47.1%)	8(47.1%)	1(5.9%)	0(0.0%)	17(100.0%)
镇内婚	9(12.5%)	27(37.5%)	20(27.8%)	14(19.4%)	2(2.8%)	72(100.0%)
村内婚	5(12.8)	7(17.9)	18(46.2%)	7(17.9%)	2(5.1%)	39(100.0%)
总　计	19(10.1%)	54(28.6%)	69(36.5%)	35(18.5%)	12(6.3%)	189(100%)

　　Chi-Square＝35.471,P＝0.018＜0.05,亦即 α＝0.05 表明不同婚姻圈的 F 村男性在人际交往分布上有显著性差异。

　　总的来看,不同通婚范围下的夫妻在人际交往方面有显著差异。其中省外通婚、省内通婚、市内通婚、县内通婚和村内通婚情况下,夫妻间的人际交往大多是"一般"一致;镇内通婚情况下,夫妻间人际交往方面大多是"比较一致"。

　　6.子女教育层面

表 6-21　丈夫对于子女教育一致性与通婚范围交叉表

	完全一致	比较一致	一般	不太一致	完全不一致	总计
省外婚	1(9.1%)	4(35.4%)	5(45.5%)	0(0.0%)	1(9.1%)	11(100.0%)
省内婚	5(27.8%)	4(22.2%)	7(38.9%)	2(11.1%)	0(0.0%)	18(100.0%)
市内婚	1(3.1%)	17(53.1%)	8(25.0%)	3(9.4%)	3(9.4%)	32(100.0%)
县内婚	5(29.4%)	12(70.6%)	0(0.0%)	0(0.0%)	0(0.0%)	17(100.0%)
镇内婚	15(20.8%)	41(56.9%)	7(9.7%)	7(9.7%)	2(2.8%)	72(100.0%)

	完全一致	比较一致	一般	不太一致	完全不一致	总计
村内婚	6(15.4)	23(59.0)	8(20.5%)	0(0.0%)	2(5.1%)	39(100.0%)
总　计	33(17.5%)	101(53.4%)	35(18.5%)	12(6.3%)	8(4.2%)	189(100%)

Chi-Square＝38.955，P＝0.007＜0.05，亦即 α＝0.05 表明不同婚姻圈的 F 村男性在子女教育分布上有显著性差异。

总的来看，不同通婚范围下的夫妻在子女教育方面有显著差异。其中省外通婚、省内通婚情况下，夫妻间的子女教育观念大多是"一般"一致；市内通婚、县内通婚、镇内通婚、村内通婚情况下，夫妻间子女教育方面大多是"比较一致"。

总的来看，丈夫对于夫妻一致性的认知上，通婚范围对于夫妻个体的兴趣爱好、性格脾气等个体因素没有显著影响。但是却对生活习惯、消费观念、人际交往观念和子女教育观念等社会性特征有显著影响。由此可见，个体因素是婚姻缔结的前提和基础，夫妻双方在基本情况上的相容性是必要的。但是由于社会文化的影响，不同区域下社会成员的文化存在一定差异，不过这并不是阻碍两者成为夫妻的根本要素。

（二）妻子对于夫妻一致性的认识

1. 兴趣爱好层面

表 6-22　妻子对于兴趣爱好一致性与通婚范围交叉表

	完全一致	比较一致	一般	不太一致	完全不一致	总计
省外婚	0(0.0%)	6(54.5%)	2(18.2%)	3(27.3%)	0(0.0%)	11(100.0%)
省内婚	1(5.6%)	5(27.8%)	7(38.9%)	4(22.2%)	1(5.6%)	18(100.0%)
市内婚	2(6.3%)	6(18.8%)	11(34.4%)	8(25.0%)	5(15.6%)	32(100.0%)
县内婚	0(0.0%)	10(58.8%)	6(35.3%)	1(5.9%)	0(0.0%)	17(100.0%)
镇内婚	4(5.6%)	31(43.1%)	18(25.0%)	14(19.4%)	5(6.9%)	72(100.0%)
村内婚	5(12.8%)	12(30.8%)	12(30.8%)	5(12.8%)	5(12.8%)	39(100.0%)
总　计	12(6.3%)	70(37.0%)	56(29.6%)	35(18.5%)	16(8.5%)	189(100%)

Chi-Square＝22.981，P＝0.290＞0.05，亦即 α＝0.05 表明不同婚姻圈的 F 村女性在兴趣爱好分布上没有显著性差异。

总体来看,不同通婚情况下,妻子在兴趣爱好层面与丈夫的一致性没有显著差异。其中,省外通婚情况下,妻子认为夫妻间的兴趣爱好不存在"完全一致",省外通婚、县内通婚、镇内通婚、村内通婚情况下,妻子认为夫妻间兴趣爱好"比较一致"的比重最高,分别为54.5％、58.8％、43.1％、30.8％。省内通婚、市内通婚情况下,妻子认为夫妻间兴趣爱好"一般"一致的比重最高,分别为38.95％、34.4％。在近距离通婚范围中,夫妻间兴趣爱好一致性较高。

2. 生活习惯层面

表 6-23　妻子对于生活习惯一致性与通婚范围交叉表

	完全一致	比较一致	一般	不太一致	完全不一致	总计
省外婚	1(9.1％)	4(36.4％)	5(45.5％)	0(0.0％)	1(9.1％)	11(100.0％)
省内婚	1(5.6％)	7(38.9％)	5(27.8％)	4(22.2％)	1(5.6％)	18(100.0％)
市内婚	2(6.3％)	11(34.4％)	7(21.9％)	8(25.0％)	4(12.5％)	32(100.0％)
县内婚	2(11.8％)	10(58.8％)	5(29.4％)	0(0.0％)	0(0.0％)	17(100.0％)
镇内婚	10(13.9％)	38(52.8％)	20(27.8％)	3(4.2％)	1(1.4％)	72(100.0％)
村内婚	6(15.4％)	19(48.7％)	7(17.9％)	5(12.8％)	2(5.1％)	39(100.0％)
总　计	22(11.6％)	89(47.1％)	49(25.9％)	20(10.6％)	9(4.8％)	189(100％)

Chi-Square＝29.390,P＝0.080＞0.05,亦即 α＝0.05 表明不同婚姻圈的 F 村女性在生活习惯分布上没有显著性差异。

总体来看,不同通婚情况下,妻子在生活习惯层面与丈夫的一致性没有显著差异。其中,省外通婚情况下,妻子认为夫妻间生活习惯"一般"一致的比重最高,为 45.5％;省内通婚、市内通婚、县内通婚、镇内通婚、村内通婚情况下,妻子认为夫妻间生活习惯"比较一致"的比重最高,分别为 38.9％、34.4％、58.8％、52.8％、48.7％。在近距离通婚范围中,夫妻间生活习惯层面的一致性较高。

3. 性格脾气层面

表 6-24　妻子对于性格脾气一致性与通婚范围交叉表

	完全一致	比较一致	一般	不太一致	完全不一致	总计
省外婚	0(0.0%)	2(18.2%)	3(27.3%)	6(54.5%)	0(0.0%)	11(100.0%)
省内婚	1(5.6%)	2(11.1%)	4(22.2%)	5(27.8%)	6(33.3%)	18(100.0%)
市内婚	1(3.1%)	6(18.8%)	11(34.4%)	10(31.3%)	4(12.5%)	32(100.0%)
县内婚	0(0.0%)	7(41.2%)	5(29.4%)	4(23.5%)	1(5.9%)	17(100.0%)
镇内婚	4(5.6%)	20(27.8%)	26(36.1%)	14(19.4%)	8(11.1%)	72(100.0%)
村内婚	5(12.8%)	12(30.8%)	7(17.9%)	12(30.8%)	3(7.7%)	39(100.0%)
总　计	11(5.8%)	49(25.9%)	56(29.6%)	51(27.0%)	22(11.6%)	189(100%)

Chi-Square=27.842,P=0.113>0.05,亦即 α=0.05 表明不同婚姻圈的 F 村女性在性格脾气分布上没有显著性差异。

总体来看,不同通婚情况下,妻子在性格脾气层面与丈夫的一致性没有显著差异。其中,省外通婚情况下,妻子认为夫妻间性格脾气"不太一致"的比重最高,为 54.5%;省内通婚情况下,妻子认为夫妻间性格脾气"完全不一致"的比重最高,为 33.3%;市内通婚、镇内通婚情况下,妻子认为夫妻间性格脾气"一般"一致的比重最高,分别为 34.4%、36.1%;县内通婚情况下,妻子认为夫妻间性格脾气"比较一致"的比重最高,为 41.25%;村内通婚情况下,妻子认为夫妻间生活习惯"比较一致"和"不太一致"的比重最高,均为 30.8%。在远距离通婚范围中,夫妻间性格脾气层面的一致性较低。

4. 消费观念层面

表 6-25　妻子对于消费观念一致性与通婚范围交叉表

	完全一致	比较一致	一般	不太一致	完全不一致	总计
省外婚	0(0.0%)	3(27.3%)	5(45.5%)	2(18.2%)	1(9.1%)	11(100.0%)
省内婚	1(5.6%)	4(22.2%)	8(44.4%)	3(16.7%)	2(11.1%)	18(100.0%)
市内婚	2(6.3%)	4(12.5%)	11(34.4%)	10(31.6%)	5(15.6%)	32(100.0%)
县内婚	0(0.0%)	8(47.1%)	5(29.4%)	4(23.5%)	0(0.0%)	17(100.0%)

（续表）

	完全一致	比较一致	一般	不太一致	完全不一致	总计
镇内婚	6(8.3%)	20(27.8%)	34(47.2%)	10(13.9%)	2(2.8%)	72(100.0%)
村内婚	6(15.4%)	9(23.1%)	18(46.2%)	3(7.7%)	3(7.7%)	39(100.0%)
总　计	15(7.9%)	48(25.4%)	81(42.9%)	32(16.9%)	13(6.9%)	189(100%)

Chi-Square＝26.230，P＝0.158＞0.05，亦即 α＝0.05 表明不同婚姻圈的 F 村女性在消费习惯分布上没有显著性差异。

总体来看，不同通婚情况下，妻子在消费观念层面与丈夫的一致性没有显著差异。其中，省外通婚、省内通婚、市内通婚、镇内通婚、村内通婚情况下，妻子认为夫妻间消费观念"一般"一致的比重最高，分别为 45.5%、44.4%、34.4%、47.2%、46.2%；县内通婚情况下，妻子认为夫妻间性格脾气"比较一致"的比重最高，为 47.1%。在不同距离的通婚范围中，夫妻间性格脾气层面的一致性并未呈现出显著差异。

5. 人际交往层面

表 6-26　妻子对于人际交往一致性与通婚范围交叉表

	完全一致	比较一致	一般	不太一致	完全不一致	总计
省外婚	1(9.1%)	1(9.1%)	5(45.5%)	3(27.3%)	1(9.1%)	11(100.0%)
省内婚	4(22.2%)	3(16.7%)	8(44.4%)	1(5.6%)	2(11.1%)	18(100.0%)
市内婚	1(3.1%)	4(12.5%)	10(31.3%)	12(37.5%)	5(15.6%)	32(100.0%)
县内婚	2(11.8%)	8(47.1%)	4(23.5%)	3(17.6%)	0(0.0%)	17(100.0%)
镇内婚	6(8.3%)	22(30.6%)	30(41.7%)	13(18.1%)	1(1.4%)	72(100.0%)
村内婚	4(10.3)	11(28.2)	14(35.9%)	7(17.9%)	3(7.7%)	39(100.0%)
总　计	18(9.5%)	50(26.5%)	69(36.5%)	40(21.2%)	12(6.3%)	189(100%)

Chi-Square＝30.306，P＝0.065＞0.05，亦即 α＝0.05 表明不同婚姻圈的 F 村女性在人际交往分布上没有显著性差异。

总体来看，不同通婚情况下，妻子在人际交往层面与丈夫的一致性没有显著差异。其中,省外通婚、省内通婚、镇内通婚、村内通婚情况下,妻子认为夫妻间人际交往"一般"一致的比重最高,分别为45.5%、44.4%、41.7%、35.9%;市内通婚情况下,妻子认为夫妻间人际交往"不太一致"的比重最高,为37.5%;县内通婚情况下,妻子认为夫妻间人际交往"比较一致"的比重最高,为47.1%。在不同距离的通婚范围中,夫妻间人际交往层面的一致性并未呈现出显著差异。

6. 子女教育层面

表 6-27　妻子对于子女教育一致性与通婚范围交叉表

	完全一致	比较一致	一般	不太一致	完全不一致	总计
省外婚	2(18.2%)	6(54.5%)	3(27.3%)	0(0.0%)	0(0.0%)	11(100.0%)
省内婚	5(27.8%)	7(38.9%)	1(5.6%)	4(22.2%)	1(5.6%)	18(100.0%)
市内婚	3(9.4%)	20(62.5%)	6(18.8%)	1(3.1%)	2(6.3%)	32(100.0%)
县内婚	7(41.2%)	7(41.2%)	2(11.8%)	1(5.9%)	0(0.0%)	17(100.0%)
镇内婚	12(16.7%)	45(62.5%)	8(11.1%)	5(6.9%)	2(2.8%)	72(100.0%)
村内婚	8(20.5)	16(41.0)	12(30.8%)	1(2.6%)	2(5.1%)	39(100.0%)
总　计	37(19.6%)	101(53.4%)	32(16.9%)	12(6.3%)	7(3.7%)	189(100%)

Chi-Square=30.315, P=0.065>0.05,亦即 α=0.05 表明不同婚姻圈的 F 村女性在子女教育分布上没有显著性差异。

总体来看,不同通婚情况下,妻子在子女教育观念层面与丈夫的一致性没有显著差异。其中,省外通婚、省内通婚、市内通婚、镇内通婚、村内通婚情况下,妻子认为夫妻间子女教育观念"比较一致"的比重最高,分别为54.5%、38.9%、62.5%、62.5%、41%;县内通婚情况下,妻子认为夫妻间子女教育观念"完全一致"与"比较一致"的比重最高,均为41.2%。在不同距离的通婚范围中,夫妻间子女教育观念层面的一致性并未呈现出显著差异。

综合考察丈夫与妻子在双方一致性上的比较。妻子所提供的回答中显示出,夫妻双方的一致性并不存在与通婚范围的显著差异,而丈夫的回答中,体现出了夫妻双方在受社会文化影响层面存在一定差异。究其原因,传统中国农村中,"从夫"的特点在F村仍然存在较大影响,女性"嫁鸡随鸡"的观念使得她们在一定程度上更倾向与丈夫保持一致。

三、家庭日常事务的决策

(一)丈夫对于家庭日常决策的认识

1. 买房建房的决策

表 6-28　丈夫对于买房建房的决策与通婚范围交叉表

	总是我	经常是我	共同决定	经常是配偶	总是配偶	其他家人	总计
省外婚	0(0.0%)	1(9.1%)	10(90.9%)	0(0.0%)	0(0.0%)	0(0.0%)	11(100.0%)
省内婚	2(11.1%)	2(11.1%)	14(77.8%)	0(0.0%)	0(0.0%)	0(0.0%)	18(100.0)
市内婚	4(12.5%)	5(15.6%)	20(62.5%)	2(6.3%)	0(0.0%)	1(3.1%)	32(100.0%)
县内婚	2(11.8%)	4(23.5%)	10(58.8%)	0(0.0%)	1(5.9%)	0(0.0%)	17(100.0%)
镇内婚	13(18.1%)	9(12.5%)	47(65.3%)	3(4.2%)	0(0.0%)	0(0.0%)	72(100.0%)
村内婚	10(25.6%)	3(7.7%)	25(64.1%)	1(2.6%)	0(0.0%)	0(0.0%)	39(100.0%)
总　计	31(16.4%)	24(12.7%)	126(66.7%)	6(3.2%)	1(0.5%)	1(0.5%)	189(100%)

Chi-Square=26.797,P=0.366>0.05,亦即 α=0.05 表明不同婚姻圈的 F 村男性在买房建房决策分布上没有显著性差异。

由上表可以看出,不同通婚情况下,家庭在买房建房方面,夫妻共同决定均是比重最高的选项,均超过了50%。其中,省外通婚情况下,夫妻共同决定买房建房的比重达到了90.9%。总的来看,家庭中由妻子决定买房建房的所占比重极低,完全由丈夫决定的比重略高于完全由妻子决定的比重。较远通婚范围情况下,丈夫相对而言较少完全自己做主买房建房。大多数情况下,夫妻之间在这一项家庭大事上还是能共同商量完成。

2. 投资贷款的决策

表 6-29 丈夫对于投资贷款的决策与通婚范围交叉表

	总是我	经常是我	共同决定	经常是配偶	总是配偶	总计
省外婚	0(0.0%)	1(9.1%)	9(81.8%)	1(9.1%)	0(0.0%)	11(100.0%)
省内婚	1(5.6%)	2(11.1%)	14(77.8%)	1(5.6%)	0(0.0%)	18(100.0)
市内婚	4(12.5%)	4(12.5%)	21(65.6%)	1(3.1%)	2(6.3%)	32(100.0%)
县内婚	2(11.8%)	4(23.5%)	11(64.7%)	0(0.0%)	0(0.0%)	17(100.0%)
镇内婚	8(11.8%)	6(8.3%)	55(76.4%)	3(4.2%)	0(0.0%)	72(100.0%)
村内婚	4(10.3%)	5(12.8%)	29(74.4%)	1(2.6%)	0(0.0%)	39(100.0%)
总　计	19(10.1%)	21(11.6%)	139(73.5%)	7(3.7%)	2(1.1%)	189(100%)

Chi-Square=17.024，P=0.651＞0.05，亦即 α=0.05 表明不同婚姻圈的 F 村男性在投资贷款决策分布上没有显著性差异。

由上表可以看出，不同通婚情况下，家庭在投资贷款方面，夫妻共同决定均是比重最高的选项，均超过了60%。其中，省外通婚情况下，夫妻共同决定买房建房的比重达到了81.8%。总的来看，家庭中由妻子决定投资贷款的所占比重极低，完全由丈夫决定的比重略高于完全由妻子决定的比重。省外通婚情况下，丈夫不会完全自己做主投资贷款，会倾向与妻子商量。由于投资贷款属于家庭的重大经济行为，大多数情况下，F 村夫妻之间在这一项家庭大事上还是能共同商量完成，受传统观念的一定影响，丈夫主要承担此项责任的情况较多。

3. 子女的升学、就业、婚姻的决策

表 6-30 丈夫对于子女的升学、就业、婚姻的决策与通婚范围交叉表

	总是我	经常是我	共同决定	经常是配偶	总是配偶	其他家人	总计
省外婚	0(0.0%)	2(18.2%)	8(72.7%)	1(9.1%)	0(0.0%)	0(0.0%)	11(100.0%)
省内婚	0(0.0%)	0(0.0%)	14(77.8%)	3(16.7%)	1(5.6%)	0(0.0%)	18(100.0)
市内婚	1(3.1%)	0(0.0%)	25(78.1%)	4(12.5%)	0(0.0%)	2(6.3%)	32(100.0%)
县内婚	0(0.0%)	2(11.8%)	14(82.4%)	1(5.9%)	0(0.0%)	0(0.0%)	17(100.0%)

	总是我	经常是我	共同决定	经常是配偶	总是配偶	其他家人	总计
镇内婚	3(4.2%)	3(4.2%)	55(76.4%)	8(11.1%)	1(1.4%)	2(2.8%)	72(100.0%)
村内婚	1(2.6%)	2(5.1%)	33(84.6%)	2(5.1%)	0(0.0%)	1(2.6%)	39(100.0%)
总　计	5(2.6%)	9(4.8%)	149(78.8%)	19(10.1%)	2(1.1%)	5(2.6%)	189(100%)

Chi-Square＝20.191，P＝0.737＞0.05，亦即 α＝0.05 表明不同婚姻圈的 F 村男性在子女的升学/就业/婚姻决策分布上没有显著性差异。

由上表可以看出，不同通婚情况下，家庭在子女的升学、就业、婚姻方面，夫妻共同决定均是比重最高的选项，均超过了 70％。其中，村内通婚情况下，夫妻共同决定子女的升学、就业、婚姻比重达到了 84.6％。总的来看，家庭中由妻子决定子女的升学、就业、婚姻的所占比重略高于丈夫，完全由丈夫或妻子决定的比重极低。对于子女方面的事务，F 村中夫妻双方并没有明显的分工。传统上所认为的教育子女是女方的观念并没有体现出来。

4. 家庭日常开支的决策

表 6-31　丈夫对于家庭日常开支的决策与通婚范围交叉表

	总是我	经常是我	共同决定	经常是配偶	总是配偶	其他家人	总计
省外婚	0(0.0%)	1(9.1%)	4(36.4%)	6(54.5%)	0(0.0%)	0(0.0%)	11(100.0%)
省内婚	0(0.0%)	1(5.6%)	7(38.9%)	8(44.4%)	2(11.1%)	0(0.0%)	18(100.0)
市内婚	1(3.1%)	5(15.6%)	11(34.4%)	13(40.6%)	1(3.1%)	1(3.1%)	32(100.0%)
县内婚	0(0.0%)	0(0.0%)	6(35.3%)	9(52.9%)	2(11.8%)	0(0.0%)	17(100.0%)
镇内婚	2(2.8%)	7(9.7%)	24(33.3%)	31(43.1%)	8(11.1%)	0(0.0%)	72(100.0%)
村内婚	1(2.6%)	3(7.7%)	20(51.3%)	13(33.3%)	2(5.1%)	0(0.0%)	39(100.0%)
总　计	4(2.1%)	17(9.0%)	72(38.1%)	80(42.3%)	15(7.9%)	1(0.5%)	189(100%)

Chi-Square＝17.323，P＝0.870＞0.05，亦即 α＝0.05 表明不同婚姻圈的 F 村男性在子女的家庭日常开支决策分布上没有显著性差异。

由上表可以看出，不同通婚情况下，家庭在日常开支方面，并没有体现出明显的夫妻差异,其中省外通婚、省内通婚、市内通婚、县内通婚、镇内通婚情况下,由妻子决定的比重最高,均超过了40%。村内通婚中,夫妻双方共同决定家庭日常开支所占比重最高,为51.3%。由此可见,F村的家庭,保留了传统家庭中"女主内"的特征,女性是家庭日常开销的负责人,在家庭日常生活上,女性还是付出较多的一方。但是男性在家庭日常开支中也承担了一定的责任,并不是"甩手掌柜"。

5.购买贵重物品的决策

表6-32　丈夫对于购买贵重物品的决策与通婚范围交叉表

	总是我	经常是我	共同决定	经常是配偶	总是配偶	总计
省外婚	0(0.0%)	2(18.2%)	6(54.5%)	3(27.3%)	0(0.0%)	11(100.0%)
省内婚	1(5.6%)	3(16.7%)	12(66.7%)	2(11.1%)	0(0.0%)	18(100.0)
市内婚	1(3.1%)	3(9.4%)	24(75.0%)	4(12.5%)	0(0.0%)	32(100.0%)
县内婚	0(0.0%)	4(23.5%)	11(64.7%)	2(11.8%)	0(0.0%)	17(100.0%)
镇内婚	5(6.9%)	5(6.9%)	55(76.4%)	5(6.9%)	2(2.8%)	72(100.0%)
村内婚	1(2.6%)	2(5.1%)	34(87.2%)	1(2.6%)	1(2.6%)	39(100.0%)
总　计	8(4.2%)	19(10.1%)	142(75.1%)	17(9.0%)	3(1.6%)	189(100%)

Chi-Square=19.894,P=0.465>0.05,亦即 α=0.05 表明不同婚姻圈的 F 村男性在购买贵重物品决策分布上没有显著性差异。

由上表可以看出,不同通婚情况下,家庭在购买贵重物品方面,并没有体现出明显的夫妻差异,共同决定此项事务的比重最高,均超过了50%。尤其是村内通婚情况下,夫妻双方共同决定购买贵重物品的比重达到了87.2%。总的来看,F村夫妻在购买贵重物品方面具有平等性,对于家庭的大宗商品消费,并没有呈现出明显的性别差异。

6. 生育决策

表 6-33　丈夫对于生育的决策与通婚范围交叉表

	总是我	经常是我	共同决定	经常是配偶	总是配偶	其他家人	总计
省外婚	0(0.0%)	0(0.0%)	9(81.9%)	2(18.2%)	0(0.0%)	0(0.0%)	11(100.0%)
省内婚	2(11.1%)	1(5.6%)	14(77.8%)	1(5.6%)	0(0.0%)	0(0.0%)	18(100.0)
市内婚	0(0.0%)	2(6.3%)	27(84.4%)	1(3.1%)	2(6.3%)	0(0.0%)	32(100.0%)
县内婚	0(0.0%)	0(0.0%)	17(100.0%)	0(0.0%)	0(0.0%)	0(0.0%)	17(100.0%)
镇内婚	0(0.0%)	0(0.0%)	60(83.3%)	10(13.9%)	1(1.4%)	1(1.4%)	72(100.0%)
村内婚	2(5.1%)	2(5.1%)	31(79.5%)	4(10.3%)	0(0.0%)	0(0.0%)	39(100.0%)
总　计	4(2.1%)	5(2.6%)	158(83.6%)	18(9.5%)	3(1.6%)	1(0.5%)	189(100%)

Chi-Square=30.750，P=0.197＞0.05，亦即 α=0.05 表明不同婚姻圈的 F 村男性在生育决策分布上没有显著性差异。

由上表可以看出，不同通婚情况下，"共同决定"是家庭在生育决策上比重最高的选项，均超过了 77%。其中，县内通婚情况下，夫妻共同决定生育的比重高达 100%。总的来看，家庭中由妻子决定生育的所占比重略高于丈夫，完全由丈夫或妻子决定的比重极低。对于生育决策，F 村中夫妻双方并没有明显的决定权。传统上所认为的生育是女方的观念并没有体现出来，对于儿子的偏好也没有特殊体现在丈夫或妻子的决定权上。

7. 家务劳动

表 6-34　丈夫对于生育的决策与通婚范围交叉表

	总是我	经常是我	共同决定	经常是配偶	总是配偶	其他家人	总计
省外婚	0(0.0%)	3(27.3%)	3(27.3%)	4(36.4%)	1(9.1%)	0(0.0%)	11(100.0%)
省内婚	0(0.0%)	2(11.1%)	5(27.8%)	5(27.8%)	5(27.8%)	1(5.6%)	18(100.0)
市内婚	2(6.3%)	4(12.5%)	11(34.4%)	11(34.4%)	3(9.4%)	1(3.1%)	32(100.0%)
县内婚	0(0.0%)	1(5.9%)	9(52.9%)	5(29.4%)	2(11.8%)	0(0.0%)	17(100.0%)
镇内婚	3(4.2%)	9(12.5%)	19(26.4%)	31(43.1%)	9(12.5%)	1(1.4%)	72(100.0%)
村内婚	2(5.1%)	5(12.8%)	16(41.0%)	13(33.3%)	3(7.7%)	0(0.0%)	39(100.0%)
总　计	7(3.7%)	24(12.7%)	63(33.3%)	69(36.5%)	23(12.2%)	3(1.6%)	189(100%)

Chi-Square=18.506，P=0.820＞0.05，亦即 α=0.05 表明不同婚姻圈的 F 村男性在家务劳动决策分布上没有显著性差异。

　　由上表可以看出,不同通婚情况下,家务劳动上的分工并没有显著差异。其中省外通婚、镇内通婚情况下,家务劳动主要由妻子承担,所占比重分别为36.4%和43.1%;县内通婚、村内通婚情况下,家庭劳动主要是夫妻双方共同承担,所占比重分别为52.9%和41%;省内通婚、市内通婚情况下,"共同"劳动和妻子主要承担的比重相同且最高,分别为27.8%、34.4%。总的来看,F村的家务劳动倾向由妻子承担,值得注意的是,丈夫在家庭中从事家务活的比重相对传统社会来讲有较大提升,完全妻子从事家务劳动的比重较低。

　　综上所述,通过丈夫对于家务各领域事务决策情况的考察。家庭在买房建房、投资贷款等方面,倾向由丈夫做主;在子女事务、购买贵重物品、生育决策等方面,倾向由夫妻双方商讨共同决定;在家庭日常开支、家务劳动等方面,主要由妻子负责。这样的结果可能与当地传统有关,一般情况下家庭经济生产环节方面都由丈夫做主,但是在消费环节上夫妻表现相对平等,妻子在一定程度上还保留着传统的操持家务角色。但是,现代家庭中的平等意识已经对每个家庭造成了影响,在诸多家庭事务中,夫妻双方共同决定的都占有较高比重。不过,夫妻之间对于家庭各领域的事务决定权,并未受通婚范围的影响。

　　(二)妻子对于家庭日常决策的认识

　　1. 买房建房的决策

表6-35　妻子对于买房建房的决策与通婚范围交叉表

	总是我	经常是我	共同决定	经常是配偶	总是配偶	其他家人	总计
省外婚	0(0.0%)	0(0.0%)	10(90.9%)	2(18.2)	0(0.0%)	0(0.0%)	11(100.0%)
省内婚	0(0.0%)	0(0.0%)	12(66.7%)	1(5.6%)	4(22.2%)	1(5.6%)	18(100.0)
市内婚	1(3.1%)	2(6.3%)	17(53.1%)	8(25.0%)	4(12.5%)	0(0.0%)	32(100.0%)
县内婚	1(5.9%)	0(0.0%)	9(52.9%)	5(29.4%)	2(11.8%)	0(0.0%)	17(100.0%)
镇内婚	0(0.0%)	2(2.8%)	53(73.6%)	9(12.5%)	8(11.1%)	0(0.0%)	72(100.0%)

（续表）

	总是我	经常是我	共同决定	经常是配偶	总是配偶	其他家人	总计
村内婚	1(2.6%)	1(2.6%)	23(59.0%)	6(15.4%)	8(20.5%)	0(0.0%)	39(100.0%)
总　计	3(1.6%)	5(2.6%)	123(65.1%)	31(16.4%)	26(13.8%)	1(0.5%)	189(100%)

Chi-Square＝28.580，P＝0.282＞0.05，亦即 α＝0.05 表明不同婚姻圈的 F 村女性在买房建房决策分布上没有显著性差异。

由上表可以看出，不同通婚情况下，家庭在买房建房方面，夫妻共同决定均是比重最高的选项，均超过了50%。其中，省外通婚情况下，夫妻共同决定买房建房的比重达到了90.9%。总的来看，家庭中由妻子决定买房建房的所占比重极低，倾向由丈夫决定的情况占有一定比重。这反映出，妻子在家庭买房建房这一大事中，虽然妻子可以与丈夫共同商量决定，但还是倾向于丈夫的建议。

2. 投资贷款的决策

表 6-36　妻子对于投资贷款的决策与通婚范围交叉表

	总是我	经常是我	共同决定	经常是配偶	总是配偶	其他家人	总计
省外婚	0(0.0%)	1(9.1%)	9(81.8%)	1(9.1%)	0(0.0%)	0(0.0%)	11(100.0%)
省内婚	1(5.6%)	1(5.6%)	13(72.2%)	0(0.0%)	3(16.7%)	0(0.0%)	18(100.0)
市内婚	1(3.1%)	1(3.1%)	16(50.0%)	7(21.9%)	6(18.8%)	1(3.1%)	32(100.0%)
县内婚	0(0.0%)	0(0.0%)	11(64.7%)	5(29.4%)	1(5.9%)	0(0.0%)	17(100.0%)
镇内婚	1(1.4%)	1(1.4%)	54(75.0%)	8(11.1%)	8(11.1%)	0(0.0%)	72(100.0%)
村内婚	1(2.6%)	0(0.0%)	28(71.8%)	3(7.7%)	7(17.9%)	0(0.0%)	39(100.0%)
总　计	4(2.1%)	4(2.1%)	131(69.3%)	24(12.7%)	25(13.2%)	1(0.5%)	189(100%)

Chi-Square＝27.465，P＝0.333＞0.05，亦即 α＝0.05 表明不同婚姻圈的 F 村女性在投资贷款决策分布上没有显著性差异。

由上表可以看出，不同通婚情况下，家庭在投资贷款方面，夫妻共同决定均是比重最高的选项，均超过了50%。其中，省外通婚情况下，夫妻共同决定买房建房的比重达到了81.8%。总的来看，家庭中完全由妻子决定投资贷款的所占比重极低，完全由丈夫决定的比重略高于完全由妻子决定的比重，丈夫相对来说更具有一定的话语权。虽然不同通婚情况下，丈夫都较少完全自己做主投资贷款，会倾向与妻子商量。但是由于投资贷款属于家庭的重大经济行为，大多数情况下，F夫妻之间在这一项家庭大事上还是能共同商量完成，受传统观念的一定影响，丈夫主要承担此项责任的情况较多。

3. 子女的升学、就业、婚姻的决策

表 6-37　妻子对于子女升学、就业、婚姻的决策与通婚范围交叉表

	总是我	经常是我	共同决定	经常是配偶	总是配偶	其他家人	总计
省外婚	0(0.0%)	1(9.1%)	9(81.8%)	1(9.1%)	0(0.0%)	0(0.0%)	11(100.0%)
省内婚	2(11.1%)	1(5.6%)	13(72.2%)	0(0.0%)	0(0.0%)	2(11.1%)	18(100.0)
市内婚	1(3.1%)	2(6.3%)	28(87.5%)	1(3.1%)	0(0.0%)	0(0.0%)	32(100.0%)
县内婚	0(0.0%)	2(11.8%)	13(76.5%)	2(11.8%)	0(0.0%)	0(0.0%)	17(100.0%)
镇内婚	3(4.2%)	3(4.2%)	58(80.6%)	1(1.4%)	5(6.9%)	2(2.8%)	72(100.0%)
村内婚	1(2.6%)	0(0.0%)	33(84.6%)	2(5.1%)	3(7.7%)	0(0.0%)	39(100.0%)
总　计	7(3.7%)	9(4.8%)	154(81.5%)	7(3.7%)	8(4.2%)	4(2.1%)	189(100%)

Chi-Square＝29.192，P＝0.256＞0.05，亦即 α＝0.05 表明不同婚姻圈的 F 村女性在子女的升学/就业/婚姻决策分布上没有显著性差异。

由上表可以看出，不同通婚情况下，家庭在子女的升学、就业、婚姻方面，夫妻共同决定均是比重最高的选项，均超过了 70%。其中，市内通婚情况下，夫妻共同决定子女的升学、就业、婚姻比重达到了87.5%。总的来看，家庭中夫妻双方决定子女的升学、就业、婚姻的比重大致相通，完全由丈夫或妻子决定的比重极低。由此可见，对于子女方面的事务，F 村中夫妻双方并没有明显的分工。传统所认为的教育子女是妻子打理的现象已经不存在。

4. 家庭日常开支的决策

表 6-38　妻子对于家庭日常开支的决策与通婚范围交叉表

	总是我	经常是我	共同决定	经常是配偶	总是配偶	总计
省外婚	0(0.0%)	5(45.5%)	6(54.5%)	0(0.0%)	0(0.0%)	11(100.0%)
省内婚	5(27.8%)	5(27.8%)	4(22.2%)	3(16.7%)	1(5.6%)	18(100.0)
市内婚	0(0.0%)	14(43.8%)	12(37.5%)	5(15.6%)	1(3.1%)	32(100.0%)
县内婚	2(11.8%)	7(41.2%)	7(41.2%)	1(5.9%)	0(0.0%)	17(100.0%)
镇内婚	8(11.1%)	32(44.4%)	20(27.8%)	9(12.5%)	3(4.2%)	72(100.0%)
村内婚	2(5.1%)	16(41.0%)	16(41.0%)	4(10.3%)	1(2.6%)	39(100.0%)
总　　计	17(9.0%)	79(41.8%)	65(34.4%)	22(11.6%)	6(3.2%)	189(100%)

Chi-Square＝21.106，P＝0.391＞0.05,亦即 α＝0.05 表明不同婚姻圈的 F 村女性在子女的家庭日常开支决策分布上没有显著性差异。

由上表可以看出，不同通婚情况下，家庭在日常开支方面，并没有体现出明显的夫妻决策差异。其中，省外通婚情况下，夫妻双方共同决定的比重最高，达到了 54.5%。市内通婚、县内通婚、镇内通婚、村内通婚情况下，妻子在家庭日常开支中承担了主要角色。由此可见，F 村的家庭依然具有传统农村家庭中"女主内"的特征，女性是家庭日常开销的负责人，在家庭日常生活上，女性还是付出较多的一方，但是完全由妻子承担日常开支角色的比重较低，丈夫在家庭日常开支中也承担了一定的责任。

5. 购买贵重物品的决策

表 6-39　妻子对于购买贵重物品的决策与通婚范围交叉表

	总是我	经常是我	共同决定	经常是配偶	总是配偶	总计
省外婚	0(0.0%)	0(0.0%)	8(72.7%)	3(27.3%)	0(0.0%)	11(100.0%)
省内婚	0(0.0%)	0(0.0%)	13(72.2%)	4(22.2%)	1(5.6%)	18(100.0)
市内婚	0(0.0%)	4(12.5%)	22(68.8%)	4(12.5%)	2(6.3%)	32(100.0%)
县内婚	0(0.0%)	1(5.9%)	14(82.4%)	2(11.8%)	0(0.0%)	17(100.0%)
镇内婚	1(1.4%)	1(1.4%)	55(76.4%)	8(11.1%)	7(9.7%)	72(100.0%)

（续表）

	总是我	经常是我	共同决定	经常是配偶	总是配偶	总计
村内婚	0(0.0%)	1(2.6%)	27(69.2%)	4(10.3%)	7(17.9%)	39(100.0%)
总　计	1(0.5%)	7(3.7%)	139(73.5%)	25(13.2%)	17(9.0%)	189(100%)

Chi-Square=21.071，P=0.393>0.05，亦即 α=0.05 表明不同婚姻圈的 F 村女性在购买贵重物品决策分布上没有显著性差异。

由上表可以看出，不同通婚情况下，家庭在购买贵重物品方面，并没有体现出明显的夫妻差异，共同决定此项事务的比重最高，均超过了68%。其中，县内通婚情况下，夫妻双方共同决定购买贵重物品的比重达到了82.4%。总的来看，F 村夫妻在购买贵重物品方面具有平等性，但是丈夫在贵重物品购买决策上仍然占有优势地位，妻子也倾向于听从丈夫的意见。

6. 生育决策

表 6-40　妻子对于生育的决策与通婚范围交叉表

	总是我	经常是我	共同决定	经常是配偶	总是配偶	其他家人	总计
省外婚	0(0.0%)	0(0.0%)	11(100.0%)	2(18.2%)	0(0.0%)	0(0.0%)	11(100.0%)
省内婚	0(0.0%)	1(5.6%)	15(83.3%)	0(0.0%)	2(11.1%)	0(0.0%)	18(100.0)
市内婚	1(3.1%)	1(3.1%)	25(78.1%)	2(6.3%)	3(9.4%)	0(0.0%)	32(100.0%)
县内婚	0(0.0%)	0(0.0%)	17(100.0%)	0(0.0%)	0(0.0%)	0(0.0%)	17(100.0%)
镇内婚	2(2.8%)	8(11.1%)	59(81.9%)	0(0.0%)	2(2.8%)	1(1.4%)	72(100.0%)
村内婚	0(0.0%)	0(0.0%)	36(92.3%)	1(2.6%)	2(5.1%)	0(0.0%)	39(100.0%)
总　计	3(1.6%)	10(5.3%)	163(86.2%)	3(1.6%)	9(4.8%)	1(0.5%)	189(100%)

Chi-Square=25.115，P=0.456>0.05，亦即 α=0.05 表明不同婚姻圈的 F 村女性在生育决策分布上没有显著性差异。

由上表可以看出，不同通婚情况下，"共同决定"是家庭在生育决策上比重最高的选项，均超过了78%。其中，省外通婚、县内通婚情况下，夫妻共同决定生育的比重高达100%。总的来看，F 村中夫妻双方关于生育决策权上并没有明显的差异。传统上所认为的生育是女方的观念并没有体现出来，对于儿子的偏好也没有特殊体现在夫妻某一方的决定权上。

7. 家务劳动

表 6-41　妻子对于家务劳动与通婚范围交叉表

	总是我	经常是我	共同决定	经常是配偶	总是配偶	其他家人	总计
省外婚	0(0.0%)	4(45.5%)	3(27.3%)	1(9.1%)	1(9.1%)	1(9.1%)	11(100.0%)
省内婚	5(27.8%)	4(22.2%)	4(22.2%)	3(16.7%)	1(5.6%)	1(5.6%)	18(100.0)
市内婚	6(18.8%)	14(43.8%)	10(31.3%)	1(3.1%)	1(3.1%)	0(0.0%)	32(100.0%)
县内婚	4(23.5%)	7(41.2%)	5(29.4%)	1(5.9%)	0(0.0%)	0(0.0%)	17(100.0%)
镇内婚	10(13.9%)	31(43.1%)	22(30.6%)	8(11.1%)	1(1.4%)	0(0.0%)	72(100.0%)
村内婚	8(20.5%)	11(28.2%)	14(35.9%)	5(12.8%)	1(2.6%)	0(0.0%)	39(100.0%)
总　计	33(17.5%)	72(38.1%)	58(30.7%)	19(10.1%)	5(2.6%)	2(1.1%)	189(100%)

Chi-Square＝26.131，P＝0.41＞0.05，亦即 α＝0.05 表明不同婚姻圈的 F 村女性在家务劳动决策分布上没有显著性差异。

由上表可以看出，不同通婚情况下，家务劳动上的分工并没有显著差异。其中省外通婚、省内通婚、市内通婚、县内通婚、镇内通婚情况下，家务劳动主要由妻子承担；村内通婚情况下，家庭劳动主要是夫妻双方共同承担，所占比重为 35.9%。总的来看，F 村的家务劳动倾向于由妻子承担，但同时丈夫在家庭中从事家务活的比重相对传统社会来讲有了一定提升。

综上所述，通过妻子对于家务各领域事务决策情况的考察。家庭在买房建房、投资贷款、购买贵重物品等方面，倾向由丈夫做主；在子女事务、生育决策等方面，倾向由夫妻双方商讨共同决定；家庭日常开支、家务劳动等方面，主要由妻子负责。由此可见，F 村中，丈夫在家庭中对于经济大事的主导权没有发生改变，传统由妻子承担的责任依然倾向与妻子来完成，对于边界并不清楚的家务事，通常是由夫妻双方商量决定。

对比了丈夫和妻子对家庭各领域事务决策权的认知,可以看出,传统农村中的男性处于较高地位的状况并没有改变,家庭中重要事务的决定权还是归属丈夫。但是具体的家务事开始体现出了现代家庭中的平等关系,在诸多领域,夫妻双方都能通过商量达成决策意见。然而,夫妻双方的通婚情况并没有对两者的决策权状况有显著影响。

四、夫妻关系满意度

(一)丈夫对于夫妻关系的认识

1. 发生争吵情况

表 6-42　丈夫对于发生争吵与通婚范围交叉表

	经常	有时	从不	总计
省外婚	1(9.1%)	10(90.9%)	0(0.0%)	11(100.0%)
省内婚	4(22.2%)	11(61.1%)	3(16.7%)	18(100.0%)
市内婚	5(15.6%)	24(75.0%)	3(9.4%)	32(100.0%)
县内婚	0(0.0%)	11(64.7%)	6(35.3%)	17(100.0%)
镇内婚	10(13.9%)	55(76.4%)	7(9.7%)	72(100.0%)
村内婚	2(5.1%)	29(74.4%)	8(20.5%)	39(100.0%)
总　计	22(11.6%)	140(74.1%)	27(14.3%)	189(100.0%)

Chi-Square＝16.572,P＝0.084＞0.05,亦即 α＝0.05 表明不同婚姻圈的 F 村男性婚后吵架分布上没有显著性差异。

从上表可以看出,不同通婚情况下,夫妻间争吵情况并未有显著差异。丈夫选择"有时"争吵的比重均超过了 60%。其中,省内通婚情况下,"经常"争吵所占比重最高,为 22.2%,省外通婚情况下不存在"从不"争吵的情况。县内通婚情况下,"从不"争吵所占比重最高,为 35.3%。由此可见,通婚范围较大情况下,夫妻间发生争吵的可能性较高,这是缘于夫妻双方在地区文化和社会认知方面的差异。

2. 动手打人情况

表 6-43　丈夫对于动手打人与通婚范围交叉表

	经常	有时	从不	总计
省外婚	0	2(18.2%)	9(81.8%)	11(100.0%)
省内婚	0	4(22.2%)	14(77.8%)	18(100.0%)
市内婚	0	6(18.8%)	26(81.3%)	32(100.0%)
县内婚	0	2(11.8%)	15(88.2%)	17(100.0%)
镇内婚	0	8(11.1%)	64(89.9%)	72(100.0%)
村内婚	0	4(10.3%)	35(89.7%)	39(100.0%)
总　计	0	26(13.8%)	163(86.2%)	189(100.0%)

Chi-Square=2.826，P=0.727>0.05,亦即 $\alpha=0.05$ 表明不同婚姻圈的 F 村男性吵架后动手分布上没有显著性差异。

由上表可以看出,不同通婚情况下,夫妻间动手打人情况并未有显著差异。丈夫选择"从不"打人的比重最高,均超过了77%。同时,"有时"打人情况占一定比重,但是不存在"经常"打人的情况。总的来看,通婚范围较大情况下,夫妻间发生打人的可能性较高,通婚范围较小情况下打人发生的可能性较小,一方面缘于远距离通婚的夫妻在地区文化和社会认知方面的差异,另一方面近距离通婚使得近处有本家的支持,一定程度上避免了打人情况的发生。

3. 夫妻关系满意度

表 6-44　丈夫的夫妻关系满意度与通婚范围交叉表

	非常不满意	不太满意	一般	比较满意	非常满意	总计
省外婚	0(0.0%)	0(0.0%)	3(27.3%)	5(45.5%)	3(27.3%)	11(100.0%)
省内婚	0(0.0%)	3(16.7%)	0(0.0%)	7(38.9%)	8(44.4%)	18(100.0%)
市内婚	0(0.0%)	1(3.1%)	8(25.0%)	12(37.5%)	11(34.4%)	32(100.0%)
县内婚	1(5.9%)	0(0.0%)	0(0.0%)	5(29.4%)	11(64.7%)	17(100.0%)
镇内婚	3(4.2%)	4(5.6%)	11(15.3%)	33(45.8%)	21(29.2%)	72(100.0%)
村内婚	3(7.7%)	0(0.0%)	8(20.5%)	19(48.7%)	9(23.1%)	39(100.0%)
总　计	7(3.7%)	8(4.2%)	30(15.9%)	81(42.9%)	63(33.3%)	189(100.0%)

Chi-Square=31.575，P=0.048<0.05,亦即 $\alpha=0.05$ 表明不同婚姻圈的 F 村男性夫妻关系满意度分布上有显著性差异。

由上表可以看出,不同通婚情况下,丈夫对于婚姻满意度的认识有显著差异。其中,省内通婚、县内通婚情况下,丈夫对婚姻"非常满意"的比重最高,分别为44.4％和64.7％;省外通婚、市内通婚、镇内通婚、村内通婚情况下,丈夫对婚姻"比较满意"的比重最高,分别为45.5％、37.5％、45.8％、48.7％。同时,省外通婚情况下,不存在对婚姻不满意的情况。总的来看,通婚范围较大或较小的情况下,丈夫对于婚姻的满意度不如通婚范围适中情况下的婚姻满意度。一方面,远距离通婚存在诸多不便,例如缺乏家庭支持、文化认同等问题。另一方面,近距离通婚情况下,夫妻双方的家庭接触较多,容易产生矛盾冲突。

（二）妻子对于夫妻关系的认识

1. 发生争吵情况

表 6-45　妻子对于发生争吵与通婚范围交叉表

	总是	经常	有时	从不	总计
省外婚	0(0.0％)	0(0.0％)	10(90.9％)	1(9.1％)	11(100.0％)
省内婚	0(0.0％)	5(27.8％)	9(50.0％)	4(22.2％)	18(100.0％)
市内婚	0(0.0％)	5(15.6％)	25(78.1％)	2(6.3％)	32(100.0％)
县内婚	0(0.0％)	0(0.0％)	11(64.7％)	6(35.3％)	17(100.0％)
镇内婚	0(0.0％)	10(13.9％)	55(76.4％)	7(9.7％)	72(100.0％)
村内婚	1(2.6％)	6(15.4％)	27(69.2％)	5(12.8％)	39(100.0％)
总　计	1(0.5％)	26(13.8％)	137(72.5％)	25(13.2％)	189(100.0％)

Chi-Square＝22.042,P＝0.107＞0.05,亦即 α＝0.05 表明不同婚姻圈的 F 村女性婚后吵架分布上没有显著性差异。

从上表可以看出,不同通婚情况下,夫妻间争吵情况并未有显著差异。妻子选择"有时"争吵的比重均超过了50％。其中,省内通婚情况下,"经常"争吵所占比重最高,为27.8％,县内通婚情况下,不存在"经常"争吵的情况,且"从不"争吵所占比重最高,为35.3％。总的来看,远距离通婚难以避免夫妻之间的争吵,通婚距离适中(县内通婚)情况更有利于夫妻关系的和谐。

2. 动手打人情况

表 6-46　妻子对于动手打人与通婚范围交叉表

	经常	有时	从不	总计
省外婚	0(0.0%)	1(9.1%)	10(90.9%)	11(100.0%)
省内婚	0(0.0%)	6(33.3%)	12(66.7%)	18(100.0%)
市内婚	0(0.0%)	7(21.9%)	25(78.1%)	32(100.0%)
县内婚	0(0.0%)	2(11.8%)	15(88.2%)	17(100.0%)
镇内婚	0(0.0%)	12(16.7%)	60(83.3%)	72(100.0%)
村内婚	1(2.6%)	4(10.3%)	34(87.2%)	39(100.0%)
总　计	1(0.5%)	32(16.9%)	156(82.5%)	189(100.0%)

Chi-Square＝9.757，P＝0.462＞0.05，亦即 α＝0.05 表明不同婚姻圈的 F 村女性吵架后动手分布上没有显著性差异。

由上表可以看出，不同通婚情况下，夫妻间动手打人情况并未有显著差异。妻子选择"从不"打人的比重最高，均超过了 66%（考虑到打人并不是被社会认可的行为，丈夫与妻子在该项回答上有一定差异，丈夫倾向隐去打人的事实）。其中，省外通婚情况下，"从不"打人所占比重最高，这对于远嫁来的外来媳妇，有着一定的意义。同时，省内通婚情况下，"有时"打人的比重相对最高，达到了 33.3%。除了村内通婚存在 1 例"经常"打人现象，其他通婚情况下并未存在该现象。但总的来看，除了省外通婚，在通婚范围较大情况下，夫妻间发生打人的可能性较高，通婚范围较小情况下打人发生的可能性较小。

3. 夫妻关系满意度

表 6-47　妻子对于夫妻关系满意度与通婚范围交叉表

	非常不满意	不太满意	一般	比较满意	非常满意	总计
省外婚	0(0.0%)	0(0.0%)	4(36.4%)	4(36.4%)	3(27.3%)	11(100.0%)
省内婚	0(0.0%)	2(11.1%)	1(5.6%)	6(33.3%)	9(50.0%)	18(100.0%)
市内婚	1(3.1%)	4(12.5%)	4(12.5%)	14(43.8%)	9(28.1%)	32(100.0%)
县内婚	1(5.9%)	0(0.0%)	0(0.0%)	7(41.2%)	9(52.9%)	17(100.0%)

	非常不满意	不太满意	一般	比较满意	非常满意	总计
镇内婚	1(1.4%)	5(6.9%)	17(23.6%)	33(45.8%)	16(22.2%)	72(100.0%)
村内婚	2(5.1%)	2(5.1%)	8(20.5%)	22(56.4%)	5(12.8%)	39(100.0%)
总　计	5(2.6%)	13(6.9%)	34(18.0%)	86(45.5%)	51(27.0%)	189(100.0%)

Chi-Square=9.757，P=0.462＞0.05，亦即 α=0.05 表明不同婚姻圈的 F 村女性夫妻关系满意度分布上没有显著性差异。

由上表可以看出，不同通婚情况下，妻子对于婚姻满意度的认识没有显著差异。其中，省内通婚、县内通婚情况下，妻子对婚姻"非常满意"的比重最高，分别为 50% 和 52.9%；市内通婚、镇内通婚、村内通婚情况下，丈夫对婚姻"比较满意"的比重最高，分别为 43.8%、45.8%、56.4%。同时，省外通婚情况下，不存在对婚姻不满意的情况。总的来看，通婚范围适中情况下，妻子的婚姻满意度较高。对于外来媳妇，远距离通婚存在诸多不便，例如缺乏家庭支持、文化认同等问题，而近距离通婚则增加了双方家庭的冲突机会。

综合比较夫妻对于双方关系的认知，可以看出，F 村的夫妻关系大体和谐，尤其是通婚距离适中的情况下，夫妻之间较少有矛盾和剧烈的冲突。传统因素虽然还对夫妻双方关系有着制约和影响，但是现代平等式的家庭关系已经深入人心。以上研究结果显示，不同通婚情况并未对夫妻关系构成显著影响。那么，到底影响夫妻关系的因素是什么呢？下面针对丈夫和妻子，分别构建了以夫妻关系满意度为因变量的模型，用以更好地对这一问题进行阐述。

第四节　夫妻关系满意度的模型结果分析

由于本研究所考查的因变量婚姻满意度为定序变量（1="不满意"；2="一般"；3="满意"），因而采用定序变量 logistic 模型（ordered logit modelling)对已婚夫妇的婚姻满意度进行影响因素的探讨。之所以没有采用传统的线性回归方法对定序变量进行处理,是因为定序变量无法满足线性回归对于方差齐性的要求。若用线性回归对定序因变量进行回归,则不仅会导致估计有偏,预测的有效性和一致性得不到保证,还会产生预测值越界等问题。在以下两个回归模型中,模型1仅包含个体特征变量,模型2在个体特征变量基础上增加了通婚距离变量,模型3在个体特征变量基础上增加了婚姻特征变量,模型4包含了所有变量。

表 6-48　F 村夫妻关系满意度的多元定序 logistic 模型(丈夫认知)

| | | 估算(E) | 标准错误 | Wald | df | 显著性 | 95%的置信区间 | |
							下限值	上限
分域	［夫妻关系满意度＝1］	−3.729	1.675	4.955	1	0.026	−7.012	−0.446
	［夫妻关系满意度＝2］	−1.496	1.650	0.821	1	0.365	−4.730	1.739
位置	年龄差	−0.029	0.022	1.708	1	0.191	−0.072	0.014
	受教育年限差	0.041	0.042	0.946	1	0.331	−0.042	0.124
	职业是否匹(不匹配＝0)	0.596	0.395	2.274	1	0.132	−0.179	1.370
	收入是否一样	−0.619	0.399	2.408	1	0.121	−1.400	0.163
	婚姻圈(同村婚＝0)							
	同镇不同村	−0.415	0.433	0.919	1	0.338	−1.262	0.433
	同区不同镇	−1.754	0.680	6.646	1	0.010	−3.087	−0.420
	同市不同区	−1.058	0.551	3.682	1	0.055	−2.139	0.023
	同省不同市	−1.121	0.711	2.483	1	0.115	−2.515	0.273
	同镇不同村	−0.701	0.828	0.718	1	0.397	−2.324	0.921
	夫妻沟通	−0.006	0.035	0.029	1	0.865	−0.075	0.063
	夫妻一致性	−0.107	0.041	6.806	1	0.009	−0.187	−0.027
	夫妻家庭事务	−0.027	0.063	0.180	1	0.672	−0.150	0.096
	家务劳动(双方一样＝1)							
	自己干得多	−0.867	0.491	3.110	1	0.078	−1.830	0.097
	配偶干得多	−0.510	0.363	1.970	1	0.160	−1.221	0.202
	吵架	0.677	0.288	5.537	1	0.019	0.113	1.242

Cox and Snell R2　0.233 ｜ Nagelkerke R2　0.264 ｜ McFadden R2　0.124 ｜−2 对数似然　357.851

表 6-49　F 村夫妻关系满意度的多元定序 logistic 模型(妻子认知)

		估算(E)	标准错误	Wald	df	显著性	95％的置信区间	
							下限值	上限
分域	[夫妻关系满意度=1]	−6.795	1.736	15.311	1	0.000	−10.198	−3.391
	[夫妻关系满意度=2]	−4.425	1.691	6.846	1	0.009	−7.741	−1.110
位置	年龄差	−0.005	0.018	0.074	1	0.786	−0.041	0.031
	受教育年限差	0.008	0.041	0.040	1	0.842	−0.072	0.088
	职业是否匹(不匹配=0)	0.362	0.367	0.974	1	0.324	−0.357	1.081
	收入是否一样	−0.436	0.491	0.789	1	0.374	−1.398	0.526
	婚姻圈(同村婚=0)							
	同镇不同村	−0.114	0.407	0.078	1	0.780	−0.912	0.685
	同区不同镇	−1.523	0.675	5.084	1	0.024	−2.846	−0.199
	同市不同区	−0.749	0.518	2.093	1	0.148	−1.765	0.266
	同省不同市	−1.628	0.630	6.682	1	0.010	−2.862	−0.393
	同镇不同村	−0.012	0.725	0.000	1	0.987	−1.433	1.409
	夫妻沟通	−0.016	0.035	0.201	1	0.654	−0.084	0.053
	夫妻一致性	−0.136	0.043	10.129	1	0.001	−0.220	−0.052
	夫妻家庭事务	−0.122	0.055	4.965	1	0.026	−0.228	−0.015
	家务劳动(双方一样=1)							
	自己干得多	−0.094	0.352	0.071	1	0.789	−0.784	0.596
	配偶干得多	−1.109	0.522	4.503	1	0.034	−2.132	−0.085
	吵架	0.222	0.213	1.089	1	0.297	−0.195	0.639

Cox and Snell R2　0.227　Nagelkerke R2　0.257　McFadden R2　0.120　−2 对数似然　433.397

1. 个人层面变量对夫妻关系满意度的影响

在个体变量层面,年龄差对丈夫和妻子的夫妻关系满意程度没有显著影响,即夫妻间年龄差异不对夫妻关系满意度产生作用。而受教育年限差对于丈夫的婚姻满意度存在显著影响,即丈夫在教育程度上高于妻子的情况下,丈夫的婚姻满意度越高。职业匹配对丈夫和妻子的夫妻关系满意程度有显著(p<0.01)。对于丈夫来讲,与妻子职业匹配情况下的夫妻关系满意程度是与妻子职业不匹配的

25.372 倍。对于妻子来讲,与丈夫职业匹配的夫妻关系满意程度是与丈夫职业不匹配的 9.032 倍。由此可见,夫妻双方职业匹配情况下的夫妻关系满意程度高于夫妻双方职业不匹配的情况。此外,夫妻双方收入差异情况对夫妻关系满意程度有显著影响($p<0.05$)。对于丈夫来讲,丈夫收入高于妻子情况下的婚姻满意程度低于夫妻收入一致情况下的婚姻满意程度下降。对于妻子来讲,收入差距并未对其婚姻满意度有显著影响。这说明,对于丈夫来讲,收入高于妻子的情况下,更容易出现传统的男权思想,从而影响夫妻关系满意度。

2. 通婚范围变量对夫妻关系满意度的影响

在通婚范围变量层面,区内通婚、省内通婚情况与村内通婚相比,对于夫妻双方的婚姻满意程度有显著影响($p<0.01$)。具体来看,对于丈夫来讲,通婚范围为同在鹿泉区但是不同镇情况下的满意程度比同为 F 村的降低 91.5%(1−exp β=0.915);通婚范围为同在河北省情况下的婚姻满意程度比同为 F 村的 85.6%(1−exp β=0.856)。对于妻子来讲,通婚范围为同在鹿泉区但是不同镇情况下的婚姻满意程度比同为 F 村的降低 91.5%(1−exp β=0.915);通婚范围为同在河北省但是不同市情况下的婚姻满意程度比同为 F 村的降低 85.6%(1−exp β=0.856)。也就是说,区内通婚、省内通婚情况下,婚姻满意度较低,而在其他通婚情况下,婚姻满意度较高。对于这种现象进行分析,实际上包含两种情况,一种是近距离通婚对于婚姻和家庭的巩固效应,在本家距离 F 村较近的情况下,外来媳妇可以寻求本家帮助,释放心理压力和不良情绪,夫妻各自本家也会通过多种渠道和机会化解矛盾、冲突;另一种是远距离通婚产生的依赖效应,由于外地媳妇远离家乡,在 F 村生活没有熟悉的亲戚和朋友,就会倾向与丈夫建立良好的关系。

3. 结婚变量对夫妻关系满意度的影响

在婚姻变量层面,夫妻一致性、家庭事务决策权、家务劳动承担情况、矛盾冲突状况对夫妻双方的婚姻满意度有显著影响。首先，夫妻一致性对丈夫和妻子的婚姻满意程度都有显著影响。具体来说，对于丈夫和妻子来讲，夫妻之间更具一致性的情况下，婚姻满意度较低。由此可见，婚姻关系的和谐并不缘于夫妻之间有共同之处，性别角色和个体特质上的差异并不构成婚姻满意度的负向影响，在夫妻性格、兴趣爱好、人际交往等方面的互补，有利于促进整个家庭的发展进步。对于妻子来讲，家庭事务决策权对婚姻满意程度都有显著影响（$p < 0.05$）。具体来讲，家庭事务决策权每增加一个单位，婚姻满意度就降低 26.1%（$1 - \exp \beta = 0.261$）。一方面，家庭事务决策权一定程度上反映了妻子所处的家庭地位，家庭事务决策权越多，丈夫在家中家庭地位较高，这种男高女低的传统家庭模式有利于家庭关系的和谐稳定。但是对于妻子来讲，在家中家庭事务决策权多，她们对家庭中的大小事务都要事必躬亲，而丈夫却较少为其分忧，所以降低了婚姻满意度。由此可见，在中国农村还保留着传统夫妻角色分工，男性地位高于女性，农村居民也认同这一点。男性在家中地位高的夫妻关系满意度也高，反之，男性在家中地位低的夫妻关系满意度也低。但是，家庭事务决策权对丈夫的夫妻关系满意程度没有显著影响。家务劳动变量对婚姻满意程度有显著影响（$p < 0.05$）。对于丈夫来讲，本身家务活干得多和配偶家务活干得多的情况下，丈夫的婚姻满意度均低于夫妻双方均摊家务的情况，分别比家务均摊情况下的婚姻满意度下降了 92.6%（$1 - \exp \beta = 0.926$）和 88.4%（$1 - \exp \beta = 0.884$）。对于妻子来讲，丈夫从事家务较多的情况下，婚姻满意度低于家务均摊情况，比家务均摊情况下的婚姻满意度下降了 92.2%（$1 - \exp \beta = 0.922$）。由此可见，在家务劳动承担上，现在的夫妻都对家务劳动量更加注重平等和协作，双方家务干得差不多的情况下，夫妻双方的婚姻满意度更高，当代社会平等的思想有了彰显。最后，吵架这一家庭矛盾冲突对丈夫和妻子的夫妻关系满意程度有

显著影响($p<0.05$)。无论对于丈夫还是妻子来说，随着吵架频率的降低，婚姻满意程度相对提升。可见，吵架对夫妻关系影响很大。

综上所述，在考察了影响夫妻关系和婚姻满意度的诸多变量之后，可以得出以下两方面结论。一方面，通婚范围情况对于夫妻关系和婚姻满意度的影响较为有限，远距离通婚或近距离通婚都存在对夫妻关系的有益因素和威胁因素。远距离通婚情况下，夫妻之间的一致性相对较低，不同地域之间存在文化区隔，但是远距离通婚带来的妻子对于丈夫的依赖在一定程度上又增强了夫妻关系的和谐与稳定，同时也避免了外来媳妇与本家接触增多带来的矛盾；近距离通婚情况下，夫妻之间的一致性较强，不存在文化上的隔离，媳妇可以较多获得本家的支持，减轻家庭压力，但是近距离通婚大大增多了夫妻双方的碰撞机会，在一定程度上会使得夫妻关系处于紧张状态。另一方面，对于影响夫妻关系和婚姻满意度因素的理解，应该综合考察多种因素，从个体因素、婚姻因素等多角度入手，这样才能更好地对这一现象进行解读。

第五节　本章小结

婚姻圈的扩大使得越来越多的来自不同地域、不同文化领域社会成员缔结了婚姻关系。然而，由于地域发展的不平衡性和文化差异等因素，来自不同地域的夫妻，他们之前的家庭教育背景、社会化经历、生活方式、地域文化、思想观念和伦理价值观会存在一定差异，具有不同的心理和行为，使得传统型夫妻关系受到了冲击。

首先，就夫妻交流沟通而言，通婚范围远近对丈夫在自己工作和未来生活规划上有显著影响。通婚距离越远，丈夫越愿意和妻子在自己工作和未来生活规划方面沟通。但是通婚范围远近对妻子夫妻交流沟通却没有任何影响。其次，就夫妻一致性而言，通婚范围对丈夫关于夫妻个体的兴趣爱好、性格脾气等个体因素认知没有显著影响。但是却对生活习惯、消费观念、人际交往观念和子女教育观念等社会性特征认知有显著影响。通婚范围越远,丈夫在生活习惯、消费观念、人际交往观念和子女教育观念等方面的认知越和妻子不一致。同样,通婚范围远近对妻子在夫妻一致性认知上没有任何影响。然后,在家庭事务决策上,无论是丈夫还是对妻子而言,通婚范围对他们在家庭事务决策上都没有显著的影响。丈夫和妻子在这个方面的分工是比较一样的,家庭在买房建房、投资贷款等方面,倾向由丈夫做主;在子女事务、购买贵重物品、生育决策等方面,倾向由夫妻双方商讨共同决定;在家庭日常开支、家务劳动等方面,主要由妻子负责。这样的结果可能与当地传统有关,一般情况下家庭经济生产环节方面都由丈夫做主,但是在消费环节上夫妻表现相对平等,妻子在一定程度上还保留着传统的操持家务角色。但是,现代家庭中的平等意识已经对每个家庭造成了影响,在诸多家庭事务中,夫妻双方共同决定的都占有较高比重。最后,在夫妻关系满意度认知上,通婚范围较大或较小的情况下,丈夫对于婚姻的满意度不如通婚范围适中情况下的婚姻满意度。一方面,远距离通婚存在诸多不便,例如缺乏家庭支持、文化认同等问题。另一方面,近距离通婚情况下,夫妻双方的家庭接触较多,容易产生矛盾冲突。但是,通婚范围大小对妻子的婚姻满意度却没有任何影响。

第七章　婚姻圈扩大之后的影响分析
——代际关系

第一节　婚姻圈与代际关系文献回顾和研究假设

　　学者王跃生(2011)指出家庭代际关系是不同代位家庭成员之间所形成的经济支持、生活照料和情感交流关系。[①]从代际关系的内容来看，主要指上下代之间所形成的抚育、赡养、继承、交换和交往关系。费孝通先生同样也认为，中国人的代际关系是抚育与赡养之间的平衡。[②]中国农村社会比较重视传统文化，养儿防老的观念深入人心。养儿防老不仅包括父母年老体弱时获得来自子女的经济支持、日常生活照料，而且还包括子女嘘寒问暖的情感慰藉、子孙满堂的天伦之乐。而抚育一般是父母养大未成年子女，供他们读书，为他们操办婚姻大事。这些内容不是本章关注的。因为现在中国是一个"未富先老"的国家，截止2013年底，我国60岁以上老年人口20 243万，占总人口的14.9％。其中65岁及以上人口13 161万人。全世界老年人口超过1亿的国家只有中国。2亿老年人口数几乎相当于印尼的总人口数，已超过了巴西、俄罗斯、日本等人口大国的人口数。同时，中国社会结构急剧变迁，人口流动日益频繁，传统的家庭养老模式正面临严峻挑战，"养老"日益成为社会关注的焦点问题。本章重

---

　　① 王跃生：《中国家庭代际关系内容及其时期差异——历史与现实相结合的考察》，《中国社会科学院研究生院学报》2011年第3期，第134—140页。

　　② 费孝通：《家庭结构变动中的老年赡养问题》，《北京大学学报(哲学社会科学版)》1983年第3期，第13—20页。

点关注子代与其父母的代际关系。

一、婚姻圈与农村代际关系文献回顾

纵观研究农村子代与上一代的代际关系的研究,大部分的结论是农村的代际关系处于失衡的状况(汪永寿,2013)。[1]主要表现在,父母对子代负有无限的责任和义务;而子代也将父母的责任视为理所当然,子代对亲代只负有限的责任和义务。老年人往往得不到子代的反馈,但却要给子代们金钱时间上的付出。出现这种代际关系失衡是原因,不同的学者有着不同的答案,宏观上有学者从国家权力变迁的角度分析、微观上有的学者从农民的权利意识和农民的价值观的角度分析,还有一些学者从新生代农民工外出打工性质变化分析,他们打工不再是临时性兼业的性质,而是长期性职业的性质。正因为这样,现在农村出现结婚即分家、自己养老、隔代抚养等新的代际规范,传统的代际关系不复存在。[2]

改革开放后社会流动的加剧,使城市婚姻圈发生较大变化,相关研究开始将社会流动和通婚距离的变化联系起来,探讨社会转型背景下通婚圈的变化趋势及原因。然而,从已有的研究成果来看,大多数都是将婚姻圈当作因变量,探讨是什么因素影响了婚姻圈的变迁,以及是什么原因形成了近距离通婚或远距离通婚(景晓芬,2013)。[3]婚姻圈很少作为自变量(解释变量)考察其对微观家庭的影响,尤其是家庭关系的影响。

而最早在农村代际关系研究中引入空间视角,是因为城市化过程中越来越多的子代外出劳动移民,导致原有的家庭结构中增加了

---

① 汪永涛:《城市化进程中农村代际关系的变迁》,《南方人口》2013 年第 1 期,第 73—80 页。

② 汪永涛:《城市化进程中农村代际关系的变迁》,《南方人口》2013 第 1 期,第 73—80 页。

③ 景晓芬:《代际差异视角下农民工通婚距离变迁研究——基于西安市的调查数据》,《人口与经济》2013 年第 4 期,第 63—69 页。

空间色彩。但是这些研究更多的重视劳动移民对打工地点文化和原生家庭文化适应。比如,学者林蔼云(2006)将空间理论引用到移民家庭研究中,利用"漂泊空间"的概念分析福建晋江移民如何在迁入地香港和原有家庭不同的文化机制下重塑家庭空间。①学者潘鸿雁(2010)则将空间上长久分离、家庭实质上完整的家庭称为"非常规核心家庭",并认为这是农民适应外出打工策略的一种主动选择行为。②空间视角的重要性将越来越突出,但是另一种因为婚姻而造成的空间视角也引起了不少学者的注意,跨地域婚姻潜在的差异性包括文化背景、家庭观念、认知态度等。农村远嫁的女子和自己原生家庭的断裂(唐灿,2009),③外来媳妇与婆婆的矛盾增加了不少家庭悲剧的发生(刘燕舞,2009)。④这些都是远距离婚姻影响的家庭代际关系。

此外,学者杨善华和沈崇麟(2000)指出在空间文化,现有研究缺乏在家庭或者个体层次更为微观且细致的检查,也缺乏较为精确的对文化差异性的操作化测量。⑤所以,与以往研究家庭关系使用文化规范和地区差异的研究有所不同,本研究将宏观因素转变为微观因素,并放置到家庭这一单位中讨论。对于家庭代际关系不应该简单地讨论夫妻个体层面对家庭代际关系的影响,而是需要将其置于更为复杂的社会文化情境中考察,因为家庭代际关系很可能受到夫妻

① 林蔼云:《漂泊的家:晋江—香港移民研究》,《社会学研究》2006 年第 2 期,第134—161 页。

② 潘鸿雁:《公共服务社会化的三方合作研究——以上海市徐汇区养老服务社会化为例》,《中共中央党校学报》2010 年第 1 期,第 95—98 页。

③ 唐灿、马春华、石金群:《女儿赡养的伦理与公平——浙东农村家庭代际关系的性别考察》,《社会学研究》2009 年第 6 期,第 18—36 期。

④ 刘燕舞:《农村夫妻关系与家庭结构的变动》,《西南石油大学学报(社会科学版)》,2009 年第 3 期,第 28—32 页。

⑤ 杨善华、沈崇麟:《城乡家庭:市场经济与非农化背景下的变迁》,浙江人民出版社2000 年版,第 56 页。

文化背景的影响(郑丹丹、杨善华,2003),即夫妻两人在文化上的差异,如地区差异、城乡分野会极大地影响家庭生活。[①]两个来自不同地域的人结为夫妇组成家庭后,不同地域文化会夫妻在家庭代际关系的认知,使得双方在家庭这个场域中为各种各样的事情有纷争、有冲突。所以,本研究认为婚姻圈类型不同的家庭,代际关系也会有所不同。

二、研究假设的提出

基于上述文献分析,本研究将通婚范围视为空间文化要素,来分析当代中国农村婚姻生活情况,将社会情境和文化差异放到以家庭为单位的微观层面,根据通婚范围类型着重考察夫妻婚前空间文化上的差异对家庭代际关系的影响。具体而言,本章主要关注婚姻圈类型是如何影响家庭代际关系的好坏。具体而言,本章主要关注通婚类型是如何影响家庭代际关系尤其是子女对老人经济支持、生活照料和精神慰藉等方面。国外相关研究中,夫妻之间的差异性除了体现在社会地位(教育、职业、收入等)方面之外,还体现在种族(族裔)文化方面。然而,中国家庭的文化差异更多地表现在不同文化圈或不同地域之间。现有研究对夫妻关系的研究都加入文化规范方面的相关指标或变量,诸如地区差异、是否跨省市、具体省市、城乡差异等指标。这些在某种程度上是空间文化要素的差异性体现。地区差异会极大地影响夫妻关系,夫妻双方的生活习惯与文化差异会影响夫妻关系,他们不仅需要对当地生活进行再适应,还要与配偶进行深度磨合。

依据上述观点,本章提出论证的核心假设:婚姻圈不同的家庭会显著影响子女对父母经济支持、生活照料和精神慰藉等方面。

---

① 郑丹丹,杨善华:《夫妻关系"定势"与权力策略》,《社会学研究》2003 年第 4 期,第96—105 页。

第二节 变量与方法

一、变量

（一）因变量——家庭代际关系

家庭代际关系是具有血缘关系（或收养关系）成员的纵向关系体现，家庭代际关系是家庭内不同代际成员之间的双向关系（王跃生，2008）。①家庭代际关系主要指上下代之间所形成的抚育、赡养、继承、交换和交往关系。本章重点关注子代与其父母的代际关系，不关注父母对子代的投资。通过跨省婚姻在两地农村所引起的家庭与社会反应差异，揭示婚姻行为背后，两地代际关系的不同。婚姻圈扩大背景，对自己与双亲的关系是否会存在影响。在婚姻圈变迁下代际关系的影响中，我们采取主观与客观测量的双重标准，客观测量包括父母现在居住状况、与父母居住距离、与父母发生矛盾和给予父母的经济支持、生活照料和精神慰藉等客观回答，主观测量包括对自己与父母关系的主观评价，对配偶对自己给予父母经济支持的态度。

本研究代际关系的问卷设计仅对父母健在的情况，如果父母双方都过世了，就不用作答此部分，但是父母双方有一方健在的情况是需要填写问卷。因此189个丈夫数据中缺失61个数据，189个妻子数据中缺失44个数据。

（二）自变量——婚姻圈

问卷中测量婚姻圈类型的问题是"您与配偶老家所在地？"答案分别为(1)在不同省份；(2)都在河北省但不同城市；(3)都在石家庄

---

① 王跃生：《中国家庭代际关系的理论分析》，《人口研究》2008年第4期，第13—21页。

市但不同区县;(4)都在鹿泉区但不同镇;(5)都在DH镇但不同村;(6)都在F村。依据答案不同可以将婚姻圈分为省外婚、省内婚、市内婚、区内婚、镇内婚与村内婚。配偶婚前的老家所在地,在某种程度上反映了受访者文化和认知的地域属性。婚姻圈的测量、通婚结构的测量,都是指具体婚姻单元中夫妇两人的空间距离或由此形成的类型。老家的所在地可以代表配偶双方的不同地域所隐含的文化背景、生活习惯和价值标准。

二、方法——双变量交互分析

本部分首先采用常用的单变量描述统计和双变量交叉分析,并在前人婚姻圈研究成果和双变量交叉分析的基础之上,建立关于通婚距离的回归模型,以此进行推断统计。双变量交叉分析利用交叉表来分析两个分类(定性)变量之间的关系。交叉表分析易于理解,便于解释,操作简单,并可以解释比较复杂的现象。

第三节 F村128名丈夫与父母代际关系

一、婚姻圈变迁下代际关系的测量

(一)居住情况

1. F村老一辈居住情况

在对F村200对夫妻进行的问卷调查中,选出父母还在世的男性村民,考察他们父母的居住情况。

表7-1 128名丈夫的父母居住情况和与之居住距离

父母居住情况 个数(百分比)	独居(或仅与配偶居住)	14(10.9%)
	与一个子女长期居住	61(47.7%)
	在不同子女家轮流居住	53(41.4%)
与父母居住距离 个数(百分比)	同住	66(51.6%)
	走路15分钟内到达	54(42.2%)
	车程30分钟以内到达	8(6.3%)

从 128 名丈夫的数据可以看出,就父母居住情况而言,父母独自居住的仅有 14 人,所占比例为 10.9%,近 90%的父母与一个子女长期居住和在不同子女家轮流居住,也就是说,与子女在一起居住仍然是老年人最主要的居住方式。而就与父母居住距离而言,超过一半的丈夫与父母同住,还有 42.2%的人与父母居住距离为走路 15 分钟内到达,只有 6.3%的人与父母居住距离为车程 30 分钟以内到达。从这个结果可以看出,F 村大部分的男性要么与父母住在一起,即使不在一起居住,父母也在 F 村居住。

2. 通婚范围与老一辈居住情况

表 7-2　不同婚姻圈影响下父母居住状况

	独居	与一个子女长期同住	在不同子女家轮流居住	总计
省外婚	0(0.0%)	8(88.9%)	1(11.1%)	9(100.0%)
省内婚	5(31.3%)	6(37.5%)	5(31.3%)	16(100.0%)
市内婚	2(10.5%)	13(68.4%)	4(21.1%)	19(100.0%)
县内婚	2(13.3%)	8(53.3%)	5(33.3%)	15(100.0%)
镇内婚	4(8.9%)	20(44.4%)	21(46.7%)	45(100.0%)
村内婚	1(4.2%)	6(25.0%)	17(70.8%)	24(100.0%)
总　计	14(10.9%)	61(47.7%)	53(41.4%)	128(100.0%)

Chi-Square=26.191,P=0.003<0.05,亦即 α=0.05 表明不同婚姻圈的 F 村男性父母居住状况分布上有显著性差异。

对于丈夫来讲,不同婚姻圈下父母居住状况有显著差别。省内婚中,丈夫父母独居的比例最高为 31.3%,其他通婚类型的丈夫父母独自居住状况都在 13.3%以下。可以看出,远距离通婚中,丈夫父母选择独自居住的可能性比较大。笔者在后期访谈中,也发现相类似的情况,有一些娶了外地媳妇的男性与自己父母分开住,怕妻子与自己父母由于家庭琐事产生矛盾,自己在村里其他的地方住,尽量避免妻子与父母的朝夕相处,避免矛盾发生。

3. 通婚范围与两代之间的居住距离

表7-3　不同婚姻圈丈夫与父母居住距离

	同住	走路15分钟内	车程30分钟内	总计
省外婚	7(77.8%)	2(22.2%)	0(0.0%)	9(100.0%)
省内婚	8(50.0%)	6(37.5%)	2(12.5%)	16(100.0%)
市内婚	13(68.4%)	4(21.1%)	2(12.5%)	19(100.0%)
县内婚	7(46.7%)	8(53.3%)	0(0.0%)	15(100.0%)
镇内婚	24(53.3%)	18(40.0%)	3(6.7%)	45(100.0%)
村内婚	7(29.2%)	16(66.7%)	1(4.2%)	24(100.0%)
总　计	66(51.6%)	54(42.2%)	8(6.3%)	128(100.0%)

Chi-Square=14.768，P=0.141>0.05，亦即 α=0.05 表明不同婚姻圈的 F 村男性在与父母居住距离上分布上没有显著性差异。

不同婚姻圈的丈夫与父母居住距离不相同，省外婚、省内婚、市内婚和镇内婚的丈夫与父母居住距离都是同住是最高比例，走路15分钟以内次之，车程30分钟以内最少。与之相反，县内婚和村内婚的丈夫与父母居住距离是走路15分钟以内是最高比例，其次才是同住。

（二）代际关系状况

1. 通婚范围与两代之间的矛盾冲突状况

表7-4　不同婚姻圈类型丈夫与父母矛盾

	经常	有时	很少	从不	总计
省外婚	0(0.0%)	2(22.2%)	5(55.6%)	2(22.2%)	9(100.0%)
省内婚	0(0.0%)	6(37.5%)	7(43.5%)	3(18.8%)	16(100.0%)
市内婚	0(0.0%)	5(26.3%)	10(52.6%)	4(21.1%)	19(100.0%)
县内婚	0(0.0%)	0(0.0%)	8(53.3%)	7(46.7%)	15(100.0%)
镇内婚	0(0.0%)	6(13.3%)	18(40.0%)	21(46.7%)	45(100.0%)
村内婚	1(4.2%)	4(16.7%)	8(33.3%)	11(45.8%)	24(100.0%)
总　计	1(0.8%)	23(18.0%)	56(43.8%)	48(37.5%)	128(100.0%)

Chi-Square=18.717，P=0.227>0.05，亦即 α=0.05 表明不同婚姻圈的 F 村男性在与父母矛盾上分布上没有显著性差异。

总体来看,普遍回答偏好,回答"经常"只有 1 人,"有时"、"很少"和"从不"分别为 23 人、56 人和 48 人,分别占比 18.0%、43.8%和 37.5%。不同婚姻圈的丈夫有所不同,省外婚、省内婚和市内的丈夫回答"有时"的选项低于县内婚、镇内婚和村内婚的丈夫,但是回答"从不"的选项却高于县内婚、镇内婚和村内婚的丈夫。这说明婚姻圈越大的丈夫与自己父母关系越不好。这可能与远距离配偶有关。后文将对此问题进一步分析。

2.通婚范围与对老一辈的经济支持

表 7-5　不同婚姻圈下丈夫给予父母的经济支持

	不给钱	2 000 以下	2 000—5 000	5 000—10 000	10 000—20 000	20 000—30 000	30 000—40 000	总计
省外婚	1(11.1%)	4(44.4%)	4(44.4%)	0(0.0%)	0(0.0%)	0(0.0%)	0(0.0%)	9(100.0%)
省内婚	3(18.8%)	7(43.8%)	5(31.3%)	1(63%)	0(0.0%)	0(0.0%)	0(0.0%)	16(100.0%)
市内婚	7(36.8%)	6(31.6%)	5(26.3%)	0(0.0%)	0(0.0%)	0(0.0%)	1(5.3%)	19(100.0%)
县内婚	2(13.3%)	8(53.3%)	4(26.7%)	0(0.0%)	0(0.0%)	1(6.7%)	0(0.0%)	15(100.0%)
镇内婚	2(53.3%)	28(62.2%)	9(20.0%)	4(8.9%)	2(4.4%)	0(0.0%)	0(0.0%)	45(100.0%)
村内婚	1(4.2%)	13(54.2%)	9(37.5%)	1(4.2%)	0(0.0%)	0(0.0%)	0(0.0%)	24(100.0%)
总　计	16(12.5%)	66(51.6%)	36(28.1%)	6(4.7%)	2(1.6%)	1(0.8%)	1(0.8%)	128(100.0%)

Chi-Square=39.494,P=0.115>0.05,亦即 α=0.05 表明不同婚姻圈的 F 村男性在给予父母经济支持分布上没有显著性差异。

总的来看,F 村的男性一年给予父母的经济支持都在 2 000 元以下和 2 000—5 000 元。不同婚姻圈的男性没有不同。

3.通婚范围与对老一辈的精神慰藉

代际关系中精神慰藉,本研究从三个方面进行分析分别为看望父母、给父母打电话和倾听父母心事。

表 7-6　不同婚姻圈下丈夫看望父母情况

	看望父母的频率					
	几乎每天	一周至少一次	一月至少一次	一年几次	从不	总计
省外婚	8(88.9%)	0(0.0%)	1(11.1%)	0(0.0%)	0(0.0%)	9(100.0%)
省内婚	10(62.5%)	3(18.8%)	3(18.8%)	0(0.0%)	0(0.0%)	16(100.0%)
市内婚	14(73.7%)	2(10.5%)	3(15.8%)	0(0.0%)	0(0.0%)	19(100.0%)
县内婚	13(86.7%)	2(13.3%)	0(0.0%)	0(0.0%)	0(0.0%)	15(100.0%)
镇内婚	29(64.4%)	10(22.2%)	1(2.2%)	2(4.4%)	3(6.7%)	45(100.0%)
村内婚	12(50.0%)	6(25.0%)	4(16.7%)	2(8.3%)	0(0.0%)	24(100.0%)
总　计	86(67.2%)	23(18.0%)	12(9.4%)	4(3.1%)	3(2.3%)	128(100%)

Chi-Square＝23.553，P＝0.262＞0.05，亦即 α＝0.05 表明不同婚姻圈的 F 村男性在看望父母频率分布上没有显著性差异。

表 7-7　不同婚姻圈下丈夫给父母打电话情况

	给父母打电话的频率					
	几乎每天	一周至少一次	一月至少一次	一年几次	从不	总计
省外婚	4(44.4%)	3(33.3%)	0(0.0%)	0(0.0%)	2(22.2%)	9(100.0%)
省内婚	4(25.0%)	7(43.8%)	1(6.3%)	1(6.3%)	3(18.8%)	16(100.0%)
市内婚	12(63.2%)	3(15.8%)	3(15.8%)	0(0.0%)	1(5.3%)	19(100.0%)
县内婚	6(40.0%)	6(40.0%)	1(6.7%)	0(0.0%)	2(13.3%)	15(100.0%)
镇内婚	13(28.9%)	11(24.4%)	2(4.4%)	3(6.7%)	16(35.6%)	45(100.0%)
村内婚	4(16.7%)	8(33.3%)	3(12.5%)	1(4.2%)	8(33.3%)	24(100.0%)
总　计	43(33.6%)	38(29.7%)	10(7.8%)	5(3.9%)	32(25.0%)	128(100%)

Chi-Square＝24.709，P＝0.213＞0.05，亦即 α＝0.05 表明不同婚姻圈的 F 村男性在给父母打电话分布上没有显著性差异。

表 7-8　不同婚姻圈下丈夫与父母谈心情况

	倾听父母心事的频率					
	几乎每天	一周至少一次	一月至少一次	一年几次	从不	总计
省外婚	4(44.4%)	1(11.1%)	2(22.2%)	2(22.2%)	0(0.0%)	9(100.0%)
省内婚	2(12.5%)	1(6.3%)	2(12.5%)	5(31.3%)	6(37.5%)	16(100.0%)
市内婚	7(36.8%)	3(15.8%)	6(31.6%)	1(5.3%)	2(10.5%)	19(100.0%)

（续表）

	倾听父母心事的频率					
	几乎每天	一周至少一次	一月至少一次	一年几次	从不	总计
县内婚	4(26.7%)	5(33.3%)	2(13.3%)	1(6.7%)	3(20.0%)	15(100.0%)
镇内婚	16(35.6%)	13(28.9%)	3(6.7%)	9(20.0%)	4(8.9%)	45(100.0%)
村内婚	7(29.2%)	2(8.3%)	6(25.0%)	8(33.3%)	1(4.2%)	24(100.0%)
总　计	40(31.3%)	25(19.5%)	21(16.4%)	26(20.3%)	16(12.5%)	128(100%)

Chi-Square＝34.710，P＝0.022＜0.05,亦即 α＝0.05 表明不同婚姻圈的 F 村男性在倾听父母心事上分布上有显著性差异。

　　首先,从看望父母方面看,之前分析得知,F 村男性与父母居住距离非常近,绝大多数都是同住或者是走路不超过 15 分钟。因此在看望父母选项上有三分之二的人选择几乎每天。但是仔细分析,不同婚姻圈略有差距。"从不"的选项全部出现在镇内婚的丈夫里。"一月至少一次"和"一年至少一次"也多出现镇内婚和村内婚的丈夫中,尤其是村内婚的丈夫只有一半的人选择"几乎每天",有四分之一的人选择"一周几次",还有四分之一的人选择"16.7%"和"8.3%"。镇内婚的丈夫也有 22.2% 的人选择"一周几次"。这样的调查结果引起了笔者极大的兴趣,为什么娶外地媳妇的丈夫看望自己父母的频率越高,反倒是娶村里的或者镇里的媳妇的丈夫看望自己父母的频率越低? 在后期访谈中得知,村里有些人虽然户口还在 F 村,但是实际上人已经不再村里住了,他们搬去县城或者石家庄市里面住了,平时工作比较忙,也就逢年过节的时候可以回村里看望父母。

　　其次,从给父母打电话方面看,与看望父母的频率相比,给父母打电话频率相对较少,只有三分之一的人选择"几乎每天",四分之一的人选择"从不",将近 30% 的人选择"一周至少一次",其他选项有 10%。各个类型婚姻没有明显差别。很少打电话的原因一是因为住得近,有事的话可以直接找人。二且老人觉得打电话花钱,年龄大了听力不好,打电话听不清,不如当面直接说事情更加清楚。

最后,在倾听父母心事方面,整体来讲,倾听频率不高,"几乎每天"和"一周至少一次"两者相加还不到一半。不同婚姻圈的丈夫有所不同。"省内婚"和"县内婚"的丈夫倾听父母心事的频率较低,分别有12.5%和26.7%的丈夫选择"几乎每天"倾听父母,从来不倾听父母心事的分别为37.5%和20.0%。其他类型婚姻圈的丈夫在倾听父母心事上没有差别。可以说明,婚姻圈越大的男性,倾听父母心事的频率越低。

4. 通婚范围与对老一辈的照料状况

表 7-9　不同婚姻圈下丈夫给予父母的生活照料

| | 帮助父母料理家务的频率 | | | | | |
	几乎每天	一周至少一次	一月至少一次	一年几次	从不	总计
省外婚	4(44.4%)	1(11.1%)	2(22.2%)	2(22.2%)	0(0.0%)	9(100.0%)
省内婚	5(31.3%)	4(25.0%)	3(18.8%)	1(6.3%)	3(18.8%)	16(100.0%)
市内婚	8(42.1%)	4(21.1%)	2(10.5%)	2(10.5%)	3(15.8%)	19(100.0%)
县内婚	8(53.3%)	4(26.7%)	2(13.3%)	0(0.0%)	1(6.7%)	15(100.0%)
镇内婚	21(46.7%)	9(20.0%)	5(11.1%)	2(4.4%)	8(17.8%)	45(100.0%)
村内婚	9(37.5%)	9(37.5%)	2(8.3%)	1(4.2%)	3(12.5%)	24(100.0%)
总　　计	55(43.0%)	31(24.2%)	16(12.5%)	8(6.3%)	18(14.1%)	128(100%)

Chi-Square=13.883,P=0.836>0.05,亦即 $\alpha=0.05$ 表明不同婚姻圈的 F 村男性在帮助父母料理分布上没有显著性差异。

表 7-10　不同婚姻圈下丈夫给予父母的患病照料

| | 父母患病期间照顾的频率 | | | | | |
	几乎每天	一周至少一次	一月至少一次	一年几次	从不	总计
省外婚	6(66.7%)	1(11.1%)	1(11.1%)	1(11.1%)	0(0.0%)	9(100.0%)
省内婚	13(81.3%)	3(18.8%)	0(0.0%)	0(0.0%)	0(0.0%)	16(100.0%)
市内婚	17(89.5%)	2(10.5%)	0(0.0%)	0(0.0%)	0(0.0%)	19(100.0%)
县内婚	14(93.3%)	1(6.7%)	0(0.0%)	0(0.0%)	0(0.0%)	15(100.0%)
镇内婚	34(75.6%)	7(15.6%)	1(2.2%)	2(4.4%)	1(2.2%)	45(100.0%)
村内婚	18(75.0%)	5(20.8%)	1(4.2%)	0(0.0%)	0(0.0%)	24(100.0%)
总　　计	102(79.7%)	19(14.8%)	3(2.3%)	3(2.3%)	1(0.8%)	128(100%)

Chi-Square=14.541,P=0.802>0.05,亦即 $\alpha=0.05$ 表明不同婚姻圈的 F 村男性在父母患病期间照顾分布上没有显著性差异。

表 7-11　不同婚姻圈下丈夫帮助父母干农活情况

	帮助父母干农活的频率					
	几乎每天	一周至少一次	一月至少一次	一年几次	从不	总计
省外婚	4(44.4%)	1(11.1%)	0(0.0%)	4(44.4%)	0(0.0%)	9(100.0%)
省内婚	3(18.8%)	4(25.0%)	2(12.5%)	4(25.0%)	3(18.8%)	16(100.0%)
市内婚	7(36.8%)	5(26.3%)	1(5.3%)	4(21.1%)	2(10.5%)	19(100.0%)
县内婚	3(20.0%)	2(13.3%)	5(33.3%)	2(13.3%)	3(20.0%)	15(100.0%)
镇内婚	12(26.7%)	10(22.2%)	8(17.8%)	5(11.1%)	10(22.2%)	45(100.0%)
村内婚	8(33.3%)	3(12.5%)	7(29.2%)	2(8.3%)	4(16.7%)	24(100.0%)
总　计	37(28.9%)	25(19.5%)	23(18.0%)	21(16.4%)	22(17.2%)	128(100%)

Chi-Square=21.603，P=0.362>0.05,亦即 α=0.05 表明不同婚姻圈的 F 村男性在帮助父母干农活上分布上没有显著性差异。

在父母生活照料方面,本研究通过三个方面进行分析,分别为帮助父母料理家务、在父母患病期间照顾情况和帮助父母干农活。首先,从帮助父母料理家务来说,绝大多数 F 村的丈夫一周至少一次帮助父母料理家务,各个类型婚姻圈没有差别。其次,在父母患病期间,80%的人会每天照顾父母。同样各个类型婚姻圈没有差别。最后,在干农活方面,F 村的丈夫帮助父母干农活的频率不是很高。因为现在每家每户分到的地本来就少,村民的主要收入也不靠种地了,都去城里打工,所以帮助父母干农活的不多。

二、不同婚姻圈丈夫代际关系的主观测量

1. 代际关系状况

表 7-12　不同婚姻圈丈夫与父母关系

	非常好	比较好	一般	总计
省外婚	3(33.3%)	5(55.6%)	1(11.1%)	9(100.0%)
省内婚	5(31.3%)	8(50.0%)	3(18.8%)	16(100.0%)
市内婚	8(42.1%)	8(42.1%)	3(15.8%)	19(100.0%)

（续表）

	非常好	比较好	一般	总计
县内婚	10(66.7%)	5(33.3%)	0(0.0%)	15(100.0%)
镇内婚	26(57.8%)	17(37.8%)	2(4.4%)	45(100.0%)
村内婚	14(58.3%)	8(33.3%)	2(8.3%)	24(100.0%)
总　计	66(51.6%)	51(39.8%)	11(8.6%)	128(100.0%)

Chi-Square＝10.187，P＝0.424＞0.05，亦即 α＝0.05 表明不同婚姻圈的 F 村男性在父母关系满意度分布上没有显著性差异。

总体来看，普遍回答偏好，没有人选择"不好"、"非常不好"的答案，选择"非常好"、"比较好"和"一般"分别为 66 人、51 人和 11 人，分别占比 51.6％、39.8％和 8.6％。不同婚姻圈的丈夫有所不同，省外婚、省内婚和市内的丈夫回答"非常好"的选项低于县内婚、镇内婚和村内婚的丈夫，但是回答"一般"的选项却高于县内婚、镇内婚和村内婚的丈夫。这说明婚姻圈越大的丈夫与自己父母关系越不好。这可能与娶远距离配偶有关。后文将对此问题进一步分析。

2. 外来媳妇的态度

表 7-13　不同婚姻圈丈夫给父母钱时配偶的态度

	非常支持	比较支持	不太支持	总计
省外婚	6(66.7%)	3(33.3%)	0(0.0%)	9(100.0%)
省内婚	8(50.0%)	8(50.0%)	0(0.0%)	16(100.0%)
市内婚	14(73.7%)	4(21.1%)	1(5.3%)	19(100.0%)
县内婚	11(73.3%)	3(20.0%)	1(6.7%)	15(100.0%)
镇内婚	24(53.3%)	20(44.4%)	1(2.2%)	45(100.0%)
村内婚	12(50.0%)	12(50.0%)	0(0.0%)	24(100.0%)
总　计	75(58.6%)	50(39.1%)	3(2.3%)	128(100.0%)

Chi-Square＝9.757，P＝0.462＞0.05，亦即 α＝0.05 表明不同婚姻圈的 F 村男性在配偶支持态度分布上没有显著性差异。

　　总体来看,普遍回答偏好,回答"非常支持"、"比较支持"和"不太支持"分别为 75 人、50 人和 3 人,分别占比 58.6%、39.1%和 2.3%。省外婚、市内婚和县内婚选择"非常支持"的比重高于省内婚、镇内婚和村内婚,而不太支持选项上,省外婚、省内婚和村内婚低于市内婚、县内婚和镇内婚。

第四节　结果分析

——F 村 135 名外来媳妇与父母代际关系

一、婚姻圈变迁下代际关系客观测量

（一）居住情况

1. 外来媳妇父母居住情况

表 7-14　135 名外来媳妇的父母居住情况和与之居住距离

父母居住情况 个数（百分比）	独居（或仅与配偶居住）	40（29.6%）
	与一个子女长期居住	66（48.9%）
	在不同子女家轮流居住	29（21.5%）
与父母居住距离 个数（百分比）	同住	4（3.0%）
	走路 15 分钟内到达	38（28.1%）
	车程 30 分钟以内到达	47（34.8%）
	车程 30 分钟到 1 小时之内	11（8.1%）
	车程 1 小时到 3 小时之内	18（13.3%）
	车程 3 小时以上	17（12.6%）

　　从 135 名妻子的数据可以看出,就父母居住情况而言,有将近一半的父母与一个子女长期居住,其次有近 30%的父母独居,在不同子女家轮流居住所占比例最少。而就与父母居住距离而言,大部分妻子与父母家的距离在车程 30 分钟内。约四分之一的妻子与父母家的车程距离超过 1 小时。从这个结果可以看出,F 村大部分的媳妇与父母家的距离并不算远。

2. 不同通婚情况下外来媳妇父母居住情况

表 7-15　不同婚姻圈影响下外来媳妇父母居住状况

	独居	与一个子女长期同住	在不同子女家轮流居住	总计
省外婚	3(30.0%)	5(50.0%)	2(20.0%)	10(100.0%)
省内婚	10(62.5%)	5(31.3%)	1(6.3%)	16(100.0%)
市内婚	7(28.0%)	14(56.0%)	4(16.0%)	25(100.0%)
县内婚	3(18.8%)	9(56.3%)	4(25.0%)	16(100.0%)
镇内婚	11(24.4%)	26(57.8%)	8(17.8%)	45(100.0%)
村内婚	6(26.1%)	7(30.4%)	10(43.5%)	23(100.0%)
总　计	40(29.6%)	66(48.9%)	29(21.5%)	135(100.0%)

Chi-Square＝18.436，P＝0.048＜0.05,亦即 α＝0.05 表明不同婚姻圈的 F 村女性父母居住状况分布上有显著性差异。

对于妻子来讲,不同婚姻圈下其丈夫的父母居住状况有显著差别。有一些娶了外地媳妇的男性与自己父母分开住,怕妻子与自己父母由于家庭琐事产生矛盾,自己在村里其他的地方住,尽量避免妻子与父母的朝夕相处导致矛盾发生。

由于通婚距离远的妻子势必与自己父母家距离也远,再次不予分析。

（二）外来媳妇与父母关系情况

1. 外来媳妇与父母的矛盾冲突状况

表 7-16　不同婚姻圈类型外来媳妇与父母矛盾

	总是	经常	有时	很少	从不	总计
省外婚	0(0.0%)	0(0.0%)	5(50.0%)	2(20.0%)	3(30.0%)	10(100.0%)
省内婚	0(0.0%)	0(0.0%)	3(18.8%)	6(37.5%)	7(43.8%)	16(100.0%)
市内婚	0(0.0%)	1(4.0%)	9(36.0%)	3(12.0%)	12(48.0%)	25(100.0%)
县内婚	0(0.0%)	0(0.0%)	3(18.8%)	2(12.5%)	11(68.8%)	16(100.0%)

	总是	经常	有时	很少	从不	总计
镇内婚	0(0.0%)	1(2.2%)	8(17.8%)	16(35.6%)	20(44.4%)	45(100.0%)
村内婚	1(4.3%)	1(4.3%)	4(17.4%)	10(43.5%)	7(30.4%)	23(100.0%)
总　计	1(0.7%)	3(2.2%)	32(23.7%)	39(28.9%)	60(44.4%)	135(100.0%)

Chi-Square=18.717，P=0.227>0.05，亦即 α=0.05 表明不同婚姻圈的 F 村外来媳妇在与父母矛盾分布上没有显著性差异。

总体来看，普遍回答偏好，回答"总是"只有 1 人，"经常"只有 3 人，"有时"、"很少"和"从不"分别为 32 人、39 人和 60 人，分别占比 23.7%、28.9%和 44.4%。不同婚姻圈的妻子有所不同，省外婚的妻子回答"有时"为 50%，高于其他婚姻圈的妻子，回答"从不"却高于其他婚姻圈妻子，这说明省外婚的妻子与自己父母容易产生矛盾。这会不会是她们本身远嫁的原因，后文会分析这一点。

2. 外来媳妇对父母的支持状况

表 7-17　不同婚姻圈外来媳妇给予父母的经济支持

	不给钱	2 000 以下	2 000—5 000	5 000—10 000	10 000—20 000	50 000	总计
省外婚	1(10.0%)	6(60.0%)	1(10.0%)	1(10.0%)	1(10.0%)	0(0.0%)	10(100.0%)
省内婚	5(31.3%)	6(37.5%)	5(31.3%)	0(0.0%)	0(0.0%)	0(0.0%)	16(100.0%)
市内婚	6(24.0%)	14(56.0%)	5(20.0%)	0(0.0%)	0(0.0%)	0(0.0%)	25(100.0%)
县内婚	2(12.5%)	9(56.3%)	5(31.3%)	0(0.0%)	0(0.0%)	0(0.0%)	16(100.0%)
镇内婚	4(8.9%)	31(68.9%)	8(17.8%)	1(2.2%)	0(0.0%)	1(2.2%)	45(100.0%)
村内婚	7(30.4%)	13(56.5%)	3(13.0%)	0(0.0%)	0(0.0%)	0(0.0%)	23(100.0%)
总　计	25(18.5%)	79(58.5%)	27(20.0%)	2(1.5%)	1(0.7%)	1(0.7%)	135(100.0%)

Chi-Square=32.566，P=0.142>0.05，亦即 α=0.05 表明不同婚姻圈的 F 村女性在给予父母经济支持分布上没有显著性差异。

总的来看，F 村的妻子一年给予父母的经济支持大多在 2 000 元以下和 2 000—5 000 元，比例将近 80%，但是同时有 18.5%的妻子不给自己父母经济支持。不同婚姻圈的妻子没有差别。

3. 外来媳妇对父母的精神慰藉状况

表 7-18　不同婚姻圈外来媳妇看望父母情况

	看望父母的频率				
	几乎每天	一周至少一次	一月至少一次	一年几次	从不	总计
省外婚	0(0.0%)	0(0.0%)	1(11.1%)	8(88.9%)	0(0.0%)	9(100.0%)
省内婚	0(0.0%)	1(6.3%)	4(25.0%)	10(62.5%)	1(6.3%)	16(100.0%)
市内婚	1(4.0%)	9(36.0%)	10(40.0%)	5(20.0%)	0(0.0%)	25(100.0%)
县内婚	2(12.5%)	6(37.5%)	8(50.0%)	0(0.0%)	0(0.0%)	16(100.0%)
镇内婚	3(6.7%)	18(40.0%)	22(48.9%)	2(4.4%)	0(0.0%)	45(100.0%)
村内婚	9(39.1%)	12(52.2%)	2(8.7%)	0(0.0%)	0(0.0%)	23(100.0%)
总　计	15(11.2%)	46(34.3%)	47(35.1%)	25(18.7%)	1(0.7%)	135(100.0%)

Chi-Square=100.189，P=0.000<0.05,亦即 α=0.05 表明不同婚姻圈的 F 村女性在看望父母分布上有显著性差异。

不同婚姻圈的妻子在看望父母上,呈现出一定规律,通婚范围越大的妻子,看望父母的频率越少。这主要是因为路途遥远,在访谈中,外来的媳妇也表示一年没有多少时间能回家的,有时候几年也顾不上回家。

表 7-19　不同婚姻圈外来媳妇给父母打电话情况

	给父母打电话的频率				
	几乎每天	一周至少一次	一月至少一次	一年几次	从不	总计
省外婚	2(22.2%)	5(55.6%)	2(22.2%)	0(0.0%)	0(0.0%)	9(100.0%)
省内婚	0(0.0%)	12(75.0%)	4(25.0%)	0(0.0%)	0(0.0%)	16(100.0%)
市内婚	4(16.0%)	13(52.0%)	5(20.0%)	2(8.0%)	1(4.0%)	25(100.0%)
县内婚	4(25.0%)	11(68.8%)	0(0.0%)	1(6.3%)	0(0.0%)	16(100.0%)
镇内婚	6(13.3%)	30(66.7%)	4(8.9%)	1(2.2%)	4(8.9%)	45(100.0%)
村内婚	3(13.3%)	10(43.5%)	4(17.4%)	0(0.0%)	6(26.1%)	23(100.0%)
总　计	19(14.2%)	81(60.4%)	19(14.2%)	4(3.0%)	11(8.2%)	134(100.0%)

Chi-Square=29.298，P=0.082>0.05,亦即 α=0.05 表明不同婚姻圈的 F 村女性在给父母打电话分布上没有显著性差异。

表 7-20　不同婚姻圈外来媳妇与父母谈心情况

	倾听父母心事的频率					
	几乎每天	一周至少一次	一月至少一次	一年几次	从不	总计
省外婚	1(11.1%)	2(22.2%)	3(33.3%)	2(22.2%)	1(11.1%)	9(100.0%)
省内婚	0(0.0%)	4(25.0%)	4(25.0%)	5(31.3%)	3(18.8%)	16(100.0%)
市内婚	3(12.0%)	9(36.0%)	4(16.0%)	5(20.0%)	4(16.0%)	25(100.0%)
县内婚	2(12.5%)	7(43.8%)	3(18.8%)	4(25.0%)	0(0.0%)	16(100.0%)
镇内婚	3(6.7%)	21(46.7%)	8(17.8%)	11(24.4%)	2(4.4%)	45(100.0%)
村内婚	3(13.0%)	6(26.1%)	7(30.4%)	5(21.7%)	2(8.7%)	23(100.0%)
总　计	12(9.0%)	49(36.6%)	29(21.6%)	32(23.9%)	12(9.0%)	134(100.0%)

Chi-Square＝14.328，P＝0.813＞0.05，亦即 α＝0.05 表明不同婚姻圈的 F 村女性在倾听父母心事上分布上没有显著性差异。

在给父母打电话方面，选择"一周至少一次"的比重最多为60.4％，"几乎每天"的选项也有"14.2％"，这两项加起来占了四分之三，选择"从不"的选项都是镇内婚的村内婚的妻子。这说明 F 村的媳妇通婚距离越远给自己父母打电话越频繁，通婚距离越近给父母打电话频率越少。这可能是因为与自己父母家离得较远，只能通过现代通讯方式联系以尽到为人子女的义务。

在倾听父母心事方面，总体来看频率偏低，"几乎每天"和"一周至少一次"两项相加还不没有达到一半。不同婚姻圈的媳妇大体一致，没有差别。

由此以上分析可以看出，通婚距离较远的 F 村媳妇给予自己父母精神慰藉方面远低于通婚距离较近的。

4. 外来媳妇对父母的照料状况

表 7-21　不同婚姻圈外来媳妇给予父母的生活照料

	帮助父母料理家务的频率					
	几乎每天	一周至少一次	一月至少一次	一年几次	从不	总计
省外婚	0(0.0%)	1(11.1%)	1(11.1%)	5(55.6%)	2(22.2%)	9(100.0%)
省内婚	1(6.3%)	1(6.3%)	4(25.0%)	10(62.5%)	0(0.0%)	16(100.0%)

	帮助父母料理家务的频率					
	几乎每天	一周至少一次	一月至少一次	一年几次	从不	总计
市内婚	3(12.0%)	2(8.0%)	11(44.0%)	6(24.0%)	3(12.0%)	25(100.0%)
县内婚	1(6.3%)	5(31.3%)	7(43.8%)	2(12.5%)	1(6.3%)	16(100.0%)
镇内婚	4(8.9%)	14(31.1%)	20(44.4%)	6(13.3%)	1(2.2%)	45(100.0%)
村内婚	5(21.7%)	13(56.5%)	2(8.7%)	1(4.3%)	1(8.7%)	23(100.0%)
总　计	14(10.4%)	36(26.9%)	45(33.6%)	30(22.4%)	9(6.7%)	134(100.0%)

Chi-Square=56.365，P=0.000<0.05，亦即 α=0.05 表明不同婚姻圈的 F 村女性在帮助父母料理家务分布上没有显著性差异。

表 7-22　不同婚姻圈外来媳妇给予父母的患病照料

	父母患病期间照顾的频率					
	几乎每天	一周至少一次	一月至少一次	一年几次	从不	总计
省外婚	5(55.6%)	1(11.1%)	1(11.1%)	1(11.1%)	1(11.1%)	9(100.0%)
省内婚	11(68.8%)	3(18.8%)	1(6.3%)	1(6.3%)	0(0.0%)	16(100.0%)
市内婚	16(64.0%)	8(32.0%)	0(0.0%)	0(0.0%)	1(4.0%)	25(100.0%)
县内婚	14(87.5%)	2(12.5%)	0(0.0%)	0(0.0%)	0(0.0%)	16(100.0%)
镇内婚	30(66.7%)	12(26.7%)	0(0.0%)	3(6.7%)	0(0.0%)	45(100.0%)
村内婚	16(69.6%)	6(26.1%)	1(4.3%)	0(0.0%)	0(0.0%)	23(100.0%)
总　计	92(68.7%)	32(23.9%)	3(2.2%)	5(3.7%)	2(1.5%)	134(100.0%)

Chi-Square=23.536，P=0.263>0.05，亦即 α=0.05 表明不同婚姻圈的 F 村女性在父母患病期间给予照顾分布上没有显著性差异。

表 7-23　不同婚姻圈外来媳妇帮助父母干农活情况

	帮助父母干农活的频率					
	几乎每天	一周至少一次	一月至少一次	一年几次	从不	总计
省外婚	0(0.0%)	0(0.0%)	1(11.1%)	4(44.4%)	4(44.4%)	9(100.0%)
省内婚	0(0.0%)	0(0.0%)	2(12.5%)	7(43.8%)	7(43.8%)	16(100.0%)
市内婚	0(0.0%)	4(16.0%)	3(12.0%)	8(32.0%)	10(40.0%)	25(100.0%)
县内婚	2(12.5%)	2(12.5%)	5(31.3%)	3(18.8%)	4(25.0%)	16(100.0%)

	帮助父母干农活的频率					
	几乎每天	一周至少一次	一月至少一次	一年几次	从不	总计
镇内婚	4(8.9%)	4(8.9%)	8(17.8%)	17(37.8%)	12(26.7%)	45(100.0%)
村内婚	5(21.7%)	7(25.6%)	5(21.7%)	3(13.0%)	3(13.0%)	23(100.0%)
总　计	11(8.2%)	17(12.7%)	24(17.9%)	42(31.3%)	40(29.9%)	134(100.0%)

Chi-Square=32.128，P=0.042＜0.05，亦即 $\alpha=0.05$ 表明不同婚姻圈的 F 村女性在帮助父母干农活分布上有显著性差异。

F 村的媳妇在给予自己父母生活照料方面，无论是帮助父母料理家务，还是帮助父母干农活，通婚距离远的媳妇的频率远低于通婚距离近的。但是在父母患病期间，不同婚姻圈的媳妇在照顾父母方面没有差别。这样结果说明，婚姻圈远近会影响女性对自己父母日常方面的照料，但是不会影响在父母生病等特殊情况下的照料。

二、不同婚姻圈妻子代际关系的主观测量

1. 父母关系状况

表 7-24　不同婚姻圈妻子父母关系

	非常好	比较好	一般	总计
省外婚	5(50.0%)	5(50.0%)	0(0.0%)	10(100.0%)
省内婚	10(62.5%)	5(31.3%)	1(6.3%)	16(100.0%)
市内婚	14(56.0%)	8(32.0%)	3(12.0%)	25(100.0%)
县内婚	9(56.3%)	6(37.5%)	1(6.3%)	16(100.0%)
镇内婚	28(62.2%)	12(26.7%)	5(11.1%)	45(100.0%)
村内婚	9(39.1%)	10(43.5%)	4(17.4%)	23(100.0%)
总　计	75(55.6%)	46(34.1%)	14(10.4%)	135(100.0%)

Chi-Square=6.606，P=0.762＞0.05，亦即 $\alpha=0.05$ 表明不同婚姻圈的 F 村媳妇在父母关系满意度上分布上没有显著性差异。

总体来看，普遍回答偏好，没有"不好"、"非常不好"的答案，选择"非常好"、"比较好"和"一般"分别为 75 人、46 人和 14 人，分别占比 55.6%、34.1%和 10.4%。不同婚姻圈的妻子有所不同，省内婚、市内婚、县内婚和镇内婚的妻子回答"非常好"的选项低于省外婚和村内婚的妻子,但是回答"一般"的选项市内婚、镇内婚和村内婚的妻子却高于省外婚、省内婚和县内婚。

2. 配偶态度

表 7-25　不同婚姻圈妻子给父母钱时配偶的态度

	非常支持	比较支持	不太支持	总计
省外婚	7(70.0%)	3(30.0%)	0(0.0%)	10(100.0%)
省内婚	12(75.0%)	4(25.0%)	0(0.0%)	16(100.0%)
市内婚	8(32.0%)	15(60.0%)	2(8.0%)	25(100.0%)
县内婚	9(56.3%)	7(43.8%)	0(0.0%)	16(100.0%)
镇内婚	26(57.8%)	18(40.0%)	1(2.2%)	45(100.0%)
村内婚	11(47.8%)	11(47.8%)	1(4.3%)	23(100.0%)
总　计	73(54.1%)	58(43.0%)	4(3.0%)	135(100.0%)

　　Chi-Square＝11.432,P＝0.325＞0.05,亦即 α＝0.05 表明不同婚姻圈的 F 村外来媳妇在配偶支持态度上分布上没有显著性差异。

总体来看,普遍回答偏好,回答"非常支持"、"比较支持"和"不太支持"分别为 73 人、58 人和 4 人,分别占比 54.1%、43.0% 和 3.0%。只有市内婚的妻子选择不同,选择"非常支持"占比 32.0%,"比较支持"占比 60.0%,"不太支持"占比 8.0%。其他婚姻圈妻子的选择没有差别。

第五节　婆媳矛盾分析

婆媳关系是一对姻缘关系,从属于父子关系。在血统上,婆婆儿媳之间没有直接关系,只能算作姻亲。婆媳关系是家庭关系中最复杂、最敏感的环节,也是最不易处理好的关系,是家中爆发冲突与矛盾的沃土。有学者认为,婆媳冲突并不在于婆媳间的代沟或生活方式的诸多矛盾等具体原因,而在于二者之间事先就存在的敌意,即导致婆媳敌意产生的关键因素是婆媳对家庭有限权力的争夺。中国家庭子女对父母依赖过多,父母对子女期望太大,"夫妻之间的关系,在一定意义上说,是父母与儿女关系中的干扰因素"。婆婆认为儿媳夺走儿子,产生失落感,儿媳则认为婆婆对儿子过多干预而心怀不满,由此,产生了婆媳矛盾。

对于 F 村婆媳关系情况的说明,本研究从以下案例分析中进行阐述。

魏哥与魏嫂的家庭:

总的来看,魏嫂和婆婆关系不好。婆婆年轻时是个大美女,公公又是脾气好的老实人,对婆婆极度包容,使得婆婆在家里都是主事人。魏嫂也是一个独立的女孩,长相能力都不错,性格有些强势,这样两个强势女人相处起来肯定有矛盾。平时在魏哥面前,婆婆会对魏嫂好一点,私底下两个女人经常互相不理睬。有时候也会拌嘴吵架。魏嫂在婆婆那里受到委屈了,跟魏哥诉说,魏哥经常数落魏嫂,导致两个人夫妻关系紧张。魏哥也会因为这个魏嫂跟婆婆顶嘴而动手打魏嫂。

矛盾之一:做手工活

魏嫂和她婆婆矛盾一直都存在,曾经发生过几次大的冲突,魏嫂平时在门诊不忙的时候会出去承接了棉拖鞋的手工活,这种手工活工钱不多,一对鞋花才 2 角或 2 角 5 分。但是老板要求却极其严格,鞋花的样式都有明确的标准,比如眼睛应该多长,两个眼睛距离应该多宽,鞋花边距应该多少。如果交活时达不到鞋厂老板的要求,老板有权拒绝收货,并且也不会支付工资。魏嫂作为 F 村的包工头,对做鞋花的每个人都会讲述一遍鞋厂老板的要求,并且尽量叮嘱她们一定要按照要求做活,否则将拿不到工钱。魏嫂就怕大家做的成品达不到标准,要求大家每做 50 双就上交一次,这样方便检查,如果出现问题可以及时纠正。

魏嫂的婆婆平时没有什么事,也愿意参与做鞋花的工作。婆婆在取做鞋花的材料时,魏嫂会详细跟她讲解如果去做的话,怎么去做,做成什么样子。出于对婆婆的担心,魏嫂还会当场做出几个样板给婆婆带回家,让其照着样子做。婆婆当时表示听清楚了,也会做出口头承诺会按照老板要求和模板去做。魏嫂对婆婆有基本的信任,没有要求婆婆每做 50 双上交一次的规定,而且全部做完才上交。但是婆婆将活全部做完上交时,魏嫂发现婆婆所有的手工活都没有按照要求去做,没有合格的。鞋厂老板着急要货,而魏嫂又是个急性子,就冲婆婆发火了,质问她为什么不按照要求去做,擅自更改,并且要求婆婆返工重做。婆婆却说自己认为按照自己的样式去做,鞋花会更好看。魏嫂非常恼火地反驳说你认为好看不行,人家(鞋厂老板)那边有要求,你不按照人家做,就没有工钱。婆婆一听魏嫂语气不好,也大声嚷嚷起来。两个人就吵起来了,言语上绝对是很不客气,几乎骂人话都说出口了。

魏哥知道魏嫂跟他妈妈吵架后十分生气,为此把魏嫂打了一顿,魏哥认为无论他妈妈再不对,魏嫂不该骂老人。魏嫂因为这个事情后,很长一段时间都没有和魏哥说话。

后来再有一次做手工活,婆婆还是不按照鞋厂老板的要求去做,这次魏嫂学乖了,事先把这件事跟魏哥说,让魏哥说怎么办。魏哥当即表示让他妈妈拿回去重做,魏嫂让魏哥处理这件事情,自己不再参与其中,这一次魏哥妈妈自知理亏,自己悻悻拿回去重做。

魏嫂与婆婆这次矛盾是由于做手工活发生的,但是其实这涉及到代际权力和代际尊严的问题,婆婆第一次坚持不重做的原因是不愿意听从魏嫂的话,也就是不愿意服从媳妇的意愿,她认为在家里自己的地位要比媳妇高,媳妇说什么、做什么都应该按照自己的想法,而不是倒置。而第二次婆婆重新做,是因为是自己儿子提出来的,儿子的权威,婆婆是可以服从的,也可以将家庭权力让渡于自己的儿子,但是对于媳妇,婆婆是不愿意让渡,因此会与媳妇发生矛盾。

矛盾之二:养育小孩观念不同

魏嫂和她婆婆对待小孩养育不同,魏哥和魏嫂由于每天要在诊所里忙活,吃住都在诊所里解决,孩子2011年出生,在隔壁村的幼儿园上学期间,孩子平时是和公公婆婆住,不在诊所住。早饭、晚饭也是在爷爷奶奶家里吃,晚上和爷爷奶奶睡。就是早饭过后,大约7点50分左右,奶奶将孩子送到诊所,让魏哥或者是魏嫂把孩子送到村口幼儿园班车站那里(骑电动车大约5分钟)。下午5点,魏哥或魏嫂去村里班车站再将孩子接回来,有时候病号多,实在走不开,就让魏哥的爸爸去村口接孩子。如果诊所病号不多,孩子就在诊所写作业,玩一会儿再回爷爷家吃饭,如果诊所人多就直接回到爷爷家。

魏嫂对婆婆不满意的地方在于,婆婆为人十分节俭,平时做饭基本都是图省事,便宜,经常都是白水煮面。不怎么给孩子做好吃的,营养也不够。孩子不爱吃,也不怎么吃,导致孩子长得特别瘦小,显得比同龄孩子小。一方面,婆婆对魏嫂的不满也发泄在孩子身上,经常对孩子打骂;另一方面,魏嫂对婆婆的怨气也会对孩子说,孩子因此对奶奶也产生了不好印象,对奶奶态度不是特别友好,经常会说,我讨厌你,你走开,我不喜欢你之类的话语。这也加深了婆婆对魏嫂的不满。

由于魏嫂和婆婆在生活方式上的不同,婆婆长期生活在农村,农村的生活经验和方式是其固有的本质,朴实节俭的生活方式根深蒂固地影响着她。魏嫂是从外地嫁入F村的,本身又接受过高等教育(在石家庄读的医专),曾经在城市生活过,城市的生活方式已经对她产生了深刻影响,与婆婆的生活方式有着明显的不同,跟城市生活比起来,农村生活有太多的不便,因此容易引发他们两代人在生活方式上的冲突。

关于晚辈的教育方面,婆婆之所以不对自己孙子进行投资,正是出于对媳妇的不满。相比较,村里的某些婆婆,对待自己的孙子就特别好。改革开放以来,乡村农民经济地位发生了改变,以亲子关系为轴心的传统家庭关系模式在向以夫妻关系为轴心的现代家庭关系模式转变的过程中,婆婆的统治已经不复存在。

婆媳间在教育晚辈上的冲突,可以进行以下分析。重视晚辈的教育是当下家庭代际成员的共识。而且对于很多外出务工的家庭来说,给孙辈提供更好的教育往往还是他们外出务工的重要动因。但是,祖辈和子辈对于孙辈教育的理解却存在很大的差异。作为年老的祖辈来说,他们虽然很重视孙辈的教育,可是由于受知识水平、精力的限制,往往心有余而力不足,能给孙辈提供的学习上的帮助十分有限。且认为儿子、儿媳长期不在身边对孙辈已是一种亏欠,不忍心对孙辈的学习进行严苛的管理,往往认为只要过得去就行了,甚至认为照料孙辈的生活更为重要,学习主要靠孙辈自己。魏嫂是接受过高等教育的人,她将希望寄托在了孩子的身上,他们望子成龙,迫切希望孩子通过努力学习来改变家庭的命运。他们的这种愿望直接变成了对孩子优异成绩的渴望,因此,他们对孩子教育的关注也往往只是对学习成绩的关注,而对孩子的身心健康、道德品行却无暇顾及。只要孩子的学习成绩不好,他们就会对孩子进行严厉的责骂,甚至责怪父母不尽责,从而导致家庭关系的紧张。

魏嫂虽然对她婆婆有诸多不满和怨恨,但是由于诊所太忙,她无暇分身照顾孩子,只能求助于婆婆、公公帮其照顾孩子,魏嫂逢年过节或者赚钱的时候,都会给婆婆买新衣服或者给予金钱。这算是对婆婆帮其照顾孩子的金钱回报。比如,魏嫂去年夏天帮鞋厂做鞋花赚了1 700元钱,她给婆婆买了一件优质羽绒服。

这说明婆媳关系会因为代际合作分工,尤其是在照顾孙辈的情况下有所缓和。

第六节　本章小结

通婚范围扩大对代际关系也产生影响。首先,就居住方式而言,无论对于丈夫还是妻子,通婚范围越大,其父母独立居住的可能性越大。而有一些娶了外地媳妇的男性与自己父母分开住,怕妻子与自己父母由于家庭琐事产生矛盾,自己在村里其他的地方住,尽量避免妻子与父母的朝夕相处,避免矛盾发生。其次,给予父母经济支持上,无论是丈夫还是妻子,通婚范围大小都不起作用。然后,在给予父母生活照料方面,无论是日常生活照料、患病期间照顾还是照看小孩等,通婚范围对男性来讲没有影响;但是对于妻子来讲,通婚范围越远的妻子对父母生活照料越少。最后,在精神慰藉方面,通婚范围对男性倾听父母心事上面有影响,通婚范围越远的丈夫倾听父母心事越少。对于妻子来讲,通婚范围对他们看望父母有显著影响,通婚范围越大她们看望父母的次数越少。

总的来说,婚姻圈的扩大也使得远距离通婚(省外、省内通婚)的外来媳妇与其父母之间的关系发生了变化。她们与原生家庭成员的空间距离拉大,由此弱化了与原生家庭成员之间的联系和父母对她们的掌控。对于她们的丈夫来讲,受配偶这一外来因素的直接作用,他们的家庭观念由此会发生一定转变,在一定程度上改变了原有的家庭观念以及与父母的关系模式。

第八章 结论与讨论

第一节 研究的基本结论

中国自改革开放以来,人口流动频繁,传统村庄的就近婚姻模式逐渐向外扩张,年轻群体中跨区、市通婚现象越来越普遍,村庄婚姻圈呈现扩大趋势,甚至出现了一定比重的跨省婚姻。而婚姻圈的扩大使得越来越多的来自不同地域、不同文化领域两个人缔结了婚姻关系。由于地域文化差异等因素,传统的夫妻关系和代际关系受到了影响。本研究是以华北地区 F 村为调研地点进行的研究,利用全体村民的户籍身份资料和笔者在 F 村调查的 200 对夫妻问卷统计数据,运用双变量交叉分析、二元 LOGISTIC、定序 LOGISTIC 和多元方差分析等方法,对 F 村婚姻圈变迁状况、影响村里 189 名男性通婚范围的因素、村里上门女婿情况和婚姻圈变迁后对家庭关系的影响进行了比较细致研究。通过以上分析,本研究可以归纳出以下几条结论。

一、婚姻圈扩大已成为事实

从 F 村全体村民的户籍身份资料和问卷统计数据来看,F 村男性村民的通婚范围随着代际变化呈扩大趋势。一方面,以 F 村男性村民出生年代划分,每十年为一个时代,无论是以妻子来源地划分还是以与妻子婚前老家距离计算,F 村男性村民的通婚距离都呈现扩大趋势,即出生年代越晚,通婚距离越大。另一方面,以 F 村男性村民结婚年代划分,每十年为一个时代,无论是以妻子来源地划分还是以与妻子婚前老家距离计算,F 村男性村民的通婚距离都呈现扩大趋势,即结婚年代越晚,通婚距离越大。改革开放以来,村庄婚姻圈显著扩大,镇内通婚比重下降明显,远距离通婚(省外通婚、省内通婚)在F村出现并有增加趋势。但是,无论在任何时代,就近择偶(镇内通婚)由于机会原因,还是处于重要地位,而村内通婚的情况已经很少见。

二、择偶时间、方式、家庭背景和当地非农化水平成为影响婚姻圈的主要因素

在对F村男性村民通婚范围的各项影响因素进行考察,以及对前人结论进行验证之后,结果显示前人研究结果中的教育程度、是否外出打工等社会性因素并不对通婚范围构成显著影响。而结婚时的年龄、结识配偶方式因素对F村男性村民的通婚范围有显著影响。可见,F村男性村民教育水平的提升和外出打工,只是客观上扩大了他们选择配偶的范围,但是并没有扩大他们的通婚范围,村庄婚姻的缔结还有受深层次的影响因素。笔者又通过分析找结婚对象的时间点和F村吸引外来人口的能力,这说明受教育程度和外出打工都不是影响婚姻圈扩大的直接原因。他们对婚姻圈扩大产生影响,需要一定条件,即找结婚对象的地点发生在校园或打工地点,并且最后真的结婚了。如果不是在校园或者打工地点找对象,而回到F村找,那影响婚姻圈扩大的主要因素就不是受教育程度和外出打工。F村是一个非农化发展较快的村庄,经济发展水平较高,创造就业岗位较多,由于人口众多,这里也充满着无限商机,吸引着大量外来人口来到这里就业、谋生。外来人口的到来客观上增加F村男性村民通婚范围变大的可能性。

三、婚姻匹配是婚姻缔结的实质

中国自古以来具有"门当户对"的传统,在农村地域,这一效应表现更为显著。夫妻双方将婚姻的缔结视为一种等价交换,强调个人特征和资源同自身择偶偏好之间的匹配关系,认为在婚姻市场上,人们的择偶遵循着等价交换的原则,婚姻的形成对双方当事人而言是一种公平的交换,夫妻双方评估个人自身特征和资源,并审视潜在的配偶的资源和特征,最终达成关于双方带进婚姻的资源和特征的价格的协议,并力图在这场交易中实现自身利益的最大化。当丈夫与妻子年龄一样或者相差不多时,婚姻圈较小,当丈夫与妻子年龄相差较大时,婚姻圈较大;当夫妻教育程度差不多时候,婚姻圈较小,而夫妻双方教育程度相差较多时候,婚姻圈较大;妻子的婚前职业比丈夫高时,婚姻圈较大,丈夫与妻子一样或者丈夫的婚前职业比妻子高时,婚姻圈较小;妻子比丈夫收入高的时候,婚姻圈较大,而夫妻婚前收入相同和丈夫婚前收入比妻子高时,婚姻圈较大。当夫妻双方年龄、受教育程度、职业和收入相同时,通婚范围较小,反之则很大。

在 F 村,这一婚姻缔结规律仍然发挥着重要作用。无论是教育水平的提升还是外出打工等流动环节,并没有真正改变 F 村男性村民的通婚实质,配偶的选择,仍然遵循着婚姻匹配这一传统模式。只是匹配的要素更为复杂,既包含家庭经济状况,还包含婚姻主体的个人特质。

四、通婚范围扩大对夫妻关系的影响

婚姻圈的扩大使得越来越多的来自不同地域、不同文化领域社会成员缔结了婚姻关系。然而,由于地域发展的不平衡性和文化差异等因素,来自不同地域的夫妻,他们之前的家庭教育背景、社会化经历、生活方式、地域文化、思想观念和伦理价值观会存在一定差异,具有不同的心理和行为,使得传统型夫妻关系受到了冲击。

首先,就夫妻交流沟通而言,通婚范围远近对丈夫在自己工作和未来生活规划上有显著影响。通婚距离越远,丈夫越愿意和妻子在自己工作和未来生活规划方面沟通。但是通婚范围远近对妻子夫妻交流沟通却没有任何影响。其次,就夫妻一致性而言,通婚范围对丈夫关于夫妻个体的兴趣爱好、性格脾气等个体因素认知没有显著影

响。但是却对生活习惯、消费观念、人际交往观念和子女教育观念等社会性特征认知有显著影响。通婚范围越远,丈夫在生活习惯、消费观念、人际交往观念和子女教育观念等方面的认知越和妻子不一致。同样,通婚范围远近对妻子在夫妻一致性认知上没有任何影响。然后,在家庭事务决策上,无论是丈夫还是对妻子而言,通婚范围对他们在家庭事务决策上都没有显著的影响。丈夫和妻子在这个方面的分工是比较一样的,家庭在买房建房、投资贷款等方面,倾向由丈夫做主;在子女事务、购买贵重物品、生育决策等方面,倾向由夫妻双方商讨共同决定;在家庭日常开支、家务劳动等方面,主要由妻子负责。这样的结果可能与当地传统有关,一般情况下家庭经济生产环节方面都由丈夫做主,但是在消费环节上夫妻表现相对平等,妻子在一定程度上还保留着传统的操持家务角色。但是,现代家庭中的平等意识已经对每个家庭造成了影响,在诸多家庭事务中,夫妻双方共同决定的都占有较高比重。最后,在夫妻关系满意度认知上,通婚范围较大或较小的情况下,丈夫对于婚姻的满意度不如通婚范围适中情况下的婚姻满意度。一方面,远距离通婚存在诸多不便,例如缺乏家庭支持、文化认同等问题。另一方面,近距离通婚情况下,夫妻双方的家庭接触较多,容易产生矛盾冲突。但是,通婚范围大小对妻子的婚姻满意度却没有任何影响。

五、通婚范围扩大对代际关系的影响

通婚范围扩大对代际关系也产生影响。首先,就居住方式而言,无论对于丈夫还是妻子,通婚范围越大,其父母独立居住的可能性越大。而有一些娶了外地媳妇的男性与自己父母分开住,怕妻子与自己父母由于家庭琐事产生矛盾,自己在村里其他的地方住,尽量避免妻子与父母的朝夕相处,避免矛盾发生。其次,给予父母经济支持上,无论是丈夫还是妻子,通婚范围大小都不起作用。然后,在给予父母生活照料方面,无论是日常生活照料、患病期间照顾还是照看小

孩等,通婚范围对男性来讲没有影响;但是对于妻子来讲,通婚范围越远的妻子对父母生活照料越少。最后,在精神慰藉方面,通婚范围对男性倾听父母心事上面有影响,通婚范围越远的丈夫倾听父母心事越少。对于妻子来讲,通婚范围对她们看望父母有显著影响,通婚范围越大她们看望父母次数越少。

总的来说,婚姻圈的扩大也使得远距离通婚(省外、省内通婚)的外来媳妇与其父母之间的关系发生了变化。她们与原家庭成员的空间距离拉大,由此弱化了与原家庭成员之间的联系和父母对她们的掌控。对于她们的丈夫来讲,受配偶这一外来因素的直接作用,他们的家庭观念由此会发生一定转变,在一定程度上改变了原有的家庭观念以及与父母的关系模式。

第二节　相关讨论

一、研究方法的反思

1. 研究推论的有限性

本研究是以 F 村为样本村进行的典型研究,笔者收集了 F 村200 对夫妻的资料,运用社会学定量研究方法对其进行建模分析。但本质上笔者只是对一个样本村进行分析。所以,只能按照定性研究的推论逻辑来推论。总的来看,F 村属于中原村庄且保有着中原地带的文化特质,人口规模适中且保持稳定,毗邻城市且与城市经济有较为密切的联系。也就是说,研究结果可以推论到同样是地处中原文化、毗邻城市且与城市经济有较为密切的联系这类与 F 村相似的村庄。中国地域辽阔,村庄差异性明显,具体表现在村庄之间的经济发展水平、人口结构、地域特征、文化特质等方面,存在较大的差异。因此,本研究结论还不能推论到中国其他村庄,仅能推论到与样本村相似的村庄。由于本研究的上述局限性,希望在以后的研究中,可以通过对不同类型村庄进行全面、系统的研究,完善村庄婚姻圈的研究体系。

2. F 村典型个案有待深入研究

本研究主要是运用问卷调查,辅助以典型案例研究。笔者 2015年夏天在 F 村收集了 200 对夫妻关于他们个人资料、结婚资料、婚姻圈资料、婚后夫妻关系、婚后代际关系和婚后适应问题。问卷调查的使用可以快速了解 F 村村民的年龄结构、受教育程度、职业收入、客观地测量出婚姻圈大小、夫妻交流沟通频率、代际之间经济、生活照料、精神慰藉的频率。但是问卷调查的弊端是对研究对象的主观方面研究不深。

而定性研究中研究者参与到自然情境之中,而非人工控制的实验环境,充分地收集资料,对社会现象进行整体性的探究,采用归纳而非演绎的思路来分析资料和形成理论,通过与研究对象的实际互动来理解他们的行为。定性研究注重人与人之间的意义理解、交互影响、生活经历和现场情景,在自然状态中获得整体理解的研究态度和方式。但是定性研究对研究者的专业素养要求比较高,对研究对象的主观感受信息理解准确。最主要的是,研究对象要对研究者信任,愿意与之分享自己的经历、见解和感受。而这种信任基于熟悉基础之上才行。而家庭调研中通常要问到被访者很多关于家庭内部关系、夫妻相处过程和代际之间矛盾等隐私问题。

笔者在研究过程中先后四次去 F 村调研,明显感觉起初被访者对我的不信任,说话前后逻辑有矛盾,一旦问到比较私密的问题,他们一般就借口有事情不回答或者直接沉默。直到最后一次调研,我帮当地村民一同赶制毛绒拖鞋,给几个小孩补习英语,他们对我产生信任感后,和我说了很多真实的想法,确实和前几次调研不一样。但当时我主要的任务是收集问卷,没有太多时间做详细深度访谈。关于婚后夫妻关系和代际关系这部分内容,可以再深度挖掘当事人的内心感受。而且笔者和 F 村几对夫妻一直都有联系，也会给将来的深度访谈带来方便。

二、村庄婚姻圈反思

传统中国村庄是一个独立运行的主体，自身发展运行较为平稳。改革开放对于村庄的改变是深刻的，村庄出现很多新现象，原有运行规律也悄然发生了变化。作为村庄发展运行的重要一环，对于农村婚姻家庭的研究，必须放置到大背景下来完成，探寻符合当下时代状况的规律和特征。

以往的研究关注与个人自身条件对通婚范围的影响，得出研究结论教育、收入和职业的变化引起了对于村庄婚姻圈的变化，很少的研究关注村庄本身的变化。本研究发现受教育程度和外出打工都不是影响婚姻圈扩大的直接原因。他们对婚姻圈扩大产生影响，需要一定条件，即找结婚对象的地点发生在校园或打工地点，并且最后真的结婚了。如果不是在校园或者打工地点找对象，而回到 F 村找，那影响婚姻圈扩大的主要因素就不是受教育程度和外出打工。而本研究发现 F 村婚姻圈扩大也有村庄非农化水平提高的因素。F 村是一个非农化发展较快的村庄，经济发展水平较高，创造就业岗位较多，由于人口众多，这里也充满着无限商机，吸引着大量外来人口来到这里就业、谋生。外来人口的到来客观上增加 F 村男性村民通婚范围变大的可能性。

改革开放前的中国村庄是静谧的，不受外界打扰的。但随着改革开放所带来的中国经济、政治、文化、社会领域剧变，村庄生产水平的进步、城市化与城市经济的腾飞以及城乡一体化进程，使得农村剩余劳动力开始向城市转移，由此村庄的整体面貌和运行模式发生了转变，村庄不再封闭。传统与现代的角力在村庄运行发展中日益凸显出来，在这一对抗中，城市由于更体现时代性处于绝对优势，村庄则更多表现为亦步亦趋于城市后而尽显弱势。在城市化的入侵过程中,村庄各个领域发生了深刻转变,村庄逐步去其落后传统,添加了越来越多的现代元素,这主要体现在生计模式、思想观念、村容村貌、生活方式、社会保障、现代服务业发展等方面,但是村庄的现代性程度与城市相比仍有较大差距。同时,村庄的传统元素并未完全丧失,在一定程度上仍保留了某些固有的特色,在内核上依旧保持着村庄的独特性。正是这样的村庄,其婚姻圈虽然表现为扩大,但本研究在夫妻关系发现,通婚范围对妻子在夫妻关系认知方面不起作用,无论是夫妻交流沟通频率、夫妻一致性、家庭事务决策还是夫妻关系满意度方面都没有任何影响。这说明村庄的婚姻中还保留着很多传统的因素,丈夫的权威地位不可挑战,妻子依附于丈夫。这也可以说明村庄非农化更多是村容村貌、生活方式、现代服务业等物质方面,但是思想文化方面的变化还是不能和城市一样,保留着农村特色。

参 考 文 献

中文资料:

柏贵喜:《当代土家族婚姻的变迁》,《贵州民族研究》2005 年第 2 期。

曹锦清:《当代浙北乡村的社会文化变迁》,上海远东出版社 2001 年版。

程归燕:《提高农村人口素质必须重视农村通婚圈的拓展》,《浙江师大学报》1994 年第 1 期。

崔丽娟:《老年人夫妻关系及影响因素的研究》,《心理科学》1995 年第 4 期。

崔燕珍:《农村人口外出流动对当地婚嫁行为的影响——以崔村的个案研究为例》,《中国青年研究》2007 年第 1 期。

邓晓梅:《农村婚姻移民的社会适应研究》,南京大学博士学位论文,2011 年。

[美]杜赞奇著,《文化、权力与国家:1900—1942 年的华北农村》,王福明译,江苏人民出版社 2008 年版。

费孝通:《家庭结构变动中的老年赡养问题》,《北京大学学报(哲学社会科学版)》1983 年第 3 期。

风笑天:《青年婚配类型与夫妻关系——全国五大城市 1216 名已婚青年的调查分析》社会科学 2012 第 1 期。

甘品元:《毛南族婚姻行为变迁研究》,《广西民族学院学报(哲学与社会科学版)》2007 年第 6 期。

黄佩芳:《嬗变中的东部发达地区农村人口性别比例及家庭结构

和婚姻圈——以浙江省萧山后坛村为例》,《中华女子学院学报》2004年第 4 期。

何生海、王晓磊:《论西部农村婚姻圈的广延性与内卷化——基于西部 G 村为考察对象》,《内蒙古民族大学学报(社会科学版)》2013年第 3 期。

华明琪:《同村择偶现象分析》,《人口战线》1994 年第 2 期。

黄兴球:《仫佬族银姓宗族及其婚姻圈》,《思想战线》2003 年第3 期。

霍宏伟:《我国北方一个农庄的婚姻圈研究——对山东省济阳县江店乡贾寨村的个案分析》,《社会》2002 年第 6 期。

景晓芬:《代际差异视角下农民工通婚距离变迁研究——基于西安市的调查数据》,《人口与经济》2013 年第 4 期。

[法]克洛德·列维-斯特劳斯著,《结构人类学》,张祖建译,中国人民大学出版社 2006 年版。

雷洁琼:《改革以来中国农村婚姻家庭的新变化——转型期中国农村婚姻家庭的变迁》,北京大学出版社 1994 年版。

雷洁琼、王思斌:《改革以来中国农村婚姻家庭的新变化》,北京大学出版社 1994 年版。

李富强:《壮族婚姻文化的变迁:以田林那善屯为例》,《广西民族学院学报(哲学与社会科学版)》2000 年第 3 期。

李煜、徐安琪:《择偶模式和性别偏好研究——西方理论和本土经验资料的解释》,《青年研究》2004 年第 10 期。

李后建:《门当户对的婚姻会更幸福吗?——基于婚姻匹配结构与主观幸福感的实证研究》,《人口与发展》2013 年第 2 期。

李漆:《私人生活:婚姻与社会性别建构》,《广西民族研究》2006年第 3 期。

李若建:《当代中国城市人口时空变迁研究》,《经济地理》1992

年第 1 期。

李守经:《农村社会学》,高等教育出版社 2000 年版。

李守经、邱泽奇:《中国农村社会学十年:课题与观点》,《社会学研究》1989 年第 6 期。

李银河:《生育与村落文化》,内蒙古大学出版社 2009 年版。

李银河:《中国婚姻家庭及其变迁》,黑龙江人民出版社 1995 年版。

李银河:《当代中国人的择偶标准》,《中国社会科学》,1989 年第 4 期。

梁海艳、阳茂庆:《城市青年通婚圈变化及其影响因素研究——基于中国青年状况调查数据的实证分析》,《人口与发展》2014 年第 3 期。

刘大可:《传统客家村落的通婚圈及其成因分析——以闽西武北村落社区为例》,《福建论坛(人文社会科学版)》2010 年第 1 期。

刘大可:《田野中的地域社会与文化》,民族出版社 2007 年版。

刘华芹、王修彦、王瑞涛:《农村劳动力流动对农村社会结构之影响研究——基于山东、辽宁、甘肃三省六村的调查》,《西南民族大学学报(人文社科版)》2010 年第 11 期。

刘娟:《北京市夫妻关系研究》,《人口与经济》1994 年第 3 期。

刘英:《今日城市的夫妻关系——与日本的比较》,《社会学研究》1991 年第 3 期。

陆学艺:《内发的村庄》,社会科学文献出版社 2001 年版。

[英]莫里斯·弗里德曼著,《中国东南的宗族组织》,刘晓春译,上海人民出版社 2000 年版。

马春华、石金群、李银河、王震宇、唐灿:《中国城市家庭变迁的趋势和最新发现》,《社会学研究》2011 年第 2 期。

马宗保、高永久:《乡村回族婚姻中的聘礼与通婚圈——以宁夏南部单家集村为例》,《民族研究》2005 年第 2 期。

满永:《关系圈与婚姻圈:当代乡土中国的婚姻形成》,《洛阳师范学院学报》2005 年第 1 期。

钱铭怡、王易平、章晓云、朱松:《十五年来中国女性择偶标准的变化》,《北京大学学报(哲学社会科学版)》2003 年第 5 期。

邱泽奇、丁浩:《农村婚嫁流动》,《社会学研究》1991 年第 3 期。

史清华:《浙江农户家庭婚姻、生育及期望研究》,《中国人口科学》2001 年第 4 期。

史清华、黎东升:《民族间农民婚嫁行为变迁的比较研究——来自湖北 432 户农户家庭的调查》,《浙江大学学报(人文社会科学版)》2004 年第 7 期。

孙淑敏:《农民的择偶形态——对西北赵村的实证研究》,社会科学文献出版社 2005 年版。

孙燕:《广东花都华侨农场通婚圈的田野调查》,《八桂侨刊》2009 年第 1 期。

[美]施坚雅著,《中国农村的市场和社会结构》,史建云、徐秀丽译,中国社会科学出版社 1998 年版。

谭琳、苏珊·萧特、刘惠:《"双重外来者"的生活——女性婚姻移民的生活经历分析》,《社会学研究》2003 年第 2 期。

谭深:《家庭社会学研究概述》,《社会学研究》1996 年第 2 期。

唐利平:《人类学和社会学视野下的通婚圈研究》,《开放时代》2005 年第 2 期。

田先红:《碰撞与徘徊:打工潮背景下农村青年婚姻流动的变迁——以鄂西南山区坪村为例》,《青年研究》2009 年第 4 期。

王金玲:《浙江农民异地联姻新特点》,《社会学研究》1992 年第 4 期。

王磊:《农村人口地理通婚圈的变动及成因——以 2010 年 7 省

（区）调查为基础》,《中国农村观察》2013 年第 5 期。

王跃生:《法定婚龄、政策婚龄下的民众初婚行为——立足于"五普"长表数据的分析》,《中国人口科学》2005 年第 6 期。

王跃生:《农村家庭代际关系理论和经验分析——以北方农村为基础》,《社会科学研究》2010 年第 4 期。

王跃生:《社会变革与婚姻家庭变动:20 世纪 30—90 年代的冀南农村》,生活·读书·新知三联书店 2006 年版。

[美]威廉·古德著:《家庭》,魏章玲译,社会科学文献出版社1986 年版。

王跃生:《中国家庭代际关系内容及其时期差异——历史与现实相结合的考察》,《中国社会科学院研究生院学报》2011 年第 3 期。

汪永涛:《城市化进程中农村代际关系的变迁》,《南方人口》2013年第 1 期。

吴雪莹、陈如:《当代人择偶重什么——千例征婚启事的启示》,《妇女研究论丛》,1997 年第 1 期。

新山:《婚嫁格局变动与乡村发展——以康村通婚圈为例》,《人口学刊》2000 年第 1 期。

徐安琪:《离婚风险的影响机制——一个综合解释模型探讨》,《社会学研究》2012 年第 2 期。

徐红:《北宋进士的交游圈对其家族通婚地域的影响》,《史学月刊》2008 年第 12 期。

杨菊华、何炤华:《社会转型过程中家庭的变迁与延续》,《人口研究》2014 年第 2 期。

阎勤民:《开放与选择——婚姻圈文化论》,《宁夏社会科学》1992年第 2 期。

翟文:《农村通婚圈缩小现象透视》,《社会工作》1996 年第 1 期。

张持坚:《农民婚姻圈透视》,《乡镇论坛》1990 年第 6 期。

·张萍:《从征婚启事看我国城镇大龄未婚男女择偶标准的差异》,《社会学研究》,1989 年第 2 期。

张晓琼:《布朗族女性婚恋方式的变迁及其影响》,《民族研究》2006 年第 1 期。

郑丹丹、杨善华:《夫妻关系"定势"与权力策略》,《社会学研究》2003 年第 4 期。

周大鸣:《凤凰村的变迁:〈华南的乡村生活〉追踪研究》,社会科学文献出版社 2006 年版。

周皓、李丁:《我国不同省份通婚圈概况及其历史变化——将人口学引入通婚圈的研究》,《开放时代》2009 年第 7 期。

周旅军:《中国城镇在业夫妻家务劳动参与的影响因素分析——来自第三期中国妇女社会地位调查的发现》,《妇女研究论丛》2013 年第 5 期。

周丽娜、王忠武:《值得关注的农村通婚圈缩小现象》,《新疆社会科学》2006 年第 5 期。

左际平:《从多元视角分析中国城市的夫妻不平等》,《妇女研究论丛》2002 年第 1 期。

外文资料:

Betty lee Sung. "Chinese American Intermarriage", *Journal oF Comparative Family Studies*, (3), 1990.

Blau, P. M., C. Beeker, and K. M. Fitzpatrick. "Intersecting social affiliations and intermarriage". *Social force*, 62(3), 1984.

Broderick, C. B. *A decade of family research and action*, *1960—1969*. National Council on Family Relations, 1971.

Cekihaksoy, A., H. S. Nielsen, and M. Verner. "Marriage migration: Just another case of positive assortative matching?" *Review of*

Economics of the Household, vol.4(3) 2006.

Chiswick B, Houseworth C. *Ethnic intermarriage among immigrants: Human capital and assortative mating*, Review of Economics of the Household, 2008.

Cropanzano, R., and M. S. Mitchell. "Social exchange theory: Aninterdisciplinary review", *Journal of Management*, vol.31(6), 2005.

Davis, K. "Intermarriage in Caste Societies". *American Anthropologist*, vol.43(3), 1941.

Davin. "Marriage migration in China and East Asia". *Journal of Contemporary China*, vol.16(50), 2007.

Edwards, J.N. "Familial behavior as social exchange". *Journal of Marriage and the Family*, 31(3), 1969.

Elisabeth Beck-Gemshelm. "Transnational lives, transnational marriages: a review oF the evidence From migrant communities in Europe", *Global Networks*, vol.7(3), 2007.

Fan, C. Cincy, and L. Li. "Marriage and migration in transitional China: A feild study of Gaozhou, western Guangzhou", *Environment and planning*, vol.34(4), 2002.

Fu, X. "Interacial marriage and family socio-economic well-being: Equal status exchange or case status exchange?", *The Social Science Journal*, vol.45(1), 2008.

Grossbard-Shechtman, Shoshana. *On the economics of marriage: A theory of marriage, labor, and divorce*, Westview Press, 1993.

Grossbard-Shechtman, S., and X. Fu. "Women's labor force participation and status exchange in intermarriage: A model and evidence for Hawaii". *Journal of Bioeconomics*, vol.4(3), 2002.

Hawwa, S., "From cross to crescent: Religious conversion of Filipina domestic helpers in Hong Kong", *Islam and Christian-Muslim Relations*, (11), 2000.

Homans, G. C. "Social behavior as exchange". *American Journal of Socilogy*, vol.63(6) 1958.

Jin X. Y., Li S. Z., Feldman M. W. "Marriage Form and age at First marriage: A comparative study in three counties in contemporary rural China", *Social Biology*, vol.52(1—2) 2005.

Johnson Wendy, Mcgue. "Marriage and personality", *Journal of Personality and Social Psycology*, vol.86(2), 2004.

Kalmijn M, Flap H. "Assortative meeting and mating: Unintended consequences of organized settings For partner choices", *Social Forces*, vol.79(4) 2001.

Klein, T. "Intermarriage between Gemians and Foreigners in Germany", *Journal of Comparative Family Studies*, (32), 2001.

McDonald, G. W. "Structural exchange and marital interaction", *Journal of Marriage and the Family*, vol.43(4), 1981.

Meng X., Gregory R. G. "Intermarriage and the economic assimilation of immigrants", *Journal of Labor Economics*, (23), 2005.

Merton, R. K. "Intermarriage and the social structure: Fact and theory", *Psychiatry*, vol.4(3), 1941.

Peach C. "Good segregation, bad segregation", *Planning Perspectives*, vol.11(4), 1996.

Peach C. "Pluralist and assimilationist models of ethnic settlement in London 1991", *TijdschriFt voor Economische en Sociale Geografie*, vol.88(2), 1997.

Peach C. "The meaning of segregation", *Planning Practice &*

Research, vol.11(2), 1996.

Qian Z. "Breaking the racial barriers: Variations in interracial marriage Between 1980 and 1990", *Demography*, (34), 1997.

Richard, Madeline A. *Ethnic Groups and Marital Choices: Ethnic History and Marital Assimilation in Canada*, *1871 and 1971*. UBC; Vancouver, 1991.

Richer, S. "The economics of child rearing". *Journal of Marriage and the Family*, vol.30(3), 1968.

Rosenfeld, M. J. "A ceitique of exchange theory in mate selection", *American Journal of Sociology*, vol.110(5), 2005.

Schoen, R. and J. Wooldredge. "Marriage choices in North Carolina and Virginia, 1969—1971 and 1979—1981", *Journal of Marriage and the Family*, vol.55(2), 1989.

South, S. J. "Sociodemographic differentials in mate selection preferences". *Journal of Marriage and the Family*, vol.53(4), 1991.

Spickard, P. *Mixed blood: Intermarriage and ethnic identity in twentieth-century America*, Madison: University of Wisconsin Press, 1989.

Wang, H. and S. Chang. "The competitive saving motive: Evidence from rising sex ratios and savings rates in China", *Journal of Political Economy*, vol.119(3), 2002.

附录:问卷

问卷编号□□□

致被访者的话

尊敬的被访者:

　　您好!我是家庭动态调查项目的访问员,现在正在进行一项有关家庭动态变迁情况的研究,本次访问得到的数据,仅为撰写博士论文使用。我们将严格遵守国家有关法律的规定,为您保密,请放心作答。谢谢合作!

中国社会科学院研究生院

一、个人概况

1. 您的性别:(　　　　)

(1)男;(2)女

2. 您的出生年月:[＿＿|＿＿|＿＿|＿＿]年[＿＿|＿＿]月

3. 您的教育程度(　　　　)

(1)没有受过任何教育;(2)小学;(3)初中;(4)高中;(5)中专;(6)技校;(7)大学专科;(8)大学本科;(9)研究生及以上

4. 您的政治面貌(　　　　)

(1)共产党员;(2)民主党派;(3)共青团员;(4)群众

5. 您的民族(　　　　)

(1)汉族;(2)少数民族(请具体填写)＿＿＿＿＿族

6. 您的宗教信教(　　　　)

(1)没有宗教信仰;(2)有宗教信仰(请具体填写)＿＿＿＿＿教

7. 您婚前户口性质:(　　　　)

(1)农业户口;(2)非农业户口

8. 您婚前老家地址:_____省_____市_____区(县)_____街
道(乡镇)_____社区(村)

9. 您有亲兄弟[_____]人,亲姐妹[_____]人,您在家中排
第几?[_____]

10. 您婚前是否有 6 个月以上的干农活经历(　　　　)(1)有;
(2)没有

11. 您婚前有过外出干活的经历吗(　　　)(外出干活是指在家
庭所在乡镇以外工作)

(1)有过;(2)没有过

12. 您从什么时候开始外出干活:[___|___|___|___]年
[___|___]月

13. 您外出干活地点是(　　　　)

(1)鹿泉区内;(2)石家庄市内;(3)河北省其他城市;(4)河北省
以外的地区;(5)特大城市(北京、上海、广州、深圳、天津)

14. 您婚前的职业的是(　　　　)

(1)无业;(2)务农;(3)零工普通工;(4)零工技术工;(5)商业、餐
饮业和居民服务业的从业人员;(6)个体商贩;(7)建筑/运输从业人
员;(8)工厂工人;(9)行政办事人员、专业技术和管理人员;(10)其他

15. 婚前平均每月收入(　　　　)

(1) 500 以下;(2) 500—1 000;(3) 1 000—1 500;(4) 1 500—
2 000;(5) 2 000—3 000;(6) 3 000—4 000;(7) 4 000—5 000;
(8) 5 000 以上

16. 您目前的职业是(　　　　)

(1)无业;(2)务农;(3)零工普通工;(4)零工技术工;(5)商业、餐
饮业和居民服务业的从业人员;(6)个体商贩;(7)建筑/运输从业人
员;(8)工厂工人;(9)行政办事人员、专业技术和管理人员;(10)其他

17. 如果您目前没有工作,原因是(　　　)

(1)从没工作过,也不想工作;(2)家里经济好,不用工作;(3)想工作,但找不到工作;(4)家务事太多,没法工作;(5)身体不好,不能工作;(6)生育、抚育子女和照顾老人

18. 您现在的工作是通过什么找到的(　　　)

(1)没有工作;(2)各级政府机关安置;(3)父母亲友介绍/安置;(4)职业介绍机构;(5)应聘/考取;(6)自己创业

19. 您目前平均每月收入(　　　)(夫妻共同务农或共同赚取收入,按共同收入的一半计算)

(1) 500 以下;(2) 500—1 000;(3) 1 000—1 500;(4) 1 500—2 000;(5) 2 000—3 000;(6) 3 000—4 000;(7) 4 000—5 000;(8) 5 000 以上

二、婚姻情况

1. 结婚时间:[＿＿|＿＿|＿＿|＿＿]年[＿＿|＿＿]月

2. 您和配偶恋爱多长时间结婚的(　　　)

(1)六个月以内;(2)六个月到一年;(3)一年到两年;(4)两年到五年;(5)五年以上

3. 您与配偶老家所在地(　　　)

(1)在不同省份;(2)都在河北省但不同城市;(3)都在石家庄市但不同区县;(4)都在鹿泉区但不同镇;(5)都在大河镇但不同村;(6)都在纸房头村

4. 您与配偶如何相识(　　　)

(1)亲戚介绍;(2)父母介绍;(3)婚姻介绍所/媒人介绍;(4)朋友介绍;(5)同事介绍;(6)同学介绍;(7)工作中认识;(8)学习中认识;(9)网上认识;(10)休闲娱乐时认识

5. 结婚时,男女双方家庭经济状况谁更好(　　　)

(1)男方比女方好很多;(2)男方比女方好些;(3)双方差不多;

(4)女方比男方好些;(5)女方比男方好很多

6. 您的婚姻是由自己决定,还是由父母决定?(　　　　)

(1)完全由自己决定;(2)自己有一定决定权;(3)父母有一定决定权;(4)完全由父母决定

7. 结婚时男方给女方彩礼金额[＿＿＿＿＿＿＿]元(物品折算成钱)

女方娘家陪送嫁妆金额[＿＿＿＿＿＿＿]元(物品折算成钱)

三、夫妻关系

1. 您和配偶现在跟谁一起居住(　　　　)

(1)独立门户;(2)和丈夫父母一起居住;(3)和妻子父母一起居住;(4)和儿子儿媳一起居住;(5)和女儿女婿一起居住;(6)其他跟未成年孩子一起居住

2. 现在与您共同居住的家庭成员有[＿＿＿＿＿]人。(包括您在内共有几人)

3. 夫妻间交流与沟通频率。请在符合您家情况的一栏中打"√"。

	几乎每天	一周至少一次	一月至少一次	一年几次	从不
关于孩子的事					
赚钱、花钱的事					
自己工作的事					
配偶工作的事					
社会新闻事件					
外出吃饭、游玩、逛街等休闲娱乐活动					
未来家庭生活规划					

4. 您与配偶在以下方面的一致程度。请在符合您家情况的一栏中打"√"。

	完全一致	比较一致	一般	比较不一致	完全不一致
兴趣爱好					
生活习惯					
性格脾气					
消费观念					
人际交往观念					
子女养育观念					

5. 下列家庭事务是由您还是您配偶决定负责。请在符合您家情况的一栏中打"√"。

	总是我	经常是我	共同决定	经常是配偶	总是配偶	其他家人
买房建房						
投资或贷款						
孩子的升学/就业/婚姻						
家庭日常开支						
购买贵重商品						
什么时候生孩子,生几个孩子,想要男孩女孩						
家务劳动						

6. 在您家,下列财产是以谁的名字登记的? 请在符合您家情况的一栏中打"√"。

	丈夫	妻子	夫妻共同	孩子	丈夫父母	妻子父母	其他
住房							
存款(多数情况下)							

7. 近一年来,与配偶有没有发生争吵? (　　　　)

(1)总是;(2)经常;(3)有时;(4)从不

8. 发生争吵/矛盾之后是否有动手打人的情况? (　　　　)

(1)总是;(2)经常;(3)有时;(4)从不

9. 对夫妻关系的满意程度(　　　　)

（1）非常不满意；（2）比较不满意；（3）一般；（4）比较满意；（5）非常满意

10. 您认为未来您的生活水平会（　　　　）

（1）上升很多；（2）略有上升；（3）没变化；（4）略有下降；（5）下降很多

四、父母关系

1. 目前您父母居住情况（　　　　）

（1）独居（或仅与配偶居住）；（2）与一个子女长期同住；（3）在不同子女家轮流居住；（4）在敬老院、老年公寓和福利院居住

2. 您与您父母居住距离（　　　　）

（1）同住；（2）走路 15 分钟内到达；（3）车程 30 分钟以内；（4）车程 30 分钟到 1 小时之间；（5）车程 1 小时到 3 小时之间；（6）车程 3 小时以上

3. 您父母的健康状况（　　　　）

（1）很好；（2）比较好；（3）一般；（4）较差；（5）很差

4. 您愿意与您父母一起住吗（　　　　）

（1）非常愿意；（2）比较愿意；（3）一般；（4）比较不愿意；（5）非常不愿意

5. 您与您父母关系（　　　　）

（1）非常好；（2）比较好；（3）一般；（4）比较差；（5）非常差

6. 您与您父母会有矛盾吗（　　　　）

（1）总是；（2）经常；（3）有时；（4）很少；（5）从不

7. 您平均每年给您父母多少钱（　　　　），您父母每年给您多少钱（　　　　）（物品折算成钱）

（1）不给钱；（2）2 000 元以下；（3）2 000—5 000 元；（4）5 000—10 000 元；（5）10 000—20 000 元；（6）20 000—30 000；（7）30 000—40 000；（8）40 000—50 000；（9）50 000 以上

8. 您给您父母钱时,您配偶的态度(　　　　)

(1)非常支持;(2)比较支持;(3)不太支持;(4)不支持

9. 您与父母在以下方面的沟通频率。请在符合您家情况的一栏中打"√"。

您与您父母沟通	几乎每天	一周至少一次	一月至少一次	一年几次	从不
看望					
打电话					
听他(们)的心事或想法					

10. 您对您父母在以下方面的支持情况。请在符合您家情况的一栏中打"√"。

您对您父母的支持	几乎每天	一周至少一次	一月至少一次	一年几次	从不
帮助料理家务(例如打扫、准备晚餐、买东西、代办杂事)					
患病期间照顾					
干农活					

11. 您父母在以下方面对您的支持情况。请在符合您家情况的一栏中打"√"。

您父母对您的支持	几乎每天	一周至少一次	一月至少一次	一年几次	从不
帮助料理家务(例如打扫、准备晚餐、买东西、代办杂事)					
照顾小孩					
干农活					

五、以下题目请婚前不是纸房头村的人填写(婚前为纸房头村人的不用回答)

1. 您是什么时候来纸房头村的? [＿＿|＿＿|＿＿|＿＿]年 [＿＿|＿＿]月

2. 您的户口是什么时候迁到纸房头村的？[＿＿｜＿＿｜＿＿｜＿＿]年[＿＿｜＿＿]月

3. 您来纸房头村的原因（　　　　）

(1)婚姻嫁娶；(2)随迁家属；(3)投亲靠友；(4)务工经商；(5)工作调动；(6)其他

4. 您在纸房头村分了多少亩地？[＿＿｜＿＿｜＿＿]亩

5. 婚前在纸房头有亲戚[＿＿＿＿＿＿]人，有朋友[＿＿＿＿＿＿]人。（没有填写0）

6. 您对纸房头村以下几个方面的适应情况。请在符合您情况的一栏中打"√"。

	非常适应	比较适应	一般	比较不适应	非常不适应
饮食吃饭					
住　房					
气　候					
语　言					
风俗习惯					

7. 您对以下关系的满意程度。请在符合您情况的一栏中打"√"。

	非常满意	比较满意	一般	不太满意	很不满意
配偶家人关系					
邻里关系					
与纸房头人交往					

8. 如果您遇到困难，纸房头村内有多少人可以为您提供物质、经济上帮助。[＿＿＿＿＿＿]人